배출권거래제와 자본시장법

배출권거래제와 자본시장법

| 조현진 지음

이담 Books

GREEN SEED

이 책은 2012년도 정부(교육과학기술부)의 재원으로 한국연구재단의 지원을 받아 수행된
연구임(NRF-2012S1A5B8A03045138).

　지난 5월 국회에서는 「온실가스 배출권의 할당 및 거래에 관한 법률」이 통과되었다. 이에 따라 우리나라에서도 기후변화의 대응방안으로서 배출권거래제가 2015년에 시행될 예정이다. 이 책에서는 현재 시행하고 있는 주요국들의 배출권거래제 현황을 살펴보고 배출권거래제 도입을 위하여 해결되어야 할 쟁점들의 검토를 통하여 배출권거래제에 관한 이해를 돕고자 한다.

　배출권거래제란 시장을 통하여 온실가스를 감축하자는 것이다. 몇 년 전 배출권거래제에 관한 이야기를 처음 들었을 때 맨 먼저 떠오르는 것은 '봉이 김선달'이었다. 당시에는 기후변화라는 말 자체를 별로 사용하지 않던 시기였기 때문에 '배출권'이라는 말은 아주 생소한 것이었다. 더군다나 이러한 실체도 없어 보이는 것을 거래한다니 이것은 도대체가 개념조차 잡힐 것 같지도 않았다. 그런데 배출권거래제의 환경과 경제의 조화라는 접근법은 양쪽 모두에 관심이 있던 저자에게 매우 흥미로운 주제로 다가왔다. 그리고 저자는 박사논문 주제로 배출권거래제를 선택하게 되었다.

　　배출권거래제는 지구온난화로 야기된 기후변화가 지속되는 경우에 발생하게 될 엄청난 재앙을 방지하기 위하여 국제사회가 마련한 대응방안 중 하나이다. 기후변화에 대한 국제적인 논의가 활발한 가운데에서도 국내에서는 일부를 제외하고 배출권거래제는 물론이고 기후변화에 대한 논의조차 제대로 이루어지지 않고 있었다. 그러던 중 정부가 녹색성장을 기치로 내걸면서 관련 논의가 활발히 이루어지는 가운데 배출권거래제에 대한 논의도 이루어지게 되었고 관련 서적들도 쏟아져 나오게 되었다. 그런데 기존의 서적들은 대부분 과학이나 경제 등 해당 분야에 초점을 맞추고 있는 관계로 배출권거래제 자체를 제대로 이해하기에는 다소 곤란한 점이 있었던 것 같다. 이 책은 기본적으로 배출권거래제의 자본시장법상 쟁점을 다루었다. 그러나 구체적으로는 자본시장법의 내용에 치우치지 않고, 배출권거래제의 역사적 배경, 할당 등 배출권거래제 자체의 쟁점, 그리고 지난 5월 국회를 통과한 「온실가스 배출권의 할당 및 거래에 관한 법률」의 내용까지 모두 깊이 있게 살펴봄으로써 배출권거래제에 대한 궁금증을 상당 부분 해소할 수 있도록 하였다. 따라서 자본시장법에는 관심이 없는 분들이라도 이 책을 통하여 배출권거래제에 대한 이해도를 한층 높일 수 있을 것이다.

이 책은 크게 네개의 PART로 구성되어 있다. PART 01은 '배출권거래제의 의의 및 법적 근거', PART 02는 '외국의 배출권거래제에 관한 입법례', PART 03은 '배출권거래제의 주요 쟁점', PART 04는 '배출권거래제의 운영과 규제방안'이다.

PART 01 '배출권거래제의 의의 및 법적 근거'에서는 배출권의 개념과 배출권의 법적 성격, 배출권거래제의 법적 근거가 되는 유엔기후변화기본협약, 교토의정서, 저탄소 녹색성장 기본법 등을 살펴보았다. PART 02 '외국의 배출권거래제에 관한 입법례'에서는 유럽연합을 비롯하여 미국, 호주, 일본 등에서 시행 중이거나 준비 중인 배출권거래제의 주요 내용과 배출권 거래소에 대하여 살펴보았다. PART 03 '배출권거래제의 주요 쟁점'에서는 환경오염 규제수단으로서의 배출권거래제의 이론적인 내용, 할당과 MRV, 배출권거래제에 대한 국내 기업의 대응방안에 대하여 검토하였다. PART 04 '배출권

거래제의 운영과 규제방안'에서는 배출권 발행시장에서의 쟁점으로 할당 문제와 기후변화 관련 정보의 공시 문제, 배출권 유통시장에서의 쟁점으로 배출권 거래시장의 거래대상, 시장참가자, 거래소 문제와 불공정거래 규제 문제, 배출권 거래 관련 위법행위에 대한 제재 문제에 대하여 검토하였다.

　이 책은 저자의 박사학위 논문의 내용을 수정·보완하여 완성한 것이다. 박사학위 논문을 서술할 당시에는 국내 배출권거래제의 도입 여부가 불확실한 상황이었다. 그러나 저자는 국제적인 기후협상의 진행경과와 국내 논의의 경향 등을 종합적으로 고려할 때, 우리나라도 궁극적으로는 배출권거래제를 도입해야 할 것이고, 또 도입이 될 것이라고 확신하고 있었다. 이에 따라 연세대학교 법학전문대학원 교수이시자 현재 연세대학교 행정대외 부총장이신 홍복기 교수님을 주심 교수님으로 하여 박길준 교수님, 김성태 교수님, 법학전문대학원 원장이신 신현윤 교수님, 김홍기 교수님의 훌륭한 지도하에 보다 완성도가 높은 박사학위 논문을 낼 수 있었다. 그리고 그 박사학위 논문을 바탕으로 이 책을 낼 수 있게 되었기 때문에 다시 한 번 교수님들께 깊이 감사드린다. 그리고 저자에게 처음 배출권거래제를 연구주제로 추천해 주신 하일호 변호사님, 이 책을 실제로 낼 수 있도록 주선해 주신 박덕영 교수님, 한국학술정보(주) 관계자분들에게도 깊이 감사드린다.

마지막으로 이 책이 나오는 것을 보셨더라면 누구보다도 좋아해 주셨을 우리 어머니에게 이 책을 바친다.

2012년 12월

저자 조현진

contents

PART 03 배출권거래제의 주요 쟁점

01. 환경오염 규제수단으로서의 배출권거래제 ▪ 149

02. 배출권의 할당 ▪ 173

PART 04 배출권거래제의 운영과 규제방안

배출권거래제의 의의 및 법적 근거

01

배출권의 의의

Ⅰ. 배출권의 개념 및 유형

1. 배출권의 개념

온실가스 배출권은 일반적으로 '일정 기간 동안 온실가스 혹은 이산화탄소 등가물 1톤을 배출할 수 있는 권한'으로 정의되고 있다.[1] 즉, 온실가스 배출권은 '오염자에게 일정량의 온실가스를 배출하여 지구의 대기를 오염시킬 수 있도록 허용하는 것'을 의미한다.[2]

배출권을 결정짓는 가장 중요한 점은 대기 중으로 일정량의 온실

---

[1] 최경진, 「배출권의 법적 성질」, 비교사법, 제17권 1호(통권 48호), 한국비교사법학회, 2010, 420~424면.

[2] 배출권이라는 용어는 'emissions right'을 번역한 것인데, 최근에는 'emissions permit'이라는 용어를 훨씬 더 자주 사용하는 것을 알 수 있다. 그러나 국내에서는 '배출권'이라는 용어가 널리 사용되고 있고, 입법 예고된 법안에서도 '배출권'이라는 용어를 사용하고 있으므로 이 책에서도 '배출권'이라는 용어를 쓰기로 한다.

가스를 배출할 수 있는 권한을 표상한다는 것과 일정 조건하에서 이전이 가능하다는 점이다.[3]

배출권의 이용은 법적으로 강제적인 국제적 혹은 국내적인 감축의무를 준수하기 위한 것일 수도 있고, 자발적인 약속을 이행하기 위한 것일 수도 있다. 현재 교토의정서 부속서 B에 속하는 당사국들은 강제적인 의무를 준수하기 위하여 배출권을 이용하고 있는 반면, 그 외의 국가들의 경우 의무 준수가 강제적이 아니므로 자발적 감축 목표를 설정하고 이를 준수하기 위하여 배출권을 이용하고 있다.

배출권은 발생근거와 거래시장에 따라 그 명칭과 사용 범위가 달라지는데, 배출권의 유형으로는 규제기관에서 배분하는 할당량과 온실가스 감축사업에서 발생하는 크레딧의 두 가지가 있다. 할당량과 크레딧의 한 단위는 모두 이산화탄소 1 등가톤과 동일하게 취급되어 호환성이 있고 각각은 고유의 일련번호를 가진다.

2. 배출권의 유형

(1) 할당량

할당량(allowance)은 국제적으로 혹은 국내적으로 규제기관을 통하여 배분되는 배출권을 의미한다. 대표적인 것으로 교토의정서에 따라 유엔에서 배분하는 할당량(Assigned Amount Unit, AAU)과

---

3) 배출권의 '이전가능성'은 흔히 환경정책에서 전통적으로 사용되는 명령통제방식(command and control approach)에 근거한 제도 및 수단들과 배출권거래제를 구별하는 가장 큰 특징이다. David Freestone and Charlotte Streck, Legal Aspects of Carbon Trading: Kyoto, Copenhagen, and beyond, Oxford University Press, New York, 2009, p.37.

유럽연합 입법지침에 따라 유럽연합에서 배분하는 할당량(European Allowance, EUA)이 있다.[4]

할당량은 일반적으로 일정량의 온실가스를 배출할 권한을 나타낸다. 할당 과정에서 규제기관은 배출자가 받게 될 할당량의 수를 결정하게 되는데, 교토의정서에 따라 당사국에 정해진 양의 온실가스를 배출할 수 있는 할당량을 배분하게 된다. 특정 물질을 일정량 대기 중으로 배출할 권한을 부여하는 것은 일정 기간 동안 일정량을 배출하기 위하여 시설소유자가 배출 허가를 받아야 한다는 점에서 전통적인 명령통제방식의 경우와 다르지 아니하다. 그러나 교토할당량과 유럽할당량처럼 다른 제도와 결합되면서 발생하는 서로 다른 할당량의 단위(unit)들끼리의 대체 가능성 및 이전 가능성은 전통적인 명령통제방식과 근본적인 차이점을 보여준다. 할당량은 일정 물질을 배출할 권한을 부여하는 것일 뿐만 아니라 매매할 권한 혹은 이전할 권한까지 보유하고 있다.

교토의정서 제17조는 부속서 B 당사국들이 교토할당량을 거래하도록 권리를 설정하고 있다. 이 권리는 일정한 조건과 제한에 따라 행사할 수 있는데, 적법성 요건이나 당사국의 배출권등록부에 일정량을 최소한으로 보유하고 있어야 한다는 것 등이 제한된다. 교토할당량의 거래에 참여할 권리는 정부의 수권에 따라 민간이나 정부 기관에 위임될 수도 있다.[5]

할당량은 한편으로는 국내 제도에서 할당된 배출권을 보유하고 있

---

4) 이하에서는 교토의정서에 따라 발생한 AAU는 교토할당량으로, 유럽연합 배출권거래제에 따라 발생한 EUA는 유럽할당량으로 표기한다.

5) David Freestone and Charlotte Streck, op. cit., p.43.

는 민간인에게는 재산권이나 유사 재산권을 창출해 줄 수 있다. 할당량의 정확한 법적 성격은 당해 배출권이 근거하는 법적 제도에 따라 결정이 된다. 즉 각국의 배출권 관련법이나 제도에서 규정하는 바에 따라, 배출에 대한 수권이나 허가, 행정적 혹은 공적 권리, 사적 재산권, 증권, 금융수단, 상품 등이 될 수도 있다.6) 실제로 대부분의 경우에 있어서 할당량은 다양한 범주의 특징을 가지는 동시에 혼합적인 성격을 보여주고 있다.7)

일반적으로 할당량은 단순성, 투명성, 안전성을 추구하여 설계된다. 할당량의 개념의 강점은 비인격성, 단순성과 명확성, 광범위하고 분산된 자원에 대한 유용성, 신규 진입에 대한 개방성, 인간의 수요에 있어서의 변화에 대한 적응 가능성 등을 꼽을 수 있다.8) 이러한 관점에서 배출권은 여타 환경규제제도가 각자 다른 영향을 받는 당사자들 간에 각자 다른 권한을 설정함으로써 생기는 문제에 대한 책임 분배에 의존하는 것과 다르다. 예를 들어 기존의 환경정책에서는 규제대상이 대기오염인지 수질오염인지에 따라 수범자와 그 권한의

---

6) 배출권이 화폐와 유사한 것으로 명백히 통화의 특징을 나타내고 있다는 주장도 존재한다. 배출권이 통화와 유사하다는 근거로는 ① 정부가 인정하지 않는 것은 가치가 전혀 없다. ② 화폐제도는 은본위, 금본위를 거쳐 현재에 이르게 되었으며, 통화 간의 교환 비율이 유동적이다. ③ 주기적으로 변경되는 환율에 따라 가치가 달라진다. ④ 이월(bank)과 차입(borrow)이 가능하다는 등의 논거를 들고 있다. Jillian Button, "Carbon: Commodity or Currency? The Case for an International Carbon Market Based on the Currency Model", Harvard Environmental Law Review, Vol. 32, Harvard Law School Publication, 2008, pp.573~580.

7) David Freestone and Charlotte Streck, op. cit., p.43.

8) Carol M. Rose, "Expanding the Choices for the Global Commons: Comparing Newfangled Tradable Allowance Schemes to Old-Fashioned Common Property Regimes", Duke Environmental Law Review and Policy Forum, Vol.10, Duke Law, 1999, p.70.

내용이 달라지지만, 배출권의 경우 이러한 보다 복잡하고 다면적인 권한이 하나로 융합되어 통일적인 규율이 가능하게 된다.[9]

(2) 크레딧

크레딧(credit)은 교토메커니즘을 이용한 온실가스 감축사업으로 발생하는 배출권을 의미한다. 현재 교토의정서상 인정하는 크레딧에는 인증저감권(Certified Emission Reduction, CER), 배출저감권(Emission Reduction Unit, ERU), 흡수저감권(Removal Unit, RMU) 등이 있다.

크레딧은 할당량과는 달리 민간에서 생성되는데, 온실가스 감축사업에 대한 투자의 직접적인 결과로 발생하게 된다. 정부는 이러한 크레딧과 크레딧을 생성하는 절차가 일정하게 규정된 기준을 충족하는 경우에 국내 배출권거래제[10]에 따라 이들 크레딧을 승인할 수 있다. 크레딧은 온실가스의 배출량 감축을 표시하는데 이는 규정된 온실가스 감축활동의 결과로서 배출량 감축은 기준인정방식 시나리오 등 일정 조건하의 시나리오와 검증된 실질 배출 간의 비교에 기초하여 산출된다. 배출량 감축이 실제로 이루어졌고 측정 가능하다는 것을 확실히 하기 위하여, 대부분의 제도가 크레딧을 규정하면서 독립적인 인증을 요구하고 있다.[11]

인증저감권은 교토의정서 제12조의 청정개발체제에 의한 온실가

---

9) David Freestone and Charlotte Streck, op. cit., p.43.

10) Greenhouse Gas Emissions Trading Scheme(System)은 Carbon Trading이라고도 하며, 국내에서는 온실가스 배출권거래제, 탄소 배출권거래제, 배출권거래제 등으로 불린다. 이 책에서는 '배출권거래제'라는 용어를 쓰기로 한다.

11) David Freestone and Charlotte Streck, op. cit., p.44.

스 감축사업의 결과물로 발생하는 크레딧이다. 이는 청정개발체제 사업의 온실가스 배출량 감축에 관한 독립적인 보고서에 기초하여 유엔의 청정개발체제 집행위원회(CDM Executive Board)가 검증 및 확인 작업을 거친 이후에 발행하게 된다. 발행되는 크레딧의 수량은 독립적인 검증 보고서에 서술된 검증된 배출량 감축분과 동일한 수량이 된다.

배출저감권은 교토의정서 제6조의 공동이행제도에 의한 온실가스 감축사업의 결과물로 발생하는 것으로 할당량과 크레딧의 혼합적 성격을 가진다. 검증된 배출량 감축분에 기초하여 투자유치국의 총량에 포함되는 유럽할당량이나 흡수저감권이 투자국의 배출저감권으로 전환된다. 부속서 B 당사국 간에 교토할당량의 총량 내에서 배출량 감축분이 이중 계산되는 것을 방지할 목적으로, 발행되는 각 배출저감권에 대하여, 투자유치국은 할당받은 배출권에서 해당 교토할당량이나 흡수저감권의 양만큼을 삭제하도록 되어 있다. 투자유치국은 궁극적으로 교토의정서에 따라 산정된 목표를 달성할 책임이 있기 때문에 당해 영역 내에서 공동이행제도 사업의 이행으로 발생하는 배출량 감축에 대하여도 책임이 있다.[12]

흡수저감권은 교토의정서 제3조에 따라 삼림 등 탄소의 흡수원(sink)[13]을 통하여 제거되는 온실가스 감축의 결과물이다. 부속서 I 당사국은 흡수저감권을 온실가스 배출목표 달성에 이용할 수 있다. 흡수저감권은 조림이나 재조림 등의 활동을 통하여 발생하게 되는

---

12) Ibid, p.44.

13) 흡수원이란 온실가스를 흡수하는 것들로 나무가 대표적인 것이라 할 수 있다. 흡수원은 또 다른 의미에서는 삼림이 많은 국가들, 즉 캐나다, 일본 등지를 일컫는 용어로 사용되기도 한다.

데, 전문 조사팀의 평가를 거쳐 인정받게 되며, 자연에서 자동적으로 제거되는 온실가스에는 크레딧이 부여되지 않는다. 그리고 비록 합법적인 활동으로 인한 것이더라도 온실가스가 배출이 되는 경우 이미 배출된 온실가스를 제거하거나 다른 부문의 배출을 더 줄여야 한다.[14]

Ⅱ. 배출권의 법적 성격

1. 배출권의 재산권성 인정 여부

(1) 헌법상 재산권성 인정 여부

국가가 규제를 하는 배출권 거래시장[15]에서 배출권의 법적 성격은 관련 법규에 따라 결정이 될 것이다. 그러나 현재까지 명확하게 법적 성격을 규명하고 있는 경우는 많지 않다. 따라서 배출권의 소유권 및 부수적인 권리나 의무에 대한 법률관계를 명확히 하기 위하여 배출권의 법적 성격에 대한 규명이 필요하다.

재산권이란 경제적 가치가 있는 모든 공·사법상 권리로, 그 재산

---

14) 유엔환경계획(UNEP) 한국위원회, 『교토의정서』, 유넵프레스, 2002, 35~39면.

15) 현재로서는 엄밀하게 말하면 '이산화탄소 배출권 거래시장'이다. 현재 배출권 거래시장의 거래대상이 이산화탄소 배출권이기 때문이다. 이는 교토의정서상 규정된 6가지 온실가스 중 이산화탄소의 배출량이 가장 많고 규제가 가장 용이하여, 대부분의 국가에서 규제대상 온실가스를 6가지 이상으로 정하되, 초기 몇 년간은 이산화탄소만을 현실적 규제대상으로 삼고 있기 때문이다. 여기서 이산화탄소를 단순히 '탄소(carbon)라고 부르고 있으며, 더 나아가 온실가스(greenhouse gas)도 단순히 '탄소'로 통칭하여 부르고 있다. 따라서 배출권 거래시장을 흔히 '탄소시장(Carbon Market)'이라고 한다. 따라서 탄소시장은 배출권을 거래하는 거래소 및 장외시장을 포함하여 배출권거래제에 따라 형성된 시장을 의미한다. 이 책에서는 '배출권 거래시장'이라는 용어를 사용하여 '배출권거래제'와 용어의 통일성을 기하고자 한다.

가액의 다과를 불문하는 것이며, 재산권의 보장에는 처분의 자유까지 포함되는데, 규제기업이 보유하는 배출권의 재산권성 여부는 배출권이 차후에 수용되는 경우에 특히 문제가 된다. 재산권성이 인정된다면 정부는 배출권의 제출이나 소멸 등에 있어 해당 기업에 이를 보상해 줄 헌법상 의무가 발생하게 될 가능성이 있다.

배출권은 교토의정서나 유럽연합 입법지침에 의하여 규정된 것으로 온실가스 감축 목표를 위하여 강제되며 이전 가능성을 가지고 있어 환경 관련 시장에서 거래되고 있는데, 여기에는 할당량과 크레딧의 두 종류가 존재한다.

일단 배분되어 등록부에 등록된 할당량과 크레딧은 그 소유자가 이를 법에 따라 자유롭게 배출권 제출의무에 사용하거나, 타인에게 판매하여 수익을 거두거나 처분할 수 있다. 따라서 배출권의 재산권성을 인정할 가능성이 존재한다.

그러나 재산권의 행사가 공공복리에 적합하여야 하고, 수용 등의 경우에 법률에 따라 정당한 보상을 해야 하는 등 재산권의 제한과 관련하여, 할당량은 모든 국가의 입법이 수용이나 기한 만료로 국가에 반납하는 경우의 보상에 대한 규정을 하고 있지 아니하고, 심지어 잉여배출권은 자동 소멸되기까지 한다.

재산권의 내용과 한계가 법으로 규정되는 것이라 할지라도 할당량을 재산권으로 인정하는 경우에는 이를 소멸시키는 과정에서 정당한 보상이 뒤따라야 할 것이다. 그러나 할당량의 경우, 특히 이것이 무상으로 할당되는 경우에는 등록부에 등록되어 자유로운 처분이 가능하다고 하더라도 해당 할당량을 취득하기 위하여 지불한 자기 기여분을 인정할 수 없어 이를 완전한 재산권으로 인정할 수는 없을 것이

며,16) 따라서 수용이나 소멸의 경우에 이에 대한 보상이 수반될 필요
가 없을 것이다.

그 결과 할당량은 할당 단계에서는 행정상 허가의 성질을 가지며,
할당 후에는 사유재산의 성격을 띠게 되어, 순수한 공권과 순수한 사
권의 혼합적인 성격을 가지는 규제적인 권리로 표현되기도 하고,17)
재산권이나 준재산권의 성격을 가지는 것이라고 표현되기도 한다.18)

크레딧의 경우는 할당량과는 달리 이를 취득하는 과정에서 전적으
로 보유자의 기여분이 인정될 수 있으므로 이를 재산권으로 인정하
는 데는 무리가 없을 것이다.

재산권에 대한 제한은 법으로 규정해야 하므로, 일정량의 오염원
을 배출하기 위한 할당량은 법으로 정해지고, 수권의 범위는 일반적
으로 당해 제도를 수립하는 법으로 정해지게 되는데, 유엔기후변화
기본협약과 교토의정서를 포함하여 배출권을 규정하고 있는 법들은
일부를 제외하고는 배출권의 법적 성격에 대한 명확한 정의를 내리
지 않고, 단지 배출권 소유자들에게 부여되는 권한에 대하여 서술하
고 있는 경우가 더 많다.19)

이렇게 법률에 의하여 개별적으로 인정되는 경우 배출권의 재산적
가치를 인정하여 헌법상 재산권으로 인정할 수 있다는 견해가 있
다.20) 그러나 배출권의 발생 근거가 종류마다 상이하여 법적 성격을

---

16) 김성수, 「'온실가스 배출권거래제에 관한 법률안'상의 온실가스 배출권의 법적 성격과 할
당의 법적 과제」, 토지공법연구, 제52집, 한국토지공법학회, 2011. 2, 226~229면.

17) David Freestone and Charlotte Streck, op. cit., p.44.

18) Ibid, p.4.

19) Jillian Button, op. cit., pp.573~580.

20) 전종익, 「탄소배출권의 헌법적 성격과 거래제도」, 법조 제59권 5호, 법조협회, 2010,

일률적으로 판단할 수는 없기 때문에, 할당량 자체는 헌법상 재산권으로 보호받기 어려우나 유상으로 취득한 배출권 즉 크레딧이나 시장에서 구입한 할당량의 경우에는 자기 기여분이 있어 재산적 가치를 인정할 수 있으므로 헌법상 재산권으로 보호할 수 있다고 보는 것이 타당하다.[21][22]

(2) 배출권의 법적 성격에 대한 외국의 입법례

현재 외국의 배출권거래제하에서 거래할 수 있는 배출권은 유럽연합에서는 교토할당량, 유럽할당량, 인증저감권, 배출저감권, 흡수저감권 등이고 미국에서는 탄소금융상품 등이다. 이들은 각각 현물과 선물·옵션 등 파생상품으로 거래되며, 배출권 거래시장마다 거래되는 상품의 종류는 다소 상이하다.[23]

각 할당량이나 크레딧을 기초자산으로 하는 선물, 옵션 등의 파생상품의 경우, 기존의 증권거래법이나 금융증권법 등의 금융 관련법으로 규제하게 되며, 여타 파생상품과 마찬가지로 금융상품으로 거래되고 있다.

유럽연합 배출권거래제의 경우, 입법지침 2003/87/EC는 "할당량이란 특정기간 동안 이산화탄소 1 등가톤을 배출할 수 있는 허용량이

258면.

21) 배출권의 법적 성격에 대하여 잠정적인 결론임을 전제로 "국가가 허가의 형식으로 권리를 창설하고 그 권리는 대물적 허가에 따른 권리로서 이전이 가능한 재산권으로서의 성격을 가지고 있다고 볼 수 있을 것"이라고 하는 견해도 있다. 최승필, 「탄소배출권 제도설계에 대한 법제도적 검토: 유럽의 탄소배출권제도를 통한 고찰을 중심으로」, 환경법연구, 제31권 2호, 한국환경법학회, 2009, 175면.

22) 김성수, 앞의 논문, 226～229면.

23) 자세한 내용은 제2장 주요국의 배출권거래제의 배출권 거래소 관련 부분 참조.

며, 이는 동 입법지침의 요건을 충족하기 위한 목적으로서만 유효하고, 동 입법지침의 규정에 따라서 이전되어야 한다"고 규정하고 있을 뿐(art. 3(a)) 재산권과 관련한 어떠한 명시적인 언급도 하지 않고 있다. 그러나 동 입법지침이 배출권을 영구적으로 보유할 권한을 부여하고 있는 것은 아니며, 오히려 배출량과 동일한 양의 배출권을 매년 정해진 일자에 행정청에 제출하고, 각 정부는 궁극적으로 사용하지 않은 배출권은 폐기하도록 하고 있다(arts. 12, 13). 또한 배출권의 거래는 유럽연합 내에서 혹은 교토의정서를 비준한 부속서 B 국가들 중 상호 배출권 인정 합의가 된 국가와 유럽연합 사이에서만 이루어질 수 있다고 규정하고 있다(arts. 12, 25).

프랑스의 「환경법」은 배출권의 현물의 법적 성격에 관하여, 온실가스 할당량의 성격을 '동산(personal property)'이라고 규정하고 있다 (Article L229-15). 호주의 「탄소오염감축계획법안(CPRS)」 역시 호주 할당량(Australia Emission Unit, AEU)을 '동산(personal property)' 이라고 규정하여 자유롭게 처분이 가능하다는 것을 명시하고 있다 (s.94).[24] 한편 독일의 경우에는 「온실가스배출권거래법」에서 온실가스의 배출권을 '허가받은 권한'으로 보고 있으면서 역시 다른 나라와 마찬가지로 배출권의 양도성을 인정하고 있다(제3조, 제4조, 제6조). 다만 독일의 배출권은 증권거래법상 금융상품으로 인정할 수 없다고 명시하고 있어(제15조), 이미 배출권을 금융상품으로 거래하고 있는 다른 나라의 입법 태도와는 다른 것으로 보인다.[25]

---

24) personal property의 개념은 유형자산과 무형자산을 모두 포함하는 것이므로 우리나라의 동산 개념과는 다소 상이하다. http://www.businessdictionary.com/definition/personal-property.html.

25) 다만 허가의 개념이 원래 가능한 것을 금지하여 두었다가 일정한 경우에 금지를 해제하여 주는 것이기 때문에 독일의 배출권도 할당된 경우에는 재산권성을 인정힐 수 있을 것으로

미국의 경우, 북동부지역온실가스협정(RGGI)은 모범규칙(RGGI Model Rule)에서 할당량에 대한 정의 규정에 "이산화탄소 거래제도(CO$_2$ Budget Trading Program)에 따라 규제기관이 이산화탄소 1 등가톤을 배출할 수 있도록 부여한 제한된 권한으로, 동 규정(regulation)상 여러 가지 제한이 따르며, 동 규정의 어떠한 조항도 규제기관이 동 배출권한을 종료하거나 제한하는 것을 제한하는 것으로 해석되지 않는다. 동 제한된 권한은 재산권이 되지 아니한다(s. XX-1.2(k))"고 명시하고 있다.[26] 또한 하원 기후법안인 「왁스만-마키 법안」에서도 배출권의 법적 지위를 재산권이 아니라고 명시하고 있는데, 이는 배출권의 성격을 단순히 배출할 권리를 허가받은 정도로 보는 듯하다.[27]

한편 유럽연합이나 미국에서 배출권의 소유권 관계에 대한 문제를 다루고 있는 판례는 거의 없고 다만 제한된 범위에서 선례를 제시하고 있을 뿐이다. 예를 들어, Roseland Plantation LLC v. United States Fish and Wildlife Service et al. 사건에서 루이지애나 서부지법은 "탄소 배출권을 보고, 이전, 매도하는 권리는 토지 소유자와 관련된 일련의 권리의 일부"라고 판시한 바 있다. 동 사건은 나무로 둘러싸인 토지의 일부에 대한 탄소 배출권의 매매주장에 관한 것이었는데, 토지와 관련된 사업에서 나오는 배출권은 초기에 토지 소유

보인다.

26) 이는 미국에서 일찍이 시행되고 있는 「1990 Clean Air Act Amendments」의 규정을 그대로 채택한 것이다. 동 법상 제도는 산성비를 통제하기 위하여 아황산가스(SO$_2$) 배출권을 거래하는 것으로, 동 배출권이 재산권이 아님을 명시함으로써 배출할 '권리(right)'를 창출하는 위험을 피할 수 있었다. Tessa Schwartz et al., "Legal Issues for Carbon-Related Transactions: Regulations, Markets, Technology & Enhancing Value", In Green Technology Law and Business 2009: Strategies for Finance, Carbon Trading, IT, and Carbon Neutral Policies, Practising Law Institute, 2009, pp.99~100.

27) 이 경우에는 명시적으로 재산권이 아님을 규정하고 있으므로 독일과는 경우가 다르다.

자에게 귀속된다는 것을 시사하는 판시였다.[28)29]

이러한 각국의 입법 태도와 배출권 거래소에서 배출권이 거래되는 형태 및 이에 대한 규율의 성격 등에 비추어 대체로 일반상품으로 취급하고 있는 것으로 보는 견해가 있다.[30]

위와 같이 재산권의 법적 성격을 제한적으로 인정하더라도, 일단 배출권이 총량의 범위 내에서 재산권으로 업체에 부여되면, 차후 배출량을 감축하거나 배출권거래제 자체를 폐기하는 경우에 배출권을 부여받은 업체는 정부에 동 권리의 수용으로 인한 보상을 요구할 가능성이 존재한다. 따라서 재산권의 수용이라는 문제를 미연에 방지하기 위하여 위 외국의 사례처럼 배출권이 재산권이 아니라는 것을 명시적으로 규정하는 것이 바람직하다.

---

28) 미국 연방정부는 1989년 토지를 매도하면서 그중 420에이커에 대하여 보존을 위한 지역권(conservation easement)을 유보하였다. 현재 동 필지는 Roseland Plantation 소유로 상업적인 사냥을 위하여 토지를 관리하는 회사이다. 유보한 지역권으로 제한된 토지에 위치한 나무에서 발생하는 탄소 배출권에 대한 권리를 연방정부가 매도하려고 하자, Roseland사는 동 배출권의 소유권에 대한 확인판결을 구하는 소를 제기하였고, 연방정부는 원고적격, 사건의 성숙성, 통치권의 면책특권 등을 근거로 사건의 기각을 구하였다. 이에 법원은 탄소배출권이 실질적으로 인식 가능한 재산권이고, 따라서 Roseland사는 원고적격을 갖추었고, 사건은 성숙하였으며, 연방 Quiet Title Act는 통치권의 면책특권의 포기로서의 기능을 한다고 판시하였다. 2006 U.S. Dist. LEXIS 29334(W.D. La. 2006), Robert H. Levin, Land Conservation Case Law Summaries, Land Trust Alliance, 2011, p.151.

29) Tessa Schwartz et al., op. cit., pp.100~101.

30) 구체적인 논거를 제시하고 있는 것은 아니다. 노희진, 「탄소배출권거래제 도입방안」, 금융투자협회, 2009. 11, 20면.

2. 자본시장법상 배출권의 법적 성격

(1) 자본시장법상 금융투자상품성 인정 여부

1) 자본시장법상 금융투자상품의 의의

「자본시장과 금융투자업에 관한 법률(이하 '자본시장법')」상 금융투자상품은 "이익을 얻거나 손실을 회피할 목적으로 현재 또는 장래의 특정 시점에 금전, 그 밖의 재산적 가치가 있는 것(이하 "금전 등"이라 한다)을 지급하기로 약정함으로써 취득하는 권리로서, 그 권리를 취득하기 위하여 지급하였거나 지급하여야 할 금전 등의 총액(판매수수료 등 대통령령으로 정하는 금액을 제외한다)이 그 권리로부터 회수하였거나 회수할 수 있는 금전 등의 총액(해지수수료 등 대통령령으로 정하는 금액을 포함한다)을 초과하게 될 위험(이하 "투자성"이라 한다)이 있는 것"을 말한다(제3조 제1항).

금융투자상품에는 증권과 파생상품이 포함되고, 원화로 표시된 양도성 예금증서와 수탁자에게 수탁재산의 처분 권한(「신탁법」 제42조 및 제43조에 따른 처분 권한을 제외한다)이 부여되지 아니한 신탁(이하 "관리신탁"이라 한다)의 수익권은 포함되지 아니한다(제3조 제1항, 제2항).

2) 금융투자상품의 요건

금융투자상품에 해당하기 위한 요건은 ① 이익을 얻거나 손실을 회피할 목적, ② 금전의 지급, ③ 계약상 권리, ④ 투자성 등이다.[31]

---

31) 김정수, 『자본시장법원론』, 2011, 45~51면; 윤승한, 『자본시장법 강의』, 개정증보판, 삼일인포마인, 2011, 215~217면; 임재연, 『자본시장법』, 박영사, 2010; 20~24면;

'이익을 얻거나 손실을 회피할 목적'은 금융투자의 주요 목적을 나타낸 것으로, 주로 주식 등 전통적 금융투자상품의 목적인 이익의 취득과 주로 파생상품 및 신종증권의 목적인 손실의 회피를 금융투자상품의 목적요소로 하여 상업적 목적의 비금융상품의 포섭 가능성을 배제함으로써 일반 상거래의 법적 안정성을 꾀하고 있다.

'금전 등의 지급에 대한 약정'은 금융투자상품의 내용이 되는 계약에 금전 등의 지급 시점을 현재 또는 장래로 하여 증권과 파생상품을 모두 포섭하고 있고, 지급 수단을 금전 '등'이라고 한 것은 파생상품 거래의 결제 시 현물인도가 가능하다는 것을 의미한다.

'약정 등으로 취득하는 권리'는 금융투자상품이 계약상 권리이기 때문에 계약 외적 요소로 인한 원본손실위험은 금융투자상품의 요소가 될 수 없다는 것을 의미한다.

'투자성'은 "취득원본" 또는 지급금액이 "처분원본" 또는 수취금액보다 높을 위험, 즉 원본손실위험을 의미한다. 여기서 원본손실위험에는, 계약상 권리라는 요건과의 관계상, 발행인의 신용위험과 같은 계약 외적 위험은 해당하지 아니하고 가격이나 이자율 등 주로 시장적 위험으로 인한 손실 가능성이 해당한다.

3) 금융투자상품성 인정 여부

첫째, 할당량이나 크레딧 등 배출권은 의무감축량을 달성하지 못한 기업이나 국가가 잉여분을 구매함으로써 이를 감축하는 비용보다 훨씬 저렴한 비용으로 감축의무를 달성하게 되고 잉여분을 매도하는 기업이나 국가는 이를 매도함으로써 이익을 추구하게 되므로, '이익

자본시장통합법 연구회 편, 『자본시장통합법 해설서』, 한국증권업협회, 2007, 87~90면.

을 얻거나 손실을 회피할 목적'이라는 요건이 충족되고, 둘째, 배출
권은 이를 구매하기 위하여 계약에 의하여 대금을 지급하고 권리를
취득하게 되므로 '금전 등의 지급에 대한 약정'과 '약정으로 취득하
는 권리'라는 요건이 충족되며, 셋째, 온실가스 배출권의 매매에 있
어서 시장 가격의 등락에 따라 초기에 투입한 자본을 모두 회수하지
못할 위험이 상존하여 원본손실위험이 존재하므로 '투자성'도 인정
된다. 따라서 배출권은 금융투자상품에 해당한다고 볼 수 있다.[32]

(2) 자본시장법상 증권성 인정 여부

1) 자본시장법상 증권의 의의

자본시장법상 증권은 "내국인 또는 외국인이 발행한 금융투자상품
으로서 투자자가 취득과 동시에 지급한 금전 등 외에 어떠한 명목으
로든지 추가로 지급의무(투자자가 기초 자산에 대한 매매를 성립시
킬 수 있는 권리를 행사하게 됨으로써 부담하게 되는 지급의무를 제
외한다)를 부담하지 아니하는 것"을 말한다(제4조 제1항).

증권의 종류에는 채무증권, 지분증권, 수익증권, 투자계약증권,
파생결합증권, 증권예탁증권이 있으며(제4조 제2항 내지 제8항), 여
기에 해당하지 않는 것이라도 증권이 될 수 있다.[33] 또한 과거와는

---

32) 탄소배출권이 목적, 금전 등의 지급, 권리, 투자성 등 금융투자상품의 4가지 요소를 모두
   갖춘 것처럼 보이기는 하나 배출권 자체를 금융투자상품으로 인정할 정책적 필요는 없다
   는 견해도 있다. 정순섭, 「환경친화적 녹색금융을 위한 법적 과제」, 『환경법연구』, 제31권
   1호, 한국환경법학회, 2009, 104~105면.

33) 자본시장법은 증권의 종류를 열거하는 동시에 투자성을 갖는 모든 금융상품을 금융투자상
   품으로 포섭하여 증권의 개념에 대한 규정이 포괄주의방식을 취하고 있다. 따라서 투자성
   이 있는 경우에는 법상 규정된 증권의 종류에 해당하지 아니하더라도 증권에 해당하여 자
   본시장법을 적용하게 된다. 자본시장통합법 연구회 편, 앞의 책, 78~80면.

달리 증권의 실물 발행 여부는 증권성을 결정하는 요소가 아니다(제4조 제9항).[34]

2) 증권의 요건

증권이 되기 위한 요건은 ① 발행 주체는 내·외국인을 불문한다, ② 금융투자상품이어야 하므로 원본손실 요건으로서 투자성이 요구된다, ③ 전액지급의무 요건과 추가지급의무 부재 요건이 필요하다 등이다.[35]

'발행주체'는 내국인과 외국인을 모두 포함하고 있어 외국에서 발행되는 증권에 대한 규제 가능성을 열어두고 있다.

'투자성'은 증권이 금융투자상품이기 때문에 인정되는 요건이다. 따라서 계약과 관련한 원본손실위험이 있어야 한다.

'전액지급의무'는 계약을 체결한 후 대금을 분할납부하는 레버리지의 가능성을 방지하고, '추가지급의무 부재' 요건은 투자성의 판단 기준으로 100% 기준을 채택하는 한편 '매매를 성립시킬 수 있는 권리를 행사함으로써 부담하게 되는 지급의무'를 추가지급 개념에서 제외하여 결제가 현물인도로 이루어지는 경우의 대금지급을 추가지급으로 취급할 가능성을 배제하고 있다.

---

34) 과거 증권거래법에서는 유가증권이 규율 대상이었으나, 유가증권이라는 개념이 투자자 보호를 위한 도구 개념으로 적절치 아니하다는 비판이 있었고, 전자거래가 이루어지는 거래상 현실과 실물 증권 발행의 무의미성 등으로 인하여 자본시장법에서는 유가증권이라는 개념을 폐기하고 단순히 증권이라는 개념을 사용하고 있다. 김건식·정순섭, 『자본시장법』, 두성사, 2009, 27면.

35) 김정수, 앞의 책, 52~54면; 윤승한, 앞의 책, 217면; 임재연, 앞의 책, 25면; 자본시장통합법 연구회 편, 앞의 책, 91·~92면.

3) 배출권의 증권성 인정 여부

현재 시행되고 있는 배출권거래제에서는 할당량과 크레딧이 주된 기초자산으로, 할당량과 크레딧은 각자의 의무감축량을 달성하기 위해 주로 각 국가나 기업이 매매하게 되지만 일반 투자자가 이를 일반적인 주식과 마찬가지로 투자수단으로 매매하는 것도 가능하다.

증권의 '발행주체'는 내·외국인을 불문하므로, 각 국가가 할당된 범위에서 발행하게 되는 온실가스 배출권은 어느 국가에서 발행된 것이든 증권의 개념에 포섭된다.

'금융투자상품'이 되기 위해서는 '투자성'이 요구되는데, ① 배출권은 의무감축량을 달성하지 못한 기업이나 국가가 잉여분을 구매함으로써 이를 감축하는 비용보다 훨씬 저렴한 비용으로 감축의무를 달성하게 되고 잉여분을 매도하는 기업이나 국가는 이를 매도함으로써 이익을 추구하게 되므로, '이익을 얻거나 손실을 회피할 목적'이라는 요건을 충족시키게 되고, ② 배출권은 이를 구매하기 위하여 계약에 의하여 대금을 지급하고 권리를 취득하게 되므로 '현재 또는 장래의 특정시점에 금전 그 밖에 재산적 가치가 있는 것(이하 "금전 등"이라 한다)을 지급할 것을 약정함으로써 취득하는 권리'라는 요건이 충족되며, ③ 배출권의 매매에 있어서 시장 가격의 등락에 따라 초기에 투입한 자본을 모두 회수하지 못할 위험이 상존하므로, 즉 원본손실위험이 존재하여 '투자성'도 인정되므로 금융투자상품에 해당한다.

마지막으로 '전액지급의무' 요건과 '추가지급의무 부재' 요건이 필요한데, 온실가스 배출권을 구매하기 위해서는 대금을 전액 지급해야 온실가스 배출권에 대한 권리가 인정되고, 이익을 현실화하기 위하여 온실가스 배출권을 매도할 당시에 추가로 대금 등을 지급할 의무가 없으므로, 동 요건도 충족된다.

따라서 온실가스 배출권이 현물로 거래되는 경우에 이는 자본시장법상 증권에 해당한다고 볼 수 있다.

그러나 이와 같이 온실가스 배출권의 법적 성격에 대하여 증권성을 인정하는 견해와는 달리 이를 일반상품으로 보는 견해도 있다. 이 견해에 의하면, 흔히 투자수단으로 이용되는 일반 재산으로 일반상품이나 부동산 등은 그 자체로서 가치가 있는 반면, 증권에는 가치평가의 불확실성이 존재하는데, 배출권의 경우에는 그러한 불확실성이 존재하지 아니하기 때문에 그 거래의 위험 측면에서 보아 배출권은 증권이라기보다는 일반상품과 유사하다고 한다.[36][37]

그러나 배출권은 교토의정서상 의무이행과 맞물려 그 가격 등락폭이 발생하고, 경제 상황이나 특히 배출권거래제의 시행 여부, 범위 등과 관련하여 무엇보다 가치 평가의 불확실성이 존재한다고 할 수 있다. 배출권거래제의 시행에 있어 가장 중요하게 고려해야 할 요소 중의 하나가 가격불안 요소를 제거하여 시장의 안정성을 도모해야 한다는 점이라는 것을 고려해 볼 때 가치 평가의 불확실성이 존재하지 아니한다고 볼 수는 없을 것이다.

또한 새로운 종류의 증권이 나타날 때마다 법을 개정해야 하는 번

---

36) 최문희, 「온실가스 排出權 去來의 금융법상 논점」, 『비교사법』, 제15권 3호(통권42호), 한국비교사법학회, 2008, 111~112면.

37) 이에 대하여 미국의 상품거래소법(Commodity Exchange Act)과 자본시장법의 차이를 간과한 것으로, 미국법상 상품은 유체물과 무체물을 모두 포함하는 데 반하여, 자본시장법상 일반상품은 유체물만 해당하는 것이므로 이를 동일시하여 배출권을 일반상품으로 보기는 어렵다는 반론이 있다. 정순섭, 앞의 논문, 105~106면.

거로움을 피하고 법의 공백을 미연에 방지하고자 증권의 개념을 포괄주의 방식으로 규정한 자본시장법의 취지를 고려할 경우, 배출권의 개념 요소가 증권의 개념과 부합하므로 이를 증권으로 인정하는 것이 타당하다.

4) 자본시장법상 기초자산 해당 여부

자본시장법은 증권의 종류로 채무증권, 지분증권, 수익증권, 투자계약증권, 파생결합증권, 증권예탁증권을 규정하고 있다(제4조 제2항 내지 제8항).

이들 증권의 종류 중 파생결합증권은 기초자산의 가격·이자율·지표·단위 또는 이를 기초로 하는 지수 등의 변동과 연계하여 미리 정하여진 방법에 따라 지급금액 또는 회수금액이 결정되는 권리가 표시된 것을 의미한다(제4조 제8항).

기초자산에는 금융투자상품, 통화, 일반상품, 신용위험, 그 외 자연적·환경적·경제적 현상 등에 속하는 위험으로서 합리적이고 적정한 방법에 의하여 가격·이자율·지표·단위의 산출이나 평가가 가능한 것이 모두 해당한다(제4조 제10항). 이는 객관적인 방법에 의한 현금흐름의 산출이 가능하면 이를 기초자산으로 인정한다는 취지로 기초자산의 범위를 넓게 인정하면서 합리성과 적정성을 기초자산의 평가방법으로 하여 금융투자상품을 설계하는 기준을 제시하고 있는 것이다.[38]

배출권은 기본적으로 환경과 관련된 위험이면서 동시에 기상재해나 경제상황의 변화와 밀접하게 관련된 위험을 가지고 있다.[39] 또한

---

38) 김건식·정순섭, 앞의 책, 49~50면; 임재연, 앞의 책, 38면.

39) 예를 들어 일본의 원자력 발전소 폐쇄로 일본은 더 많은 온실가스를 배출하게 되어 더 많은 배출권이 필요하게 되었고, 옛 소비에트 연방국가들은 경기 침체로 온실가스 배출이

배출권의 가격은 합리적이고 적정한 방법에 따라 그 평가가 가능하다. 더욱이 기초자산의 핵심적인 개념요소는 위험의 종류가 아니라 산출방법의 객관성에 있다는 것을 고려할 때 배출권을 자본시장법상 기초자산에 해당한다고 볼 수 있으며,[40] 배출권을 기초자산으로 하는 증권은 자본시장법상 파생결합증권에 해당한다고 볼 수 있을 것이다.

(3) 배출권 파생상품의 자본시장법상 파생상품성 인정 여부

1) 파생상품의 의의

자본시장법상 파생상품은 선도, 옵션, 스왑 중 하나에 해당하는 금융투자상품을 말한다.

즉, 파생상품은 금융투자상품으로 "기초자산이나 기초자산의 가격·이자율·지표·단위 또는 이를 기초로 하는 지수 등에 의하여 산출된 금전 등을 장래의 특정시점에 인도할 것을 약정하는 계약(선도)"이나 "당사자 어느 한 쪽의 의사표시에 의하여 기초자산이나 기초자산의 가격·이자율·지표·단위 또는 이를 기초로 하는 지수 등에 의하여 산출된 금전 등을 수수하는 거래를 성립시킬 수 있는 권리를 부여하는 것을 약정하는 계약(옵션)", 혹은 "장래의 일정 기간 동안 미리 정한 가격으로 기초자산이나 기초자산의 가격·이자율·지표·단위 또는 이를 기초로 하는 지수 등에 의하여 산출된 금전 등을 교환할 것을 약정하는 계약(스왑)" 중 어느 하나에 해당하는 것을 말

줄어들어 잉여 배출권을 다량 확보하게 되는 등 배출권은 자연적, 환경적, 경제적 현상 모두에 밀접하게 관련된 위험을 내포하고 있다.

40) 정순섭, 앞의 논문, 105면.

한다(제5조).

파생상품에는 국내파생상품시장이나 해외파생상품시장에서 거래
되는 파생상품인 장내파생상품과 그 이외의 장소에서 거래가 이루어
지는 장외파생상품이 있다(제5조 제2항, 제3항).

2) 파생상품의 요건

파생상품의 요건으로서는 ① 금융투자상품일 것, ② 선도, 옵션 또
는 스왑의 어느 하나에 해당할 것 등이 있다.

따라서 파생상품은 그 가치가 거래와는 독립한 기초자산에 따라
변동하며, 결제가 장래의 일정한 시점에 이루어지고, 위험의 이전이
나 교환을 통하여 기초자산에 수반하는 이익의 확보나 손실의 회피
를 목적으로 하는 것을 의미한다.[41] 또한 증권과의 관계에서 파생상
품의 투자성은 원본손실위험이 100%를 넘는 경우를 말한다.

파생상품의 개념적 요소인 기초자산의 개념은 증권에서의 기초자
산의 개념과 동일하므로, 금융투자상품, 통화, 일반상품, 신용위험,
그 외 자연적·환경적·경제적 현상 등에 속하는 위험으로서 합리적
이고 적정한 방법에 의하여 가격·이자율·지표·단위의 산출이나
평가가 가능한 것이 모두 해당하게 된다(제4조 제10항).

3) 자본시장법상 파생상품 해당 여부

배출권을 기초자산으로 하는 선도, 옵션, 스왑 등 파생상품은
① 그 가치가 거래와는 독립한 배출권에 따라 변동하며, ② 결제는
주로 배출권의 제출기한과 일치하여 장래의 일정한 시점에 이루어지

---

41) 김건식·정순섭, 앞의 책, 46~47면.

고, ③ 배출권에 수반하는 이익의 확보나 손실의 회피를 목적으로 위험을 이전하거나 교환하기 위하여 이루어지는 계약이다.

또한 이들 파생상품은 경제상황이나 배출권의 수급에 따라 100%를 넘는 원본손실위험이 존재한다.

한편 자본시장법은 자연적·환경적·경제적 현상 등에 속하는 위험도 합리적이고 적정한 방법에 의하여 가격이나 지표 등의 산출이나 평가가 가능한 것은 모두 기초자산으로 인정하고 있으므로 태풍이나 홍수와 같은 자연적 현상, 물가상승과 같은 경제적 현상뿐만 아니라 온실가스 배출 등의 환경적 현상도 여기의 기초자산의 위험에 해당한다.[42]

따라서 배출권의 파생상품은 자본시장법상 파생상품에 해당한다고 볼 수 있다.

---

42) 위의 책, 50면.

배출권거래제의 법적 근거

I. 국제법적 근거

1. 유엔기후변화기본협약

(1) 지구온난화와 기후변화

유엔기후변화기본협약(UNFCCC)은 기후변화를 '인류의 활동에 의하여 직, 간접적으로 지구의 대기 중 구성성분의 비중이 변경됨으로써 발생하는 기후체계의 변화'로 정의하고 있다.[43] 이는 인위적인 온실가스의 배출로 인한 지구표면의 온도 상승, 즉 지구온난화가 기후변화의 결과로 나타난다는 것을 의미한다.

여기서 온실가스란 온실효과 혹은 지구온난화를 일으키는 기체를

---

[43] Article 1.3. "Climate change"means a change of climate which is attributed directly or indirectly to human activity that alters the composition of the global atmosphere and which is in addition to natural climate variability observed over comparable time periods.

의미하는데, 유엔기후변화기본협약은 교토의정서 부속서 A에서 이산화탄소(CO_2), 메탄(CH_4), 아산화질소(N_2O), 수소불화탄소(HFC_s), 과불화탄소(PFC_s), 육불화황(SF_6) 등 여섯 가지를 온실가스로 규정하고 있다.

대기 중으로 배출되어 지구온난화를 유발하는 온실가스별 배출량은 이산화탄소의 배출량이 76.7%로 여타 온실가스의 배출량에 비하여 압도적으로 많다.[44][45] 배출권거래제에서도 이러한 이유로 여러 온실가스 중 이산화탄소의 배출에 대한 규제가 가장 먼저 시작되었다.[46] 부문별 배출량은 에너지 공급 및 산업 부문이 45.3%로 거의 절반을 차지하고 있음을 알 수 있는데,[47] 온실가스 배출량을 감축하기 위한 정책 중 저감(mitigation) 정책이 에너지 절약 및 에너지 효율성 증대에 관한 정책에 집중되어 있는 이유가 바로 이 때문이다.

지구온난화와 기후변화에 대한 논쟁은 첫째, 지구온난화와 기후변화의 진행 여부, 둘째, 인위적으로 배출한 이산화탄소가 원인인지 여

---

44) 화석연료의 사용으로 인한 이산화탄소의 배출이 56.6%, 삼림훼손과 바이오매스의 부패 등으로 인한 이산화탄소 배출이 17.3%, 기타 원인으로 인한 이산화탄소 배출 2.8%, 메탄 14.3%, 아산화질소 7.9%, 수소불화탄소, 과불화탄소, 육불화황 등 불소화합물이 들어 있는 가스 1.1%의 순이다. IPCC, 「Climate Change 2007: Synthesis Report」, Geneva, 2007, p.36.

45) 세계기상기구가 발표한 보고서에 따르면 이산화탄소의 경우 산업혁명 이전 10,000년간 동일 수준을 유지하다가 산업혁명 이후 급격히 증가하였으며, 2009년에는 주요 온실가스의 농도가 산업혁명 이후 최고 수준에 도달하였다. WMO, "Greenhouse Gas Bulletin 2009", No. 6, Geneva, 24 November 2010, p.2.

46) 이에 따라 현재 전 세계 배출권거래제는 이산화탄소를 주된 거래대상으로 하고 있으며, 이산화탄소를 간단히 탄소라고 칭하기도 한다. 한편 역으로 이산화탄소 혹은 탄소를 모든 온실가스를 지칭하는 용어로 흔히 사용하고 있으며, 배출권거래제에 따라 형성된 시장을 '탄소시장(Carbon Market)'이라고 부르기도 한다.

47) 에너지 공급 부문 25.9%, 산업 부문 19.4%, 삼림 부문 17.4%, 농업 부문 13.5%, 수송 부문 13.1%, 주거용 및 상업용 건물 부문 7.9%, 폐기물 및 폐수 부문 2.8%의 순이다. IPCC, op. cit., p.36.

부, 셋째, 기후변화가 인류에게 재앙인지 여부, 넷째, 현세대가 기후변화에 대응해야 하는지 여부를 쟁점으로 진행되었으나, 기후변화에 대한 과학적 불확실성이 점차 줄어들고 있고, IPCC의 보고서가 지속적으로 나오면서 현재 논쟁은 기후변화를 인정하는 것을 전제로 기후변화에 대한 대응 및 적응 방안, 기후변화의 영향 및 미래에 대한 불확실성 제거 등에 대한 논의로 전환하고 있다.[48]

국가별 에너지 부문 이산화탄소 배출량은 미국이 20.3%, 중국 20.0%, 러시아 5.7%, 인도 4.5%, 일본 4.3%이며, 우리나라는 2006년 현재 세계 배출량의 1.7%로 에너지 연소에 의한 이산화탄소 배출량 세계 9위를 차지하고 있다.[49]

2007년 발간된 IPCC 제4차 보고서에 따르면, 산업혁명 이후 화석연료의 사용이 급증하면서 대기 중 온실가스 농도가 증가하고 이로 인하여 지구온난화가 발생하면서 지난 100년간 전 세계 평균기온이 0.74℃ 상승하였다.[50] 그 결과 잦은 기상이변으로 인한 피해의 증가, 해빙으로 인한 해수면의 상승, 농업 생산지역의 이동 등 이상 현상이 전 세계적으로 발생하였고, 기후변화의 피해가 선진국보다는 개발도상국에서 더 크게 나타나게 됨으로써[51] 빈곤지역이 특히 기후변화에 취약하여 사회·경제적 비용이 증가될 것이라는 것과 대기 중 온실가스 농도가 안정된다고 하더라도 기후변화의 부정적 영향은

---

48) 박환일, 「불편한 진실 Revisited」, 『Issue Paper』, 삼성경제연구소, 2010. 8. 27, 10면.
49) http://etips.me.go.kr/EP/web/etips/TP/m_air/TP_air01-4.jsp.
50) IPCC, op. cit., pp.30~33.
51) 기후변화에 대한 적응대책이 미래의 지구온난화를 약화시킬 수 있는 방향으로 이루어져야 한다는 주장의 근거이다. David B. Lobell et al., "Climate Trends and Global Crop Production Since 1980", Science, Washington DC, 29 July 2011, pp.616~620.

향후 수 세기 동안 계속될 것이라는 전망은 기후변화에 대한 대응의 필요성을 절감하게 하였다.

기후변화의 부작용에 대한 대응방안은 크게 적응과 완화의 두 가지 방향에서 이루어지게 되는데, 기본적으로 기후변화를 완화시키려는 노력으로 원하는 성과를 거둘 수 있다면 가장 바람직하겠으나, 이는 현실적으로 불가능하므로 차선책으로 기후변화에 대한 적응노력을 병행하는 것이 바람직하기 때문이다.

(2) 유엔기후변화기본협약의 성립

이산화탄소의 농도 증가에 의한 온실효과는 19세기 말 처음으로 주장이 되었고,[52] 지구온난화는 1972년 로마클럽의 보고서에서 처음으로 공식적으로 지적이 되었다.[53] 이후 세계기상기구(World Meteorological Organization, WMO)와 유엔환경계획(UN Environment Programme, UNEP)은 1985년에 이산화탄소가 지구온난화의 주된 원인임을 공식적으로 선언하였고, 기후변화에 관한 정부 간 협의체(Intergovernmental Panel on Climate Change, IPCC)를 설립하여 기후변화에 관한 연구보고서를 발간하고 있다.[54]

---

52) Svante Arrhenius, "On the Influence of Carbonic Acid in the Air upon the Temperature of the Ground", Philosophical Magazine and Journal of Science, Series 5, Vol. 41, No. 251, April 1896, pp.237~276.

53) 1968년 설립된 로마클럽(the Club of Rome)은 다양한 국제 정치 문제를 다루는 단체로 1972년 성장의 한계(The Limits to Growth)라는 보고서를 발표하였다. http://clubofrome.org/.

54) 현재까지 IPCC는 4차례 보고서를 발표하였는데, 1990년 8월의 제1차 보고서(The First Assessment Report of IPCC, FAR)는 유엔기후변화기본협약의 초안을 작성하는 데 영향을 주었고, 1995년 11월의 제2차 보고서(The Second Assessment Report of IPCC, SAR)는 교토의정서를 채택하는 계기를 제공하였으며, 2001년 4월의 제3차 보고서(The Third Assessment Report of IPCC, TAR)는 마라케시에서 교토의정서의 원칙

지구온난화와 자연환경 파괴 및 자원의 유한성 등에 대한 논의가 환경보호운동으로 이어지면서 1992년에 열린 유엔환경회의(UN Conference on Environment and Development, UNCED)에서는 기후변화에 대한 본격적인 국제적 대응책으로 유엔기후변화기본협약을 채택하였다.[55]

당사국총회(Conference of the Parties, COP)는 유엔기후변화기본협약의 최고 의사결정기구로 협약에 가입한 모든 당사국으로 구성한다(제7조). 매년 개최되는 당사국총회의 회의에는 비당사국도 참가할 수 있다. 유엔기후변화기본협약의 역할은 기후변화에 있어서 국제적 노력을 유지하기 위한 책임을 지고 협약의 이행을 총괄하며, 협약의 목적, 새로운 과학적 발견, 기후변화 정책이행에서 얻어지는 경험을 기반으로 협약 당사국의 책무를 검토하는 것이다. 주요과업은 국가보고서와 배출량 인벤토리를 검토하고, 당사국에 의해서 취해진 조치의 유효성과 유엔기후변화기본협약의 궁극적인 목적 달성을 위한 진전에 대하여 평가를 하게 된다.[56]

유엔기후변화기본협약의 효력 발생 요건은 ① 50개국의 협약 비준서 기탁, ② 50번째 국가의 비준서 기탁 후 90일 경과로(제23조), 1994년 3월 21일에 발효되었다. 2012년 12월 현재 195개 당사국이

을 확립하는 데 촉매제 역할을 하였다. 그리고 포스트 교토 체제에 대한 논의가 발리에서 진행되고 있는 상황에서 2007년에 발표된 제4차 보고서(The Fourth Assessment Report of IPCC, AR4)는 기후변화의 속도와 그 영향에 대한 연구결과가 우려할 만한 것임을 보여주고 있다.
http://www.ipcc.ch/publications_and_data/publications_and_data_reports.shtml.

55) 브라질 리우데자네이루에서 열린 유엔환경회의에서는 각국 정부대표의 회의인 유엔환경회의 외에도 각국 비정부기구(NGO)의 지구환경회의(Global Forum 1992)가 동시에 개최되었다. 동 회의에서는 유엔기후변화기본협약 외에 생물다양성협약이 체결되었다.
http://www.un.org/esa/dsd/resources/res_docukeyconf_eartsumm.shtml.

56) http://unfccc.int/essential_background/convention/items/6036.php.

가입해 있으며 우리나라는 1993년 12월 47번째로 가입하였다.[57]

유엔기후변화기본협약이 채택된 이후에 당사국총회 협상과정에서 문제가 되고 있는 주요 쟁점들은 개발도상국에 대한 자금지원 및 기술이전, 흡수원의 인정 범위, 신축성 메커니즘, 의무준수체제 및 개발도상국의 의무부담 등의 문제에 대한 것이다.[58] 그중에서도 개발도상국에 대한 자금지원 및 기술이전 문제는 가장 논란이 많은 쟁점이다. 그런데 개발도상국은 기후변화의 부정적 영향에 대응하기 위한 조치에 필요한 자금 및 기술이 부족한 데다 경제 성장에 대한 필요성도 절실하기 때문에, 유엔기후변화기본협약은 이러한 점을 참작하여 선진국에 온실가스 감축의무 이외에 개발도상국에 대한 지원의무를 부과하고 있다(제4조). 자금 지원은 유엔기후변화기본협약의 공동의 의무를 이행하기 위하여 개발도상국이 지불해야 하는 비용을 줄이고, 지구온난화를 적절히 완화시키지 못한 경우에 개발도상국들이 기후변화의 부정적 영향에 적응하도록 도와주는 것을 목표로 한다.[59]

(3) 유엔기후변화기본협약의 주요 내용

1) 유엔기후변화기본협약의 목표 및 원칙

유엔기후변화기본협약은 선진국과 개발도상국의 "공동의 차별적 책임(common but differentiated responsibility)"에 기초하여 기

---

57) 194개국과 유럽연합이 공동체 차원에서 1개의 당사국의 지위로 가입되어 있다. http://unfccc.int/essential_background/convention/status_of_ratification/items/26 31.php.

58) 신의순·김호석, 『기후변화협약과 기후정책』, 집문당, 2005, 62~69면.

59) Daniel Bodansky, "The United Nations Framework Convention on Climate Change: A Commentary", Philippe Sands, Greening International Law, The New Press, New York, 1994, pp.218~220.

후변화에 대응하기 위한 국제 조약이다.

유엔기후변화기본협약의 목표는 대기 중 온실가스 농도를 기후체계가 위험한 인위적 간섭을 받지 않는 수준으로 안정화하는 것이다(제2조). 이러한 목표는 생태계가 자연적으로 기후변화에 적응하고 식량생산이 위협을 받지 않으며 경제개발이 지속가능한 방식으로 진행될 수 있기에 충분한 기간 내에 도달해야 한다. 유엔기후변화기본협약이 기후변화에 대응하기 위하여 채택되었음을 명문화한 것이다.

유엔기후변화기본협약의 기본원칙은 각 당사국이 현세대와 미래 세대를 위하여 기후체계를 보호해야 하며, 이는 공동의 차별적 책임과 각자의 능력에 상응하는 정도로 공평하게 이루어져야 하고, 기후변화에 취약한 국가들에 대한 충분한 고려가 이루어져야 하며, 과학적 불확실성에도 불구하고 예방적 조치를 취해야 한다는 것 등이다(제3조).

지구온난화에 대한 선진국의 역사적 책임을 묻고, 기후변화를 빌미로 개발도상국의 발전을 저해하는 상황이 발생하는 것을 방지할 수 있도록 하고 있다.

2) 지구온난화에 대한 전 세계 공동의 책임

대기는 전 세계 공동의 재산이므로 대기를 안정화시켜 기후변화를 완화시키는 것은 전 세계 국가의 공동의 노력으로, 즉 '공동의 책임' 하에 이루어져야 한다.

따라서 유엔기후변화기본협약은 ① 온실가스의 배출원과 흡수원을 포괄하는 국가 인벤토리를 관리할 것, ② 기후변화 완화 및 적응 조치와 관련한 제도를 수립하고 이행할 것, ③ 온실가스 배출 저감기술 등의 개발 및 보급을 위해 노력할 것, ④ 온실가스 흡수원의 보존 및 증진을 위해 노력할 것, ⑤ 기후변화의 영향에 대한 적응 준비에 협력할 것 등을 모든 당사국의 책무로 규정하고 있다(제4조 제1항).

유엔기후변화기본협약을 비준한 당사국이면 온실가스 의무감축국이 아닌 국가들도 동 의무를 지게 된다.

3) 지구온난화에 대한 선진국의 역사적 가중 책임

지구온난화의 원인이 온실가스로 지목되는데, 온실가스는 산업혁명 이후 집중적으로 배출되었다고 보기 때문에 결국 현재의 지구온난화는 이미 산업화가 진행된 선진국에게 상당 부분 책임이 있다는 것이다. 따라서 유엔기후변화기본협약은 이러한 점을 고려하여 각 당사국을 부속서 I, 부속서 II, 비부속서 I 국가로 구별하여 '차별화된 책임'을 부과하고 있다.

부속서 I 당사국은 1992년 당시의 경제협력개발기구(OECD) 회원국이었던 선진국들과 러시아 연방과 동유럽 국가들을 포함한 시장경제전환국가(Economies In Transition, EIT)로 구성되며, 부속서 II 당사국은 부속서 I 당사국 중 시장경제전환국가를 제외한 경제협력개발기구 회원국으로 구성되어 있다.[60] 비부속서 I 당사국은 부속서 I 당사국이 아닌 국가를 총칭하는 의미인데, 저지대 해안지역의 국가들처럼 기후변화의 부정적 영향에 실질적으로 취약한 국가들과 화석연료에 대한 의존도가 높아 기후변화 대응 조치가 경제에 미치는 잠재적 영향이 보다 크게 다가오는 국가들로 대부분이 개발도상국이다.

---

60) 우리나라는 1992년 당시 경제협력개발기구 회원국이 아니었기 때문에 부속서 I 국가에 포함되지 않았다. 또한 터키는 애초 부속서 II 당사국에 포함되었으나, 이후 부속서 I의 여타 당사국들과는 다른 터키의 경제상황을 고려하여 2002년에 부속서 II에서 탈퇴하게 되었다. Decision 26/CP.7, FCCC/CP/2001/13/Add.4, 21 January 2002, p.5.

선진국을 포함한 부속서 I에 속하는 당사국들은 온실가스의 배출을 제한하고 흡수원을 보호함으로써 기후변화 완화조치를 취해야 한다(제4조 제2항). 그리고 부속서 II에 속하는 당사국들은 시장경제전환국가와 개발도상국에 자금과 기술을 지원하여 이들 국가들이 기후변화에 대응할 수 있도록 하여야 한다(제4조 제3항 이하). 비부속서 I 당사국은 온실가스 감축의무를 부담하지 아니한다.

지구온난화에 대한 역사적 책임이 있는 국가들에 기후변화에 대한 책임을 묻고, 특히 선진국에는 개발도상국 및 시장경제전환국가에 대한 지원 의무까지 부과하여 가중된 책임을 묻고 있다.

2. 교토의정서 및 교토메커니즘

(1) 교토의정서의 성립

유엔기후변화기본협약의 발효 이후에도 대다수의 국가들이 온실가스의 배출을 1990년 수준 이하로 낮추지 못하였고, 오히려 온실가스의 배출은 계속해서 늘어나는 추세를 보이고 있었다. 또한 동 협약에 강제성이 없는 관계로 지구온난화 저지 노력이 실질적으로 이루어지지 않고 있는 점을 보완하여 실효성 있는 대응 기반을 마련하고자 하는 필요성이 제기되었다. 마침 IPCC가 제2차 평가보고서에서 "인간이 지구 상 기후의 변화에 영향을 미친 것이 분명하다는 증거가 있다"고 발표하기에 이르렀고 이는 교토의정서를 도입하는 결정적인 계기가 되었다.[61]

---

61) IPCC, Climate Change 1995: IPCC Second Assessment, Geneva, 1995, p.22.

1997년 유엔기후변화기본협약 제3차 당사국총회는 기후변화 대응의 실효성을 확보하기 위하여 교토의정서를 채택하였다. 교토의정서는 2005년에 발효되었는데, 그 궁극적인 목표는 유엔기후변화기본협약과 마찬가지로 기후체계에 인간이 위협적으로 간섭하는 것을 방지함으로써 대기 중의 온실가스의 농도를 안정화시키는 것이다. 이를 위하여 감축 대상 온실가스를 정하고, 선진국의 구체적인 감축의무를 설정하였으며 개발도상국의 감축의무는 추후 논의하기로 결정하였다. 그리고 온실가스 감축사업에 따른 배출량 감소 방안으로 교토메커니즘을 채택하였다.[62]

교토의정서는 그 논의 과정에서 2001년 미국의 탈퇴로 무산될 위기에 처하기도 하였으나, 이후 러시아가 참여를 하면서 궁극적으로 효력요건을 충족하게 되었다. 이어 열린 제7차 당사국총회에서는 교토의정서의 의무이행시스템인 교토메커니즘을 비롯하여 정보의 보고와 전달 등 제반 사항에 관한 최종 사항을 결정하였다. 이것이 바로 마라케쉬 협정인데, 여기서 협의된 사항들은 교토의정서의 효력을 발생시키기 위한 노력에 더하여 교토의정서 이후의 종합적이고 다국적인 의견 조율을 위한 밑거름이 되었다는 점에서 높이 평가되고 있다.

교토의정서는 유엔기후변화기본협약에 대한 의정서이므로, 유엔기후변화기본협약에 가입한 국가들만이 이를 비준, 승인 또는 인가할 자격을 갖게 되며, 서명을 함으로써 비로소 교토의정서의 가입국

---

[62] 교토메커니즘은 배출권거래제, 청정개발체제, 공동이행제도 등 시장메커니즘을 통해 온실가스를 감축하는 방식으로 온실가스 감축에 대한 각국의 부담을 완화하기 위하여 신축적인 방안으로 제시된 것이다. 자세한 내용은 뒤에서 살펴보기로 한다.

이 되고, 의정서에 가입한 국가들만이 교토의정서의 의무사항을 지킬 의무를 부과받게 된다. 교토의정서의 효력발생요건은 ① 협약 당사국 중 최소 55개국 이상이 비준서를 기탁할 것, ② 비준서를 기탁한 부속서 I 국가들의 1990년 기준 온실가스 배출량의 합계가 전체 부속서 I 국가들의 1990년 기준 온실가스 배출량의 55%를 넘을 것, ③ 이 두 조건이 충족된 후 90일이 경과할 것 등이다(제25조).

교토의정서는 러시아의 비준으로 2005년 2월 발효되었고, 2012년 12월 현재 비준 국가는 192 당사국이며 부속서 I 국가들의 이산화탄소 배출량은 전체의 63.7%에 해당한다.[63]

교토의정서의 협상 과정에서 문제가 되었던 사안들은 감축 목표 수준 및 설정 방식, 교토메커니즘의 도입 여부, 그리고 개발도상국의 의무부담 문제, 탄소흡수원의 인정 여부 및 그 범위 등이었다. 선진국과 개발도상국 간, 그리고 화석연료의 사용이 많은 국가와 그렇지 않은 국가들이 자국의 이해관계에 따라 첨예하게 대립하였다.

교토의정서는 선진국들에 대한 강제성 있는 온실가스 감축 목표를 설정하였다는 점과 온실가스를 거래대상으로 한 새로운 자본시장이 탄생하였다는 점에 그 의의가 있다고 하겠다. 온실가스 감축의무 대상국가가 감축의무를 이행하는 방안으로서는 각종 세금을 부과하거나 규제를 하는 것, 신재생 에너지 등의 이용, 에너지 효율 향상 등의 방법이 있을 수 있으나, 이러한 방안으로 의무 이행이 불가능할 경우에는 교토메커니즘을 활용할 수 있을 것이다.

---

63) 191개국과 유럽연합이 공동체 차원에서 1개의 당사국의 지위로 가입되어 있다.
http://unfccc.int/kyoto_protocol/status_of_ratification/items/2613.php.

(2) 교토의정서의 주요 내용

1) 구체적인 온실가스 감축목표설정

교토의정서는 선진국에 온실가스 배출에 대한 역사적 책임을 물어 부속서 B에 당사국의 온실가스 감축 목표를 수량화하여 규정하였다. 39개의 의무감축국가가 지정되었고 각 국가마다 일정량의 할당량을 배분하였다. 의무이행연도는 2008년부터 2012년까지의 5개년이고, 목표 감축량은 연평균 배출량으로 1990년 또는 기준연도 대비 평균 5.2%로 정하였다(제3조).

국가별 온실가스 감축 할당량은 유럽이 8%, 러시아와 우크라이나는 0%, 미국은 7%, 캐나다는 6%, 호주 -8%, 뉴질랜드 0%, 일본 6% 등이다(부속서 B).[64]

의무 불이행 시의 제재 수단으로는 이행하지 못한 배출량의 130% 달성의무가 부과되고, 해당 배출량은 교토메커니즘을 통해 외부로부터 사올 수 없도록 하였다.

2) 규제대상 온실가스 규정

교토의정서 부속서 A는 배출량 감축대상인 온실가스와 각 온실가스의 주요 배출원에 대하여 규정하고 있다.

규제대상 온실가스는 이산화탄소, 메탄, 아산화질소, 수소불화탄소, 과불화탄소, 육불화황의 여섯 가지이다. 대상온실가스의 지구온난화지수[65]는 이산화탄소 1, 메탄 21, 아산화질소 310, 수소불화탄

---

64) http://unfccc.int/kyoto_protocol/items/3145.php.
65) 온실가스의 지구온난화에 대한 기여도를 이산화탄소를 기준으로 환산한 수치이다.
http://ko.wiki pedia.org/wiki/%EC%98%A8%EC%8B%A4_%EA%B8%B0%EC%B2%B4.

소 150~11700, 과불화탄소 7400~9200, 육불화황 23900 등이다.

주요배출원은 이산화탄소는 연료사용 및 산업공정, 메탄은 폐기물과 농업 및 축산, 아산화질소는 산업공정과 비료사용, 수소불화탄소는 반도체 세정용과 냉매 및 발포제 사용, 과불화탄소는 반도체 제조, 육불화황은 LCD 모니터 제조와 자동차 생산공정 및 충전기기에서 발생한다. 이산화탄소와 메탄, 아산화질소는 자연적으로 발생하기도 하나, 수소불화탄소와 과불화탄소 그리고 육불화황은 순전히 인위적인 활동으로 배출되는 온실가스들이다.

(3) 교토메커니즘의 도입

교토메커니즘의 이면에는 선진국의 한계감축비용(marginal abatement cost)에 대한 고려가 있다. 즉, 상대적으로 연료효율이 높은 선진국이 그렇지 못한 개발도상국보다 배출 감축비용이 훨씬 더 많이 소요될 것인데, 온실가스 감축 행동이 이행되는 장소가 선진국이든 개발도상국이든 지구 전체의 기후체계에 미치는 영향을 동일하고, 그렇다면 비용이 더 적게 소요되는 개발도상국에서 선진국이 감축 행동을 이행하고 이를 선진국의 의무이행으로 인정하겠다는 것이다. 개발도상국의 입장에서는 새로운 자원과 기술의 이전이 이루어지므로 청정에너지를 확보하고 지속가능한 개발에 기여할 수 있는 이익을 향유할 수 있어 결과적으로 선진국과 개발도상국 모두에게 이익이 되는 것이다.[66]

---

66) David Freestone(David Freestone and Charlotte Streck, ed.), "The International Climate Change Legal and Institutional Framework: An Overview", In Legal Aspects of Carbon Trading: Kyoto, Copenhagen, and beyond, pp.12~13.

교토메커니즘에는 공동이행제도, 청정개발체제, 배출권거래제등 세 종류의 제도가 있다.

1) 공동이행제도

공동이행제도(Joint Implementation, JI)는 교토의정서 제6조에 근거를 두고 부속서 I 국가(투자국)가 국내에서 배출량을 감축시키는 대신 감축 비용이 더 저렴한 다른 부속서 I 국가(투자유치국)에서 온실가스 감축사업에 투자하여 여기서 발생하는 크레딧을 감축목표달성에 이용할 수 있게 해 주는 제도이다. 석탄을 이용하는 화력발전소를 보다 효율적인 열병합발전소로 대체할 수 있도록 하는 것 등이 예가 될 수 있을 것이다. 대부분의 공동이행제도 감축사업은 시장경제 전환국가에서 이루어질 것으로 예상되었고, 실제로 러시아와 우크라이나가 공동이행제도 감축사업의 최대 투자유치국이 되었다.[67] 청정개발체제와는 달리 공동이행제도는 실제로 온실가스 감축이 필요한 국가에서 이루어짐으로써 배출량 감축이 명목상으로만 이루어지고 있는지에 대한 논란은 일어나지 않았다.[68]

공동이행제도에서 발생하는 크레딧은 배출저감권(ERU)이다. 배출저감권도 다른 크레딧과 마찬가지로 이산화탄소 등가톤으로 계산되는데, 교토의정서에 따라 투자유치국에 배분된 할당량(AAU) 중 당해 감축사업으로 인정되는 배출량 저감분에 해당하는 양을 배출저감권이라는 크레딧의 형태로 투자국으로 이전하는 것이다. 배출저감권

---

67) 현재 수행되는 공동이행제도 감축사업의 38%가량이 메탄 감축에 쏠려있고, 배출저감권의 대부분이 여기에서 나오고 있다. 감축사업으로 인한 크레딧은 2012년 12월 현재 약 690건의 감축사업에서 약 2억 5,300만 배출저감권이 발행되었다. 이들 사업의 약 80%가 러시아와 우크라이나에서 이루어지고 있다. http://www.cdmpipeline.org/ji-projects.htm#1.
68) http://en.wikipedia.org/wiki/Joint_Implementation.

이 할당량에서 나오기 때문에, 교토의정서는 제1차 공약이행기간 동안 부속서 I 당사국에 배분된 총 할당량의 수를 변경할 수 없도록 하고 있다(제3조 제7항).

공동이행제도의 특징은 모든 배출량 감축이 특정 감축사업에 대한 투자로 발생하고 인증이 되어야 한다는 점이며, 그 외에도 몇 가지 추가적인 요건이 필요하다. 첫째, 동 사업은 양도인과 양수인으로서 행위를 하는 양 당사국의 명시적인 승인이 있어야 하는데, 여기서 당사국은 교토의정서의 당사국을 의미한다. 둘째, 동 사업의 결과 발생하는 온실가스 감축은 추가성이 있어야 하므로 동 사업이 없었을 경우 해당 온실가스가 발생할 수 있는 상황이어야 한다. 셋째, 당사국은 교토의정서상의 다른 의무를 모두 준수하여야 한다. 넷째, 동 사업으로 획득하는 배출저감권은 국내 감축행위를 대체하는 것이 아니라, 국내 감축행위에 보충적인 것이 되어야 한다.[69]

2) 청정개발체제

청정개발체제(Clean Development Mechanism, CDM)는 교토의정서 제12조에 근거를 두고, 비부속서 I 국가의 지속가능한 개발을 지원하고, 부속서 I 국가의 의무이행을 지원하는 것을 목표로 한다. 동 감축사업으로 발생하는 크레딧이 인증저감권(CER)이다.

청정개발체제는 온실가스 감축사업제도로 선진국에서보다 개발도상국에서 더 적은 비용으로 온실가스를 감축할 수 있다는 것을 기본 사고로 하여, 선진국이 지구 상에서 가장 비용이 적게 드는 곳에서 온실가스 감축사업에 투자할 수 있게 해 주는 것이다.[70] 청정개발체

---

69) David Freestone, op. cit., pp.13~14.

제 사업 등록이 가능한 2001년부터 2012년까지 약 15억 톤의 배출량 감축이 이루어질 것으로 기대되고 있다.[71]

청정개발체제의 주요 쟁점은 온실가스 감축의 추가성(additionality)과 동 사업이 투자유치국의 개발 이익과 부합하는지 여부인데, 이를 해결하기 위하여 사업시행을 위하여 투자유치국의 승인을 받도록 하고 있고, 선진국은 청정개발체제를 보충적으로만 이용할 수 있도록 하고 있다.[72]

이러한 메커니즘은 기후변화의 정도를 줄이는 데 있어서 ① 선진국의 온실가스 저감 정책의 비용 효과성 증대, ② 탄소누출 감소, ③ 개발도상국으로의 저탄소 기술 이전 진작 등의 중요한 역할을 수행하게 된다.[73]

감축사업의 수에 있어서는 재생에너지 분야가 전체의 70%에 이를 정도로 압도적으로 많으나, 인증저감권 발행에 있어서는 전체 프로젝트의 2%에 미치지 못하는 수소불화탄소, 과불화탄소, 아산화질소가 2012년까지 전체 인증저감권 발행의 27%에 달하고 있고, 지역별로는 중국 51.2%, 인도 32.2% 등 아시아 태평양 지역에서 대다수의 프로젝트가 수행되고 있다.[74]

---

70) Michael Grubb, "The Economics of the Kyoto Protocol", World Economics, Vol. 4, No. 3, Economic and Financial Publishing Ltd., July–September 2003, p.159.

71) The World Bank, "World Development Report 2010: Development and Climate Change", Washington, DC, 2010, p.262.

72) UNFCCC, "Matters Related to the Kyoto Protocol", FCCC/CP/1998/L.21, 13 Nov. 1998. http://unfccc.int/cop4/resource/docs/cop4/l21.htm.

73) Jean–Marc Burniaux, et al., "The Economics of Climate Change Mitigation: How to Build the Necessary Global Action in a Cost–Effective Manner", Economics Department Working Papers No.701, OECD, 26 June 2009, pp.54~66.

74) http://www.cdmpipeline.org/cdm–projects–region.htm.

청정개발체제 사업은 지역적 편중이 심하고 비이산화탄소의 특정 부문에 사업이 편중되어 문제가 되고 있으나, 유엔 청정개발체제 집행위원회는 2012년 이후에도 청정개발체제 사업은 지속될 것임을 공식화하였다. 다만 그동안 제기되었던 문제점을 개선하기 위하여 향후 그 운영 형태가 변경될 가능성이 존재한다.[75]

우리나라는 2012년 12월 기준 총 77건의 감축사업이 유엔에 등록되었고[76] 약 1억 톤의 인증저감권이 발행되었다.[77]

3) 배출권거래제

배출권거래제(Emissions Trading, ET)는 교토의정서 제17조에 근거하고 있으며, 온실가스 감축의무를 초과 달성한 국가의 배출권 초과분을 의무를 달성하지 못한 국가가 구입하여 의무를 이행할 수 있도록 하는 신축성 메커니즘이다.[78]

온실가스 배출량 감축에 드는 비용과 배출권 구매 비용을 비교하여 감축비용이 더 많이 드는 국가는 배출권을 구매하여 감축비용을 줄일 수 있고, 감축 비용이 더 적게 드는 국가는 배출권을 판매함으로써 수익을 창출할 수 있게 되는 구조이다. 달리 표현하면, 배출권의 매수인은 추가 배출에 대하여 금전으로 배상하는 것이고 배출권의 매도인은 배출량 감축에 대하여 금전으로 보상받는 것이다. 이렇게 하여 전 지구적으로는 배출량 감축에 가장 적은 비용이 발생하게 된다.

---

75) 지승헌, 「CDM 사업의 이해」, 한국탄소금융(주), 2011. 2, 11면.

76) http://cdm.unfccc.int/Statistics/Registration/NumOfRegisteredProjByHostPartiesPie-Chart.html

77) http://cdm.unfccc.int/Statistics/Issuance/CERsIssuedByHostPartyPieChart.html

78) http://unfccc.int/kyoto_protocol/mechanisms/emissions_trading/items/2731.php.

배출권거래제 도입 시의 주요 쟁점은 배출권거래제의 보충성 문제, 거래시장의 구성과 부정거래 제재방안, 시장참가자격 등의 문제였는데, 유럽연합은 배출권거래제는 자국 내의 감축노력에 따르는 보조적 수단으로 이용해야 한다는 입장이었고, 온실가스 다배출국가인 미국은 거래 가격 상승 등의 부작용 발생 우려를 이유로 자유거래를 주장하였다.[79]

배출권거래제의 도입 단계에서 가장 큰 정치적 장애물은 이른바 횡재이윤(hot air)이었다.[80] 대부분의 국가에서 1990년 이후 온실가스의 배출량이 늘어난 반면 러시아나 우크라이나 같은 시장경제전환 국가에서는 연방의 해체 이후 이어진 경기침체로 오히려 온실가스의 배출이 줄어들고 있는 상황이었다. 그런데 교토의정서에서는 해당 국가들에 1990년 수준으로 온실가스의 배출량을 동결하도록 하고 있어 오히려 초과 할당을 하는 결과가 발생하게 되었다. 따라서 온실가스의 감축이라는 목표를 염두에 둔다면 해당 국가들에 대한 목표를 강화하거나 기준연도를 변경하여 할당을 줄여야 했으나 교토의정서를 채택할 당시에 러시아나 우크라이나 등의 참여가 없이는 교토의정서의 채택 자체가 무산될 위험이 다분했고 이들을 유인하기 위하여 동 할당량을 유지하게 된 것이었다.[81]

---

79) 유엔환경계획(UNEP) 한국위원회, 앞의 책, 22~23면.

80) 과거 소비에트 연방에 부여된 교토의정서상 할당량을 의미한다. 현실적으로 배출되지 않는 온실가스의 배출량을 인정해 줌으로써 우발이익을 발생시키게 된 데서 유래한다. http://en.wiki pedia.org/wiki/Hot_air.

81) Reimund Schwarze, Law and Economics of International Climate Change Policy, Kluwer Academic Publishers, Amsterdam, 2010, pp.7~20.

3. 포스트 교토 체제에 대한 논의

(1) 논의의 경과

교토의정서의 의무이행 기간이 2012년으로 만료되는데, 포스트 교토 체제에 대한 어떠한 결정도 내려진 바가 없었기 때문에, 지속적인 온실가스의 감축을 위하여 교토 체제 이후의 기후변화에 대한 대응책이 필요하였다.

포스트 교토 체제에 대한 논의가 본격적으로 시작된 2007년 제13차 당사국총회에서는 발리로드맵을 채택하여 배출량 감축에 관한 국제적인 장기 목표의 검토, 선진국의 감축 약속과 개발도상국의 감축 행동, 개발도상국에서의 삼림감소방지(REDD) 및 삼림보전(REDD-plus),[82] 부문별 접근 방식(sectoral approach) 등에 대하여 2009년까지 협상을 완료하기로 하였다.

발리로드맵은 포스트 교토 체제에 대한 본격적인 논의를 시작하는 계기를 마련하였다는 데 그 의미가 있으나, 온실가스 감축목표 설정에 있어서 구체적인 수치를 설정하지 못하였고, 개발도상국에 대한 자금지원 및 기술이전 문제에 대한 논의가 충분히 이루어지지 않음으로써 국가 간 갈등의 소지를 남겨두었다는 문제점이 있었다.[83]

---

82) REDD(Reducing Emissions from Deforestation and Forest Degradation)는 삼림 벌채와 삼림 훼손에 의한 온실가스의 배출을 감소시키기 위하여 시장에 의한 유인책을 이용하는 제도이다. 최근 삼림 훼손으로 인한 온실가스의 배출이 20% 내지 25%에 이르며 이는 운수송 부문에서의 배출량을 상회하는 것으로 나타났다. REDD-plus는 REDD 이외에 삼림보존, 지속가능한 삼림경영, 탄소저장 증진 등을 포함하는 것이다. hhttp://www.un-redd.org/AboutREDD/tabid/582/Default.aspx.

83) 정성춘, 「발리 로드맵의 주요 내용과 향후 전망」, 『KIEP 오늘의 세계경제』, 제07-52호, 대외경제정책연구원, 2007년 12월 24일, 12~15면.

포스트 교토 체제에 대한 협상완료 시점이었던 2009년 12월 덴마크 코펜하겐에서 개최된 제15차 당사국총회는 일부 국가의 반발로 합의 도출에 실패하고 주목하는 수준의 합의문을 채택하는 데 그쳤다.

동 당사자총회의 결과에 따라 선진국은 의무적으로[84] 개발도상국은 자발적으로[85] 온실가스 감축의무를 수행하는 방식으로 각 당사국은 2020년까지의 온실가스 감축목표를 제출하였고,[86] 선진국은 개발도상국의 온실가스 감축목표달성을 지원하기 위한 기금을 출연하기로 하였다. 각 당사국의 의무수행 방식 및 정도, 선진국의 기금의 다과에 대한 논란의 여지는 있었으나, 동 당사국총회는 지구온난화를 저지하려는 노력에 전 세계가 공조하는 모습을 보였다는 점에서 의미가 있는 것이었다.

우리나라는 배출전망치 대비 30% 삭감 목표를 유엔에 제출하였는데, 의무감축국에 편입될 가능성을 줄이는 것이 기후변화협상의 목표라고 볼 때 국제적으로 인정받을 수 있는 목표 수준을 제시하는 것은 바람직한 전략이라고 볼 수 있다.[87] 결론적으로 코펜하겐 합의문은 현재의 체제를 유지하는 것으로 우리나라에는 불리하게 작용하지

---

84) Appendix I—Quantified economy—wide emissions targets for 2020.
   http://unfccc.int/meetings/cop_15/copenhagen_accord/items/5264.php.

85) Appendix II—Nationally appropriate mitigation actions of developing country Parties.
   http://unfccc.int/meetings/cop_15/copenhagen_accord/items/5265.php.

86) 기준연도를 설정하는 것은 다분히 전략적이고 정책적인 측면이 강하다. 각국은 자국의 온실가스 배출 추이 등을 고려하여 기준연도를 설정하고 있다. 미국의 경우도 기준연도를 설정한 이유를 명확히 밝히지 않고 있다. 이규용(조홍식 외 편), 「온실가스 중기감축목표의 법적 의미와 영향」, 『기후변화와 법의 지배』, 박영사, 2010, 36면.

87) 수출의존도가 높고 에너지 다소비 국가 중 하나인 우리나라로서는 배출전망치가 지속적으로 상승하는 추세이기 때문에 온실가스 감축목표를 배출전망치 기준으로 설정하는 것이 목표 달성에 유리하다. 위의 논문, 32~37면.

않을 것으로 전망되었다.[88]

포스트 교토 체제에 대한 협상 기한이 1년 더 연장된 가운데 2010년 멕시코 칸쿤에서 열린 제16차 당사국총회는 여전히 선진국과 개발도상국 간의 정치·경제적 이해관계가 첨예하게 대립하면서 협상 타결에 어려움을 겪었다.

칸쿤 당사국총회에서는 코펜하겐에서와 마찬가지로 포스트 교토 체제에 대한 구체적인 결론을 도출하지는 못하였으나, 기후변화에 관한 국제사회의 노력이 지속되어야 한다는 데에 공감대를 형성하면서 포스트 교토 체제에 대한 협상 종료 시점을 2011년 당사국총회로 연기하고, 선진국의 감축의무에 대한 원칙적 합의와 측정·보고·검증을 비롯한 주요 쟁점에 대한 선진국과 개발도상국 간의 타협점을 마련하였다는 데서 일정 부분 진전이 있었다고 평가할 수 있었다.

2011년 남아프리카공화국 더반에서 열린 제17차 당사국총회에서는 교토의정서를 연장하는 한편 2020년 이후에는 모든 국가가 참여하는 단일의 법적 구속력이 있는 합의를 하기로 결정하였다.[89] 이는 선진국과 개발도상국이 지구온난화 저지를 위한 노력에 합의를 했다는 데서 커다란 성과를 거둔 것으로 평가되고 있으나,[90] 한편에서는 구체적인 실행방안에 대한 합의를 이뤄내는 과정이 쉽지 않을 것이라는 전망이 나오고 있다.[91]

---

88) 김원곤, 「제15차 기후변화협약 당사국총회 결과」, 뉴스레터 212호, 대한상공회의소 지속가능경영원, 2009년 12월 24일, 6면.

89) http://unfccc.int/2860.php.

90) http://www.businessday.co.za/articles/Content.aspx?id=161018.

91) http://www.guardian.co.uk/environment/2011/dec/12/durban-climate-change-conference-2011-southafrica.

(2) 주요 쟁점

포스트 교토 체제에 대한 논의는 선진국과 개발도상국의 차별적 감축의무 인정 여부, 선진국과 개발도상국의 재분류, 측정·보고·검증 체제, 개발도상국에 대한 자금지원 및 기술이전 등의 문제를 중심으로 이루어져 왔다.[92]

선진국도 각자의 입장에 따라 주장하는 바가 다소 상이하기는 하였으나 대체로 선진국과 개발도상국이 동일하게 법적 구속력이 있는 온실가스 감축의무를 부담하여야 하며, 특히 중국과 인도 등 온실가스 다배출국가들도 의무감축을 하여야 한다는 입장으로, 개발도상국도 국제적인 측정·보고·검증 체제를 갖추어야 하고, 개발도상국에 대한 자금지원 및 기술이전은 민간자금과 기존의 기후기금 등을 활용하여야 한다는 입장이었다.

이에 반해 개발도상국은 선진국의 역사적 책임과 개발도상국의 경제발전에 대한 필요성을 논거로 차별적 의무부담을 요구하였고, 측정·보고·검증은 자체적으로 할 것을 주장하였으며, 자금 및 기술지원은 선진국이 별도의 기금을 조성하여 재원을 마련할 것을 요구하고 있었다.

2011년 더반 당사국총회에서는 이러한 쟁점들에 대하여 일정 부분 합의가 도출되었다. 먼저 교토의정서의 연장 여부에 대하여 유럽연합이 제안한 유럽연합의 2차 공약기간에의 참여와 2020년 이후 모든 국가가 참여하는 새로운 기후체제의 설립방안을 채택하여 포스트 2020 체제의 협상을 개시하기로 하였고, 녹색기후기금(Green Climate Fund)을 설

---

92) 임경진, 「코펜하겐 기후변화회의 전망 및 쟁점」, 뉴스레터 209호, 대한상공회의소 지속가능경영원, 2009년 12월 11일, 6~12면.

치하기로 하였다. 이로써 선진국과 개발도상국 모두에게 적용되는 단일의 법적 구속력 있는 기후체제가 가능하게 되었고, 기후변화에 취약한 국가들에 대한 지원방안이 보다 구체적으로 진행될 수 있게 되었다.[93]

(3) 향후 전망

우리나라는 현재는 의무감축국가에서 제외되어 있으나, 경제협력개발기구 회원국으로서 의무감축국으로 편입되어야 한다는 압박을 지속적으로 받고 있는 상황이었다. 이러한 상황에서 더반의 당사국총회에서 2020년 이후 선진국과 개발도상국에 공동으로 적용되는 의무감축방안을 마련하기로 함에 따라 우리나라는 2020년 이후에는 무조건 감축의무를 부담하게 될 가능성이 높아졌다. 따라서 그동안은 협상과정에서 공동의 차별화된 책임을 강조하여 의무감축국에 편입되지 않겠다는 의지를 표명하는 한편 선진국과 개발도상국의 중간에서 개발도상국의 감축 행동등록부(NAMA registry)와 기술개발 협력기구에 대한 논의를 주도적으로 진행하고 선도적인 기후변화 정책 추진 노력 등을 강조함으로써 의무감축국으로의 편입 압력을 완화시키고자 하는 입장에서 회담에 임하고 있었으나, 앞으로는 구속력 있는 감축의무를 적게 부담할 수 있는 방안을 고민해야 할 것이다.

더반 당사국총회의 결과 2020년까지는 여유가 있으므로 그동안에는 온실가스 감축노력을 강하게 하지 않아도 되며 배출권거래제를 당장 시행할 이유가 없어졌다는 주장도 있으나, 이는 오히려 2020년

---

93) 노동운, 「2011년 당사국총회 결과: 교토의정서 연장과 새로운 기후변화 체제」, 제17차 기후변화협약 당사국총회 결과 설명회, 지시경제부, 2011년 12월 21일, 3∼6면.

이후에는 강제적 의무감축국가가 된다는 것을 의미하는 것이고, 다만 8년여의 시간적 여유가 있으므로 배출권거래제를 비롯한 온실가스 감축노력을 지속적으로 수행하여 2020년 이후의 의무부담을 설정하는 과정에서 우리나라의 온실가스 감축노력을 적극적으로 주장하여 보다 적은 의무를 부담할 수 있도록 함으로써 온실가스 감축이라는 결과와 산업계 혹은 국민경제에 대한 부담완화라는 결과를 모두 얻을 수 있도록 하여야 할 것이다.

Ⅱ. 국내법적 근거

1. 저탄소 녹색성장 기본법의 제정

(1) 법 제정 배경

우리나라는 온실가스 배출량이 지속적인 증가세를 기록하고 있고,[94] 온실가스 배출증가율에 있어서도 1990년부터 2007년 사이에 103.0%로 전 세계 1위를 기록하고 있는데, 이는 2위인 터키의 72.6%, 3위인 스페인의 49.0% 등과 비교할 때 상당히 높은 수준임을 알 수 있다.[95]

---

[94] 총 배출량은 1990년의 3억 540만 톤에서 10년 후인 2000년에는 5억 344톤, 2007년에는 6억 2,000만 톤으로 증가하였고, 1인당 배출량은 1990년의 7.12 톤에서 2000년 11.36톤, 2007년에는 12.79톤으로 증가하였다. 환경부, 『환경통계연감』, 제23호, 2010. 12, 14면.

[95] 유럽연합 27개국이 동 기간 동안에 연간 이산화탄소 배출량을 평균 3.2% 감소한 것과 비교하여 기후변화 대응을 위한 국제적인 조류에 역행하고 있다는 평가를 받고 있다. 강희찬 외, 「기후변화협약, 한국기업에 위기인가 기회인가」, CEO Information, 제715호, 삼성경제연구소, 2009. 7. 29, 2면.

온실가스별 배출현황은 이산화탄소의 배출량이 여타 온실가스의 배출량보다 월등히 많다. 부문별 배출현황은 에너지 부문이 압도적으로 많다.[96] 에너지의 97%를 수입에 의존하고 있으며 화석연료가 83%를 차지하고 있어 에너지 위기에 취약한 경제구조를 가지고 있는 상황에서, 현재의 산업구조 변화추세가 그대로 이어지고 획기적인 온실가스 감축노력이 시행되지 않을 경우, 2020년까지 우리나라의 온실가스 배출량 증가세는 상당기간 지속될 것으로 전망되고 있다.[97]

우리나라의 기후변화 진행 속도는 세계 평균을 상회하는 수준이다. 지난 100년간 6대 도시 평균 기온은 약 1.5℃ 상승하였으며,[98] 2100년까지 기온이 평균 4℃ 정도 오르면서 해수면이 1m 이상 높아지고 벼와 보리의 생육기간이 짧아지는 결과 제대로 수확을 할 수 없게 되는 등 기후변화로 인한 남한의 경제적 피해액이 2천 800조 원에 달할 수 있다는 연구 결과가 나오기도 하였다.[99] 특히 우리나라는 식량 및 곡물의 자급도가 지속적으로 하락하여 2009년에는 식량의 자급도가 51.4%, 사료까지 포함한 곡물의 자급도가 26.7%로 나타났는데,[100] 이는 우리나라의 식량안보 상황이 지속적으로 악화되

---

96) 이산화탄소 89%, 메탄 4.2%, 아산화질소 2.6%, 과불화탄소, 수소불화탄소, 육불화황 등 불소화합물 4.5% 순이고, 에너지 부문 84.3%, 산업공정 부문 10.6%, 농업 부문 2.5%, 폐기물 부문 2.6%이다. 환경부, 앞의 보고서, 15면.

97) 전체 온실가스 배출량은 2000년 대비 70% 증가하고 에너지 부문 온실가스 배출은 2000년 대비 74% 증가할 것으로 예상되고 있다.
http://www.keei.re.kr/main.nsf/index.html?open&p=%2Fweb_keei%2Ffaq10.nsf%2Fxmlmain%2F27C483BEA1F7C2ED492578650032794E&s=%3FOpenDocument%26menucode%3DSS7.

98) 이는 전 세계 평균기온 상승분 0.74℃와 비교하여 두 배 이상 높은 수치이다. 김창길 외, 「기후변화에 따른 농업부문 영향분석」, 한국농촌경제연구원, 2008. 11, 21면.

99) 환경부가 주관한 '우리나라 기후 변화의 경제학적 분석'에 대한 연구의 잠정적 결과이다. 연합뉴스, "2100년까지 한반도 기후변하 피해 2천800조", 2011년 5일 19일.

고 있음을 보여준다.101)102) 이러한 상황에서 기상재해로 국제적인 식량 공급불안이 악화되면 국제 곡물가격이 상승하게 되고, 이는 4개월 내지 6개월의 시차를 두고 국내 물가상승을 견인하게 되는데, 소비자물가 중 특히 식품가격에 가장 큰 영향을 주게 되고 물가불안을 가중시키는 동시에 인플레이션 기대 심리가 상승하는 등 사회불안 요소로 작용할 수 있게 된다.103)

이러한 기후변화에 대응하여 우리나라는 기후변화에 대한 국제적인 협상에 정부 대표단을 파견하여 적극 참여하면서 국제적인 논의의 동향을 파악하고 우리나라의 입장을 협상에 반영하기 위하여 노력하고 있었고, 교토의정서가 채택된 이후에는 종합적인 정책을 입안하여 시행할 수 있는 제도를 구축함으로써 보다 체계적인 기후변화 대응책을 마련할 수 있도록 하였다.

유엔기후변화기본협약에 대한 대응정책을 각 부처별로 수립하여 수행하던 정부는 1998년에는 국무총리를 위원장으로 하는 민관 합동 범정부대책기구를 설립하여 2001년에는 기후변화협약 대책위원회로

---

100) 우리나라의 식량자급도는 2001년 56.8%, 2005년 53.4%, 2009년 51.4%로 약간의 등락은 있으나 지속적으로 하락하는 추세이고, 곡물자급도 역시 2001년 31.1%, 2005년 29.4%, 2009년 26.7%로 지속적으로 하락하는 추세이다. 농림수산식품부, 「2010년도 농림수산식품 주요통계」, 2010, 300~301면.

101) 식량공급 불안 문제를 식량안보 문제로 부르는데, 1996년에 개최된 The World Food Summit에서는 식량안보의 의미에 대하여 "when all people at all times have access to sufficient, safe, nutritious food to maintain a healthy and active life"라고 정의하였다. http://www.who.int/trade/ glossary/story028/en/.

102) 기상이변이 농작물의 노지 재배에 타격을 주어 농작물의 가격이 급변하는 위험이 상존하게 되었다. 강희찬, 「기후변화에 대응한 농업의 진화: 식물공장」, SERI 경제 포커스, 제255호, 삼성경제연구소, 2009. 8. 11, 1면.

103) 김화년 외, 「글로벌 식량 공급불안, 한국경제를 위협하는가?」, CEO Information, 제770호, 삼성경제연구소, 2010. 9. 1, 8~10면.

확대·개편하였다.[104] 기후변화협약 대책기구의 출범으로 우리나라 정부의 기후변화협약에 대한 본격적인 대응이 시작되었는데, 1998년에는 '기후변화협약 대응 종합대책'을 수립하여 3년마다 이를 수정·보완하기로 하면서 제4차 종합대책까지 수립하였다.[105][106]

이후 2008년 12월에는 계획기간을 2009년부터 2030년까지로 하는 '국가 기후변화 적응 종합계획'이 발표되었고,[107] 저탄소녹색성장기본법이 시행된 이후 2010년에는 동 법에 근거하여 '국가 기후변화 적응대책'이 발표되었다.[108]

기후변화협약이 채택된 이후 우리나라는 국제 사회의 요구에 부응하기 위하여 지속적인 정책을 추진하고 있다. 그러나 이러한 정책의 추진과 집행이 정부의 입장 차이에 따라 일관되게 진행되고 있는 것인지에 대하여 의문이 있다. 기후변화는 전 지구적인 당면 과제이고 우리나라도 여기서 자유로울 수 없기 때문에 관련 정책을 시행함에 있어서 장기적이고 일관된 정책을 추진하는 것이 중요하다.

최근 정부는 경제사회구조를 저탄소형으로 체질 개선하기 위해 범국가적 '저탄소 녹색성장 추진 비전'을 발표하고 추진 중에 있다. 2008년 8월에는 '제1차 국가에너지기본계획(2008~2030)'을 발표하여 에너지 효율을 높이고 신재생에너지 비율을 높이는 등 저탄소사회로의 이행을 위한 국가비전을 표방하는 한편, 저탄소화와 녹색산

---

104) 임재규, 「기후변화협약에 따른 대한민국 국가보고서 초안 작성」, 에너지경제연구원, 2002. 12, 75면.

105) 위의 보고서, 74면.

106) http://scienceall.com/issue/.

107) 환경부 외, 「국가 기후변화 적응 종합계획」, 2008. 12.

108) 기획재정부 외, 「저탄소 녹색성장 기본법 시행에 따른 국가 기후변화 적응대책」, 2010. 10.

업화를 양대 축으로 하는 '저탄소 녹색성장'을 새로운 국가비전으로 제시하였다.

　이렇듯 저탄소 녹색성장이 정치적, 경제적 최대 관심사로 떠오르면서 기존에 각 부처별로 이루어지고 있던 정책을 통합하고 보다 체계적이고 통일적인 정책을 추진하기 위하여 2010년에는 「저탄소녹색성장기본법(이하 '기본법')」이 시행되었다. 기본법은 저탄소 녹색성장을 촉진하기 위한 금융 시책(제28조, 제31조), 녹색산업 투자회사 설립과 지원(제29조), 총량제한 배출권거래제 도입(제46조) 등을 포함하고 있다. 그중에서도 특히 논란이 많았던 총량제한 배출권거래제의 시행과 관련하여 온실가스 배출권거래제에 관한 법이 제정되었다.

　한편 2009년 8월 녹색성장위원회에서는 우리나라의 중기 온실가스 감축목표를 발표하였다. 당초 온실가스 감축목표에 대한 시나리오는 2020년까지 배출전망치(Business As Usual, BAU) 대비 21% 감축, 27% 감축 그리고 30% 감축 목표가 제시되었는데, 정부는 위 세 가지의 시나리오 중 세 번째 안인 배출전망치 대비 30% 감축목표를 선택하였다.

(2) 총량제한 배출권거래제의 도입

　기본법은 총량제한 배출권거래제의 도입근거를 마련하여, 정부는 시장기능을 활용하여 효율적으로 온실가스를 감축하고 국제적으로 팽창하는 온실가스 배출권 거래시장에 대비하기 위하여 온실가스 배출허용총량을 설정하고 배출허용량을 거래하는 '총량제한 배출권거래제' 등을 실시하되, 배출허용량의 할당·등록 및 관리방법 등은 따로 법률로 정하도록 하였다(제46조). 따라서 우리나라에서 배출권거래제가 시행되는 경우 그것은 총량제한방식으로 이루어지게 된다.

그러나 동 법에는 그 외의 배출권거래제의 설계에 대한 어떠한 언급도 없이 새로운 입법에 동 제도에 관한 모든 사항을 맡기는 태도를 취하고 있다. 배출권거래제에 관한 법은 2012년 5월 제정되어 2012년 11월 시행되었다.

(3) 온실가스·에너지 목표관리제의 도입

1) 목표관리제의 추진경과

동 목표관리제는 1998년 산업체의 자발적 협약 체결, 2009년 에너지 목표관리제 도입에 이어 「저탄소녹색성장기본법」에 규정되기에 이르렀다.

유엔기후변화기본협약이 진행되던 1998년 산업체는 에너지 사용량 및 효율에 대한 목표를 기업 스스로 정하여 자율적으로 이행하는 자발적 협약(Voluntary Agreement)을 도입하였는데, 포스코 등 15개 사업장이 시범협약을 체결한 이후 2003년에는 건물 등으로 확대한 바 있다.[109]

이후 2009년 12월에는 정부와 기업이 합의한 목표에 대하여 이행을 강제하는 정부협약(Negotiated Agreement)을 도입하여, 연간 에너지 사용량이 50만 TOE[110] 이상인 사업장 47곳에 대하여 에너지

---

109) 우태희, 「최근 선진국의 탄소경영 동향 및 전망」, 『주력산업연구』 10-10, 지식경제부 주력산업정책관실, 2010. 11. 3, 2면.

110) 국제에너지기구(IEA)에서 정한 석유환산톤이다. 원유 1톤의 순발열량과 유사한 열량을 의미한다. http://co2.kemco.or.kr/directory/toe.asp.

사용 총량과 원 단위 방식 중 하나를 선택하여 목표를 설정하는 에너지 목표관리제를 시행한 바 있다.[111]

2) 목표관리제의 내용

기본법에 따라 정부는 온실가스를 획기적으로 감축하기 위하여 온실가스 배출 중장기 감축목표 설정 및 부문별·단계별 대책, 에너지 수요관리 및 안정적 확보대책 등을 포함한 '기후변화대응 기본계획'과 '에너지기본계획'을 수립·시행하여야 하고(제40조, 제41조), 온실가스 감축, 에너지 절약과 에너지 이용효율 향상 및 신·재생에너지 보급 확대를 위하여 중장기 및 단계별 목표를 설정하여야 한다(제42조). 또한 일정 수준 이상의 온실가스 다배출업체 및 에너지 다소비업체는 매년 온실가스 배출량 및 에너지 사용량을 정부에 보고할 의무가 있고(제44조), 정부는 온실가스 종합정보관리체계를 구축·운영하여야 한다(제45조).

온실가스·에너지 목표관리제는 대규모 사업장의 온실가스 감축 및 에너지 절약 목표를 설정하여 관리하는 제도로, 국내 산업 여건을 고려하고 국제적 동향을 주시하며 온실가스와 에너지를 통합 관리하여 이중규제를 방지함으로써 규제의 선진화를 이루고 녹색산업을 육성하여 세계적인 녹색강국으로 성장한다는 것을 목표로 한다.[112]

우리나라의 온실가스 총 배출량은 2007년 기준으로 6억 2,000만 톤으로 이 중 약 70%가 목표관리 대상이며 해당 사업장의 수는 약 600여 개에 이른다. 총괄기관인 환경부는 목표관리에 대한 종합적

---

111) 우태희, 위의 보고서, 2면.

112) 우기종, 「녹색성장과 신재생에너지」, 제6회 그린에너지 포럼, 서울신문·(사)그린에너지 포럼, 2010. 4. 27, 7~12면.

기준과 절차 및 지침 등을 마련하고, 부문별 관장기관은 관리업체 지정, 목표 설정, 그리고 이행실적 평가를 하게 된다. 목표관리제의 연간 추진일정은 ① 기준연도의 전년도에는 관리업체 예비선정(3월), 관리업체 지정(6월), 감축목표 설정(9월), 이행계획 제출(12월), ② 기준연도에는 감축목표 이행, ③ 기준연도의 차년도에는 실적 보고 및 명세서 제출(3월), 평가 및 개선 명령(6월)으로 되어 있다.[113]

목표관리제의 시행과 관련하여, 시행 첫해에는 산정 및 관리 체계를 구축하는 데 중점을 둔다. 이에 따라 온실가스 목표와 에너지 목표의 통합 관리를 통한 이중 규제 우려를 해소하고, 목표설정 방식으로는 기업의 투자계획 등 기준인정방식(BAU)을 고려한 총량 방식을 선택한다. 기업이 실적을 초과 달성하는 경우에는 기업 융자 우대 등 인센티브를 부여하고 배출권거래제 입법 시 조기 감축실적으로 인정하는 방안을 검토함으로써, 온실가스 감축과 기업의 경쟁력을 동시에 추구하는 효율적인 제도를 운영하는 데 중점을 둔다.[114]

한편 기본법상 온실가스 목표관리제와 에너지 목표관리제를 동시에 규정하고 있는데, 이것 자체가 이중규제이며 에너지 목표관리제를 온실가스 목표관리제에 통합시켜 운영하여야 한다는 비판이 있다.[115]

3) 배출권거래제와의 관계

온실가스 목표관리제는 사업장 내 직접 감축만을 인정하고 있어 다소 경직성을 띠게 되므로, 시장 기능을 이용하여 배출량을 감축하도

---

113) 위의 자료, 11면.

114) 위의 자료, 12면.

115) 김승도, 「'저탄소 녹색성장 기본법' 기업체는 어떻게 대응해야 하는가?」, 제6회 그린에너지 포럼, 서울신문 · (사)그린에너지포럼, 2010. 4. 27, 36면.

록 하여 산업계의 부담을 완화하고, 점차 확대되어 가는 국제 배출권 거래시장에 적극적으로 대비할 필요가 있으므로 배출권거래제를 도입하여야 한다는 주장이 있었으나,[116) 목표관리제와 배출권거래제의 동시 시행은 기업에 이중규제라는 부담을 주게 된다는 비판이 있었다.

「온실가스 배출권의 할당 및 거래에 관한 법률」에는 목표관리제 적용배제 조항을 추가하여 목표관리제 적용대상 중 일정량 이상의 온실가스 배출업체를 배출권거래제 대상으로 전환하여 이중규제 문제를 해소하였다(제10조). 따라서 2만 5,000톤 이상의 온실가스를 배출하는 사업장은 2015년부터는 자동으로 목표관리제의 적용대상에서 배출권거래제의 적용대상으로 대체된다. 한편 목표관리제의 목표설정 및 측정·보고·검증 등을 배출권거래제에서 연계하여 활용하게 된다.[117)

(4) 저탄소 녹색성장 기본법에 대한 평가

기본법은 기후변화에 대응하는 입법으로 타 선진국에 비해서도 앞선 것으로 볼 수 있다.

그러나 동 법 제2조에서 규정하고 있는 '녹색성장'의 개념은 성장에 초점을 맞추고 있어 '지속가능발전' 개념과는 달리 사회적 통합이나 미래세대에 대한 고려가 없고,[118)119) 법의 규정 자체가 전반적으

---

116) 환경부, 「온실가스 배출권거래제 관련 Q&A」, 2011. 1, 5면.

117) 그린데일리, 「목표관리제, 2015년 배출권거래제로 대체」, 2011년 2월 27일.

118) 저탄소녹색성장기본법 제2조(정의) 2. "녹색성장"이란 에너지와 자원을 절약하고 효율적으로 사용하여 기후변화와 환경훼손을 줄이고 청정에너지와 녹색기술의 연구개발을 통하여 새로운 성장동력을 확보하며 새로운 일자리를 창출해 나가는 등 경제와 환경이 조화를 이루는 성장을 말한다.

로 추상적으로 규정되어 있어 예측 가능성을 담보하고 있지 않으며, 에너지와 온실가스에 대한 통제를 동시에 규정하고 있어 자칫 중복규제로 이어질 수 있는 위험이 있다.[120] 게다가 초기 시행령(안)은 환경부와 지식경제부가 온실가스 감축 및 에너지 절약 관련 규제기관으로 동시에 규정되어 있었다가(시행령 안 제27조) 환경부로 일원화되어 확정되기도 하였다(시행령 제26조). 환경 문제를 관할하는 환경부와 에너지 문제를 관할하는 지식경제부가 배출권거래제를 포함한 저탄소 녹색성장 관련 정책의 주도권 경쟁을 벌인 결과가 입법과정에서 여과 없이 드러난 것이었는데, 온실가스 관련 정책의 규제기관을 환경부로 일원화한 것은 ① 온실가스배출원이 에너지 부문 이외의 부문에도 존재한다는 점, ② 기후변화 문제는 결국 환경 문제이고, 따라서 대부분의 선진국도 기후변화 문제를 환경 관련 부처 소관으로 하고 있다는 점, ③ 정책추진 방향의 일관성과 예측 가능성을 담보해야 한다는 점 등을 고려해 볼 때 바람직한 입법이라고 할 수 있다.

그리고 배출권거래제의 도입문제는 산업계와 환경단체의 대립이 극명하게 드러나는 부분인데, 저탄소녹색성장기본법에 규정된 총량제한 배출권거래제에 대하여 산업계는 경쟁력 약화와 탄소 누출 가능성을 주장하고, 환경단체는 배출권거래제 이외의 방법 도입에 대한 가능성을 두어 환경보호의 실효성에 의문을 표하고 있다.[121]

---

119) 지속가능발전법 제2조(정의) 1. "지속가능성"이란 현재 세대의 필요를 충족시키기 위하여 미래 세대가 사용할 경제 · 사회 · 환경 등의 자원을 낭비하거나 여건을 저하(低下)시키지 아니하고 서로 조화와 균형을 이루는 것을 말한다.
2. "지속가능발전"이란 지속가능성에 기초하여 경제의 성장, 사회의 안정과 통합 및 환경의 보전이 균형을 이루는 발전을 말한다.

120) 조홍식(조홍식 외 편), 「기후변화의 법정책: 녹색성장기본법을 중심으로」, 『기후변화와 법의 지배』, 박영사, 2010, 11~17면.

2. 온실가스 배출권의 할당 및 거래에 관한 법률

(1) 입법 추진 경과

온실가스 배출권거래제는 정부가 저탄소 녹색성장을 정책의 주요 목표로 삼은 이후 2009년 7월 녹색성장 국가전략 및 5개년 계획에 반영되었고, 2010년 4월에 제정된 기본법에 도입 근거를 마련하였다 (제46조). 이후 같은 해 10월에는 「온실가스 배출권 거래법(안)」에 관한 관계 부처의 협의를 거쳐 동 11월에 입법예고와 공청회를 거치는 등 다소 빠른 속도로 입법이 추진되었다.

동 법안은 2011년 1월 각종 심사와 국무회의 상정 및 2011년 2월 국회상정을 목표로 하고 추진되었으나, 산업계의 거센 반발에 부딪히면서 2011년 2월 국회상정을 미루고 입법안은 개정되어 다시 2011년 2월 재입법 예고되었다.[122] 입법예고 된 동 법률(안)은 「온실가스 배출권의 할당 및 거래에 관한 법률(안)」으로 명칭을 변경하고 내용상 수정을 가하여 2011년 4월 12일 국무회의를 통과하였다.[123]

동 법안은 그 입법추진속도가 빠른 것에 비하여 국회에서는 다소 장기간 계류상태에 있었다. 이는 국제기후변화체제의 미래에 대한 불확실성이 해소되지 않고 있던 점과 국내 산업계의 반대의견이 강하게 작용한 것이었다. 그러다가 더반 당사국총회 결과 포스트 교토 협상에

---

121) 메디컬투데이, 「뜨거운 감자 '총량제한 온실가스 배출권거래제' 논란 가열」, 2009년 6월 15일.

122) 국무총리실 녹색성장정책과, 「"온실가스 배출권거래제에 관한 법률 제정안" 재입법예고 실시」, 2011년 2월 25일 보도자료.

123) 국무총리실 녹색성장정책과, 「2015년부터 온실가스 배출권거래제 도입」, 2011년 4월 12일 보도자료.

대한 해결의 실마리가 보이는 등 기후변화체제에 진전이 있는 상황에서 2012년 5월 국회는 동 법안을 수정하여 통과시킴으로써 국내 배출권거래제 도입 여부에 대한 논란에 종지부를 찍었다. 동 법은 당초 입법 예고된 내용보다 도입 시기를 늦춰 2015년에 배출권거래제를 도입하는 것으로 하였다. 2012년 7월 동 법의 시행령이 입법예고 된 데 이어, 2012년 11월에는 동 법과 동 시행령이 시행되었다.[124]

(2) 주요 내용

「온실가스 배출권의 할당 및 거래에 관한 법률(이하 '배출권거래법')」은 총 8장 43개 조항과 부칙 2개 조항으로 구성되어 있으며, 그 주요 내용은 배출권의 할당, 배출권의 거래, 그리고 배출량의 검증·보고 및 인증이다.

배출권의 할당과 관련하여, 배출권거래제는 정부가 수립한 기본계획이 녹색성장위원회 및 국무회의의 심의를 거쳐 확정되면(제4조), 이 계획에 따라 국가 배출권 할당계획을 수립하고(제5조), 할당계획의 수립·심의·조정을 위하여 할당위원회를 설치하며(제6조) 위원장은 기획재정부 장관으로 한다(제7조). 그리고 할당대상업체는 정부가 이를 지정하고(제8조) 할당절차에 따라 배출권을 할당한다(제12조 내지 제18조).

배출권의 거래와 관련하여, 배출권의 이월은 계획기간 간에도 가능하고, 차입은 이행연도 간에만 가능하다(제28조). 이행연도 혹은

계획기간이 종료되면 대상업체는 배출권을 제출하여야 하는데(제27조), 이러한 배출권은 주무관청의 배출권등록부에서 관리한다(제11조). 배출권 거래소는 지정하거나 설립할 수 있으며, 배출권 거래소의 운영에 관한 사항은 자본시장법의 관련 규정을 준용한다(제22조).

배출량의 검증·보고 및 인증과 관련하여, 할당대상업체는 이행연도별로 외부전문기관의 검증을 받아 정부에 보고하고(제24조), 정부는 보고된 배출량의 적합성을 평가한 후 이를 인증한다(제25조).

동 법률의 보다 구체적인 내용은 뒤에서 살펴보기로 한다.

(3) 평가

배출권거래제 도입을 찬성하는 입장과 반대하는 입장 모두 확정된 「온실가스 배출권거래제에 관한 법률(안)」에 대하여 불만을 나타내고 있었다. 배출권거래제 도입을 찬성하는 입장에서는 배출권거래제의 설계가 온실가스 감축에 실효성을 가질 수 없게 되어 있다는 것이고, 배출권거래제 도입을 반대하는 입장에서는 배출권거래제의 도입 자체가 국가경쟁력 감소로 이어진다며 반대하고 있었다.

특히 배출권거래제 도입을 반대하는 입장에서는 국제적으로 기후변화 협상이 진전을 보이고 있지 아니하고, 주요국이 배출권거래제 도입을 연기하거나 철회하고 있으며, 입법예고안에 따라 배출권거래제를 도입하는 경우 국내 산업계는 매년 최소 약 5.6조에서 최대 14조 원의 추가비용 부담이 예상되는 등 관련 산업에 대한 영향이 막대하고 국제경쟁력 약화가 우려된다는 것을 이유로 하여 배출권거래제 도입은 국제적인 공감대가 형성된 이후에 논의하여야 한다고 주장한

바 있다.[125]

또한 에너지 목표관리제와 관련하여 이중 규제의 위험성을 제기하면서 목표관리제가 정착한 이후에 배출권거래제는 순차적으로 시행할 수 있으며, 의무감축국의 일부만 도입한 배출권거래제를 산업경쟁력 약화와 탄소누출의 위험성을 감수하면서까지 서둘러 도입할 필요는 없다는 입장이었다.[126]

이러한 반대 입장을 고려하여 정부는 당초 배출권거래제를 2013년에서 2015년 사이에 도입하는 것으로 하였으나[127] 확정된 법률(안)에서는 2015년 시행으로 규정하는 등 일부 규정을 수정하여 입법예고 하였다.

그러나 수정된 법안의 내용은 배출권거래제의 실효성 및 정부의 녹색성장 의지에 의문을 갖게 한다는 비판에 직면하고 있었는데, 동 법안의 내용이 다시 수정되어 국회를 통과한 것이다.

배출권거래제에서는 온실가스 감축과 비용절감이라는 배출권거래제의 취지를 살릴 수 있는 방안을 마련하는 것이 중요하다. 시행령으로 법안을 구체화하는 단계에서 동 취지가 충분히 고려되어야 하는데, 시행령 역시 다소 추상적으로 규정되었다. 그리고 보다 구체적인 규정은 시행규칙으로 정해지게 되었다. 산업계와 환경단체 양측의 주장을 합리적으로 수용하는 시행규칙이 제정되어야 할 것이다.

---

125) 대한상공회의소 외, 「"온실가스 배출권거래제에 관한 법률 제정안"에 대한 산업계 의견」, 2011. 2, 2면.
126) 그린데일리, 「배출권거래제 – 조기시행 VS 점진적 도입 '타이밍'이 문제로다」, 2011년 1월 10일.
127) 그린데일리, 「정부 "배출권기래제 2015년 안에 도입"」, 2011년 2월 7일.

PART 02

외국의 배출권거래제에 관한 입법례

01

유럽연합

Ⅰ. 유럽연합 입법지침

1. 기후변화 관련 입법지침의 제정경과

유럽연합은 교토의정서 제14조에 따라 유럽연합 차원에서 온실가스 감축목표를 달성하기로 합의하고, 목표 이행 수단의 하나로 총량제한방식의 배출권거래제를 도입하여 시행하고 있다. 교토의정서상 유럽연합은 온실가스를 1990년 대비 8% 감축할 의무를 부담한다.[1]

유럽연합 배출권거래제(EU ETS)는 강제적이며 국제적인 배출권거래제이다. 당초 교토의정서의 협상과정에서 에너지세나 자발적 협정 같은 명령통제방식[2]에 익숙해져 있던 당시의 유럽 국가들은 공익

---

[1] http://unfccc.int/kyoto_protocol/items/3145.php.

[2] 환경문제를 해결하는 방법은 크게 두 가지로 구분한다. 하나는 명령통제방식으로 국가가 수범자에게 일정한 의무를 부과하고 의무를 이행하지 아니하는 경우 제재를 가함으로써 환경보호를 강제하는 방식이고, 다른 하나는 경제적 유인책 등을 이용하여 시장을 통하여 자발적으로 환경을 보호하도록 유인하는 방식이다.

을 위하여 시장 메커니즘을 도입하는 것에 회의적인 태도를 보였으나, 교토의정서를 발효시키기 위하여 신축성 메커니즘을 교토의정서의 최종 문안에 포함시키는 데 동의하였다.3)

몇 년의 준비 기간을 거쳐, 유럽집행위원회는 2001년에 「유럽연합 내 온실가스 배출권거래제 제정 지침안」을 발표하였고,4) 유럽의회와 유럽이사회는 동 지침안을 2002년 승인하였다. 그리고 2003년에는 유럽연합 배출권거래제의 시행을 위한 구체적인 이행 방안을 담은 「입법지침 2003/87/EC」가 제정되었고,5) 유럽연합 배출권거래제는 교토의정서가 발효된 2005년에 시행되었다. 유럽연합의 입법지침은 회원국에 해당 사안에 대한 입법방향을 제시하고 구체적인 방안은 국내법으로 제정하도록 하는 것이기 때문에 동 입법지침의 제정으로 회원국들은 각자 이를 이행하는 국내법을 제정하였다.6)

입법지침 2003/87/EC 이후 유럽연합은 지속적인 개정을 통하여 입법지침 2004/101/EC로 교토메커니즘을 도입하고, 입법지침 2008/101/EC

---

3) Markus Pohlmann(David Freestone and Charlotte Streck ed.), "The European Union Emissions Trading Scheme", In Legal Aspects of Carbon Trading : Kyoto, Copenhagen, and beyond, Oxford University Press, New York, 2009, p.340.

4) Proposal for a Directive of the European Parliament and of the Council establishing a scheme for greenhouse gas emission allowance trading within the Community and amending Council Directive 96/61/EC.

5) Directive 2003/87/EC of the European parliament and of the Council of 13 October 2003 establishing a scheme for greenhouse gas emission allowance trading within the Community and amending Council Directive 96/61/EC.

6) 유럽연합의 법령체계는 규칙, 지침, 결정, 권고, 의견 등으로 되어 있는데, 규칙(Regulation)은 회원국에 직접 적용되는 것이고, 지침(Directive)은 회원국이 해당 사안에 대한 국내법을 제정하여 형식 및 방법을 선택하도록 하며, 결정(Decision)은 적용대상이 특정 국가나 기업 등으로 제한되어 이들에 직접 적용이 된다. 권고(Recommendation)는 회원국이나 기업들에 대한 권고적 성격을 지니는 것이고, 의견(Opinion)은 특정 주제에 대한 유럽위원회의 의사표시이다. 앞의 세 가지 유형은 법적 구속력이 있는 반면, 뒤의 두 가지 유형은 법적 구속력이 없다. http://world.moleg.go.kr/content.do?content_id=12171&pageIndex=6&nt_cd=NT078.

로 항공부문을 새로이 포함시켰으며, 입법지침 2009/29/EC로 제3기 배출권거래제에 대하여 규정하였다.

유럽연합 배출권거래제의 이행기간은 교토의정서의 이행기간과 부합하도록 계획되었다(동 지침 art. 11). 제1기는 2005년부터 2007년까지의 3년으로 교토의정서의 이행 기간 이전의 시범기간으로서의 성격을 가진다(art. 11(1)).[7] 제2기는 2008년부터 2012년까지의 5년으로 교토의정서의 의무이행기간과 일치한다(art. 11(2)). 제2기에는 시장참가자들이 증가하고 탄소와 관련한 다양한 펀드가 시장에 유입되면서 시장의 유동성이 증가하였으나 가격의 변동성이 커지면서 배출권 거래와 관련된 리스크 관리도 중요한 과제로 인식되기 시작하였다. 제3기는 2013년부터 2020년까지의 8년으로 교토의정서와 관계없이 진행될 예정이었다(art. 10).

칸쿤 당사국총회 이후 유럽연합은 2050년까지 이산화탄소 배출량을 1990년 대비 80% 감축한다는 목표를 설정하고, 이러한 저탄소 경제를 실현하기 위하여 매년 국내총생산의 1.5%에 해당하는 2,700억 유로를 청정 기술 및 에너지 효율성 향상 기술에 추가로 투자할 예정이며, 투자액 이상의 비용이 에너지 사용 비용의 절감으로 회수될 것으로 전망하고 있다.[8] 또한 더반 당사국총회에서는 교토의정서의 연장과 단일의 기후체제 마련을 제안하여 이를 관철시킴으로써 기후변화 문제에 있어서 선도적인 위치를 고수하고 있다.

---

7) 유럽연합의 배출권거래제는 그 도입과 시행이 다소 급하게 진행이 되었음에도 불구하고, 시범기간인 제1기가 경과한 후, 제도 자체가 원활하게 운영이 되었으며 유럽연합 경제 전반에 대하여 부정적인 영향이 거의 없었던 것으로 평가되었다.
http://web.mit.edu/mitei/research/spotlights/europe-carbon.html.

8) KOTRA, 「칸쿤회의 이후 EU 기후변화 대책」, Green Report, Vol. 11, 2011. 5, 58~60면.

한편 유럽연합은 2015년까지 범 경제협력개발기구 차원의 배출권 거래시장을 구축하고, 2020년까지 선진 개발도상국으로 그 범위를 확대한다는 제안을 한 바 있는데, 이는 장기적으로 세계적인 배출권 거래시장을 목표로 하고 있음을 의미한다.9) 세계적인 배출권 거래시장이 형성될 경우 우리나라도 참여해야 하는 상황이 발생하게 되므로, 이에 미리 대비하는 것이 필요하다.

2. 입법지침의 주요 내용

(1) 배출권의 발행 – 할당

유럽연합 배출권거래제가 적용되는 국가는 제1기에는 유럽연합 25개국이었고, 제2기에는 유럽연합 27개 회원국 이외에도 아이슬란드, 리히텐슈타인 그리고 노르웨이가 추가되어 30개국으로 늘어나게 되었다. 제3기에는 2014년부터 크로아티아가 참여하기로 되어 있어 참가국은 31개국이 될 전망이다.10)

청정개발체제와 공동이행제도에서 발생하는 인증저감권과 배출저감권 등의 크레딧은 유럽할당량으로 전환될 수 있지만 보충성 요건으로 인해 그 사용에는 제한이 따르게 된다(입법지침 2003/87/EC preamble (19)).

초기할당은 제1기에는 무상할당이 95%였고, 제2기에는 그 비중이 90%로 줄어들었다. 제3기에는 2013년에는 경매 비중을 20%로 하고

---

9) 에너지경제연구원, 「새로운 기후체제에 대한 주요국의 입장」, 2009. 10, 1~4면.
10) http://ec.europa.eu/clima/policies/ets/index_en.htm.

2027년에는 완전 경매에 도달하는 것을 목표로 하고 있다(입법지침 2009/29/EC preamble (21)).

제1기와 제2기의 할당대상업체의 적용범위는 동일한데, 적용범위에 해당하는 업체에는 알루미늄과 화학산업이 제외된 에너지, 철강, 광물, 펄프·제지 등 네 분야의 업체들이 포함되어 있다(입법지침 2003/87/EC Annex I). 배출권거래제가 처음 논의된 녹서(Green Paper)에는 알루미늄과 화학산업이 포함되었었으나 비회원국 대비 경쟁력 저하 우려로 인해 2003년 발표된 최종 입법지침 2003/87/EC에서는 이 두 분야가 제외되었다. 한편 제외된 두 분야 대신에 에너지 부문의 적용 대상 범위가 50MW에서 20MW 단위의 발전소로 확대되었다.

2012년부터는 민간항공부문도 포함될 예정이다. 항공부문은 배출규모가 클 뿐만 아니라[11] 배출속도도 빠르게 증가하고 있어[12] 항공부문이 포함될 경우 배출권의 수요는 매년 1,000만 내지 1,200만 톤가량 증가할 전망이다.

제1기와 제2기에 제외되었던 알루미늄과 화학산업의 두 분야도 2013년부터는 배출권거래제의 적용범위에 포섭되며, 특히 석유화학산업에서는 이산화탄소뿐만 아니라 아산화질소도 포함되고 알루미늄산업에서 배출되는 과불화탄소도 규제대상 온실가스에 포함된다.[13]

---

11) 항공 부문은 유럽연합 전체 이산화탄소 배출량의 절반 가까이 배출하고 있다. http://ec.europa.eu/clima/policies/ets/index_en.htm.

12) 유럽연합 회원국의 항공부문 이산화탄소 배출량은 1990년부터 2009년까지 97% 증가하였다. 2008년부터 2009년까지의 1년 동안은 7% 감소하였으나 이는 전 세계적인 경기침체로 인한 것이었다. EEA, "Annual European Community greenhouse gas inventory 1990-2009 and inventory report 2011", Submission to the UNFCCC Secretariat, Copenhagen, 2011, pp.338~339.

이들 분야와 관련된 온실가스가 포함될 경우 2013년부터는 연간 1억 2천만 내지 1억 3천만 톤의 온실가스 배출량이 추가될 전망이다.

기업 수로 보았을 때는 약 11,000여 개의 사업장이 참여 중에 있으며,[14] 국가별로는 독일에서 참여한 약 1,800여 개 기업에 유럽연합 전체 배출권의 20%가량이 할당되었으며, 영국, 폴란드, 이탈리아 등의 기업에 약 10%씩 할당되었고, 프랑스와 스페인에 약 7%의 배출권이 할당되었다.

규제대상 온실가스는 제1기에는 이산화탄소만을 대상으로 하였고, 제2기에는 이산화탄소 이외에 아산화질소를 추가하였다. 그러나 아산화질소를 대상 온실가스로 포함시킨 국가는 네덜란드와 노르웨이 뿐이며, 모든 국가가 여전히 이산화탄소만을 대상으로 하고 있다. 제3기에는 과불화탄소가 추가될 예정이다.

(2) 배출권의 유통 - 거래

거래대상 배출권의 종류에 교토메커니즘에서 발생하는 크레딧을 모두 포함시킬 것인지가 문제가 되었는데, 제1기에는 유럽할당량과 인증저감권이 거래되었고, 제2기에는 배출저감권이 추가로 거래되고 있다(입법지침 2003/87/EC art. 12).

배출권거래제 참가자는 약 5,000개 기업의 12,000여 사업장이다.[15] 유럽할당량은 배출권 거래소나 장외시장을 통하여 거래가 가

---

13) http://europa.eu/rapid/pressReleasesAction.do?reference=MEX/10/0709&type=HTML.

14) 이들은 유럽연합 이산화탄소 배출량의 절반, 전체 온실가스 배출량의 40%를 차지하고 있다. http://ec.europa.eu/clima/policies/ets/index_en.htm.

15) 정확한 참여 사업장의 수는 기록마다 상이하며, 대체로 10,000 내지 12,000 사이의 범위 내에 있는 것으로 보인다. Stefan Weishaar(Michael Faure and Marjan Peeters, ed.),

능하다. 2008년 현재 약 45%가량의 배출권이 거래소에서 거래되고 있고, 나머지는 장외시장에서 거래되고 있다. 한편 공동이행제도의 배출저감권은 장외시장에서만 거래되다가 최근에 블루넥스트와 유럽기후거래소에서 거래되기 시작하였다.

현재 유럽연합 배출권거래제에서 거래되는 유럽할당량의 65% 정도가 선물로 거래되고 있는데, 배출량 검증 및 배출권의 제출 기한이 매년 12월이기 때문에 대부분의 경우 12월 인도물로 설정되어 있다. 최근에는 선물거래 이외에 현물거래도 증가하고 있는데 2009년에는 27%까지 증가하였다.

배출권을 거래하는 거래소는 2012년 기준 전 세계 10여 개가 있는데, 그중 7개의 거래소가 유럽에서 운영되고 있고, 영국의 유럽기후거래소와 프랑스의 블루넥스트를 제외한 유럽의 대부분의 거래소는 전력거래소에서 배출권을 상품의 하나로 거래하고 있다.

(3) 배출권의 감독 및 제재

배출권의 감독을 위한 측정·보고·검증 방식은 원칙적으로 표준화된 방법론을 따르도록 되어 있었으나(입법지침 2003/87/EC arts. 14, 15) 실제로 배출권거래제가 시작된 제1기에는 국가별로 차이가 현저하였고, 제2기에는 회원국들이 최대한 유사한 방식을 채택하여 제1기보다는 신뢰성이 제고되었으나 여전히 국가별로 차이가 존재하였다. 이러한 문제점을 해결하기 위하여 제3기에는 유럽연합 단일

"The European emissions trading system: auctions and their challenges", In Climate Change and European Emissions Trading: Lessons for Theory and Practice, Edward Elgar Publishing, Inc, Massachusetts, 2008, p.343.

의 방식으로 대체할 계획이다.

배출권 제출의무의 위반 시 부과되는 벌금은 제1기에는 톤당 40유로, 제2기에는 톤당 100유로였으며, 제3기에는 톤당 100유로 이상이 될 것으로 전망된다(입법지침 2003/87/EC art. 16).

II. 영국

1. 영국의 기후변화법

영국은 기후변화 정책에서 선도적인 입지를 굳히고 있다. 포괄적 기후변화법을 세계 최초로 제정하여 시행하였고, 유럽연합 배출권거래제가 시작되기 이전부터 영국 배출권거래제(UK-ETS)를 실시하여 관련 경험을 축적하였다. 또한 세계 최대의 배출권 전문거래소인 유럽기후거래소가 성공적으로 운영되고 있어, 법과 제도 그리고 시장까지 갖추고 국제 배출권거래제를 이끌어나가고 있다. 교토의정서상 영국의 온실가스 배출목표는 1990년 대비 12.5%를 감축하는 것이다.[16]

영국의 기후변화법(Climate Change Act 2008)은 기후변화프로그램의 일환으로 제정되었다.[17] 기후변화프로그램은 영국 정부가 유엔기후변화기본협약에 대응하기 위하여 2000년에 시작한 온실가스 감축 정책으로, 에너지 효율성 향상과 재생에너지의 활성화를 주된 전

---

16) http://unfccc.int/ghg_data/kp_data_unfccc/base_year_data/items/4354.php.

17) 의회주의의 원칙에 충실한 영국은 「1972년 유럽공동체법(European Communities Act 1972)」을 제정하여 유럽연합의 조약을 별도의 입법 없이 국내법으로 바로 수용하도록 하였다. http://www.legislation.gov.uk/ukpga/1972/68/contents.

략으로 하여 재생에너지 의무사용제도, 배출권거래제, 기후변화부담
금(Climate Change Levy, CCL), 자발적 협약 등을 구체적인 정책
의 내용으로 하고 있다. 또한 2008년에는 에너지와 기후변화에 대한
장기 전략의 일환으로 「에너지법(Energy Act 2008)」 및 「계획법
(Planning Act 2008)」과 더불어 「기후변화법(Climate Change Act
2008)」을 제정하였다.[18]

이 중 특히 「기후변화법」은 기후변화 관련 정책에 대한 효과적인
관리와 집행을 위한 입법적 장치로 탄생하였으며 배출권거래제에 대
하여 규정을 하고 있다. 동 법은 기후변화 관련 분야에서 영국이 저
탄소 경제로 이행하는 데 기여하고, 기후변화협상과 관련하여 영국
이 성실히 책임을 수행하고 있다는 것을 보여줌으로써 선도적인 입
지를 다지는 것을 목표로 하고 있다.[19]

동 법의 특징은 첫째, 중장기적인 목표를 구체적으로 명시함으로
써 2050년 배출량 감축 목표 달성을 위한 기반을 마련하였다는 점,
둘째, 산업계가 저탄소 경제를 위한 투자에 예측 가능성을 가지고 임
할 수 있도록 하였다는 점, 셋째, 강한 전문성과 증거를 기반으로 목
표를 설정하였다는 점, 넷째, 기후변화의 위험성에 대한 정기적인 평
가와 대응방안 마련을 정부의 의무로 하였다는 점 등이다.

「기후변화법」은 배출권의 이월과 차입 및 상쇄를 허용하고 있다.
영국은 국제적인 배출권 거래에 있어서 수입국의 지위에 있게 될 것
으로 예상되며, 이를 통해 약 10% 정도의 감축 비용이 절감될 것으로
본다. 국제적인 배출권 거래를 통하여 유동성이 증가하고 감축 비용

---

18) http://www.decc.gov.uk/en/content/cms/legislation/legislation.aspx.

19) http://www.decc.gov.uk/en/content/cms/legislation/cc_act_08/cc_act_08.aspx.

이 전체적으로 감소할 것으로 기대하고 있으며, 부수적으로 유럽기후거래소가 유럽연합 배출권거래제 거래량의 80% 내지 90% 수준을 점유하고 있는 것에 비추어 배출권 거래시장 자체가 영국에 이득이 되는 것으로 보고 있다.

「기후변화법」은 기후변화 및 배출권 거래에 관한 총론적인 사항을 규정하면서 부수적인 입법을 통하여 관련 기관이 보다 구체적인 규칙을 제정할 수 있도록 광범위한 재량권을 부여하는 규정을 두고 있다. 행정부에 입법에 관한 상당한 재량권을 인정하면서 구체적인 입법 사항에 대해서 그 기준을 제시하고 있어 행정부에 입법재량권이 주어지더라도 그것이 상당한 범위 내에서 행사될 수 있는 기반을 마련하고 있는 것이다. 이러한 입법의 태도는 우리나라가 관련법을 제정함에 있어 참고하는 것이 바람직하다.[20]

2. 영국 배출권거래제의 시행

영국은 세계 최초로 경제 전반을 아우르는 온실가스 배출권거래제인 영국 배출권거래제(UK ETS)를 2002년 4월에 시행하였다. 동 제도의 목표는 첫째, 산업계가 배출권거래제에 대한 실전경험을 축적하도록 하는 것과 둘째, 영국의 기후변화 목표를 달성하는 데 도움을 주기 위한 것이었다.

배출권거래제를 조기에 실시함으로써 영국은 런던을 국제적 배출권 거래시장의 중심지로 삼고자 하였고, 현시점에서 이러한 영국의

---

20) 황형준(조홍식 외 편), 「EU 및 영국의 배출권거래제: 현황과 법적 쟁점」, 『기후변화와 법의 지배』, 박영사, 2010, 116~117면.

노력은 성공적인 것으로 평가할 수 있다. 동 제도는 자발적인 것으로 2002년부터 2006년까지 5년간 운영된 이후 2007년 유럽연합 배출권거래제에 통합되었다.[21]

영국 배출권거래제의 참가유형은 세 가지이다.[22] 첫째는 직접참가자(Direct Participants)로 정부는 자발적인 목표를 달성하는 데 동의하는 기관에 대해 2억 1,500만 파운드의 인센티브를 제공하게 된다. 참가자들은 1998년부터 2000년까지를 기준연도로 하여 온실가스의 절대량을 감축해야 하는데, 참가자의 유형은 각종 규모와 분야를 망라하여 BP나 Shell 같은 다국적 기업뿐만 아니라 런던 자연사박물관이나 슈퍼마켓처럼 소규모의 참가자들까지 다양하게 참가하였다. 참가자들은 2006년까지 기준보다 110만 톤을 줄이기로 하였다. 두 번째 참가유형은 기후변화협약참가자들이다(Climate Change Agreement(CCA) Participants). 이들은 이미 자발적 협약을 통하여 설정된 배출량 혹은 에너지 절감 목표가 있었던 기업들로, 그들의 목표는 상대적인 경우가 대부분이었고, 이들은 배출권거래제를 통하여 자신들의 목표를 달성하거나 초과 달성 부분을 매각할 수 있게 되었다. 세 번째 유형은 거래참가자들이다(Trading Participants). 거래참가자인 개인이나 기관은 자유로이 시장에 진입하여 투기적 목적을 가지고 배출권을 거래할 수 있었다.[23]

영국 배출권거래제의 시행 결과는 처음부터 고무적이었다. 2001년에만 거의 1,000개의 기업이 720만 톤의 배출권을 거래하였고, 온

---

21) http://www.decc.gov.uk/en/content/cms/emissions/ccas/uk_ets/uk_ets.aspx.

22) http://www.ucl.ac.uk/~uctpa15/uk_ets_info.htm.

23) 「The UK Greenhouse Gas Emissions Trading Scheme 2002」 A3, Part C, D, F.

실가스 감축목표 역시 기대 이상으로 초과 달성되었다. 영국 배출권 거래제의 실시로 참가자들은 측정·보고·검증의 중요성을 깨닫게 되었고, 영국 정부는 유럽연합 배출권거래제에 관한 입법지침을 이행하는 데 필요한 행정경험을 축적할 수 있었다.[24]

영국은 규제대상 온실가스로 교토의정서상 여섯 가지 온실가스를 모두 규정하고 있으나 현재는 이산화탄소에 대해서만 규율하고 있다.

영국 정부가 배출권 경매로 얻은 수익은 2011년 2월 기준 10억 유로에 달하는 것으로 예상되었는데, 향후 경매되는 배출권의 양이 더 늘어나고 배출권의 가격의 상승요인도 늘어나면서 배출권의 유동성 규모 자체가 증가하게 되면 이러한 수익금은 2020년까지 640억 유로 이상에 달할 것으로 전망된다.[25]

배출권 경매로 인한 수익금에 대하여 유럽연합 집행위원회는 수익금의 최소 50%를 온실가스 감축, 저탄소 기술 개발 등에 사용하도록 제안하였으나,[26] 영국 정부는 동 제안이 비효율적이며, 회원국의 재정지출은 회원국의 재량이므로 유럽연합이 이에 관여하는 것은 부적절하다는 것을 이유로 이를 수용하지 않을 것임을 명확히 하였다.[27]

그러나 이러한 영국 정부의 정책에 대하여 반대하는 입장에서는 수익금을 기후변화에 사용하도록 지정하는 것은 다른 유럽 국가들에

---

24) Enviros Consulting Limited, "Appraisal of Years 1~4 of the UK Emissions Trading Scheme", defra, December 2006, pp.46~48.

25) Carbon Retirement, "Government should earmark carbon allowance money for green projects", 10 February 2011, pp.3~5.

26) http://europa.eu/legislation_summaries/energy/european_energy_policy/l28012_en.htm-#amendin gact.

27) DECC, "Government's Response to Consultation on Commission's proposals to amend the EU Emissions Trading Scheme from 2013", November 2008, p.6.

서 이미 원활하게 진행이 되고 있는 정책으로서 영국의 「기후변화법」 상 명시된 2020년까지 34% 감축 목표를 달성하기 위한 재원을 최소한으로 그리고 안정적으로 확보하는 방안이 될 수 있으며, 저소득층의 연료 문제를 해결하고 개발도상국에 대한 녹색자금을 지원하며 영국의 기후변화 목표 달성을 지원하는 데 사용되어야 한다고 주장하고 있다.[28]

한편 영국은 「금융서비스시장법(Financial Services and Market Act 2000)」에 따라 금융감독청(Financial Services Authority)이 파생금융상품시장, 보험시장, 에너지 거래소 등을 포함하는 모든 시장 및 거래소의 감독 기관으로서의 기능을 담당하고 있다. 따라서 영국의 온실가스 배출권 거래는 「기후변화법」과 「금융서비스시장법」에 따라 규율된다.

3. 유럽기후거래소

(1) 유럽기후거래소의 구성원(인적 설비)

1) 유럽기후거래소의 지배구조

유럽기후거래소(European Climate Exchange, ECX)는 유럽연합 배출권거래제의 가장 큰 거래소 시장으로 2005년 유럽연합 배출권거래제의 시행과 동시에 출범하여 매년 급성장을 하고 있다.

유럽기후거래소는 Climate Exchange Plc(CLE) 그룹의 자회사로, 미국의 기후거래소인 시카고기후거래소와 시카고기후선물거래소 및

---

28) Carbon Retirement, op. cit., pp.6~7.

몬트리올기후거래소와는 계열회사 관계이다. 유럽기후거래소는 ICE 와의 전략적 제휴를 통하여, 유럽기후거래소에서는 탄소금융상품의 개발 및 마케팅을 담당하고 ICE Futures Europe에서는 유럽기후거 래소의 탄소금융상품을 거래하는 구조를 취하고 있다.[29] 청산업무 는 ICE Clear Europe에서 수행하고 있다.[30]

2) 유럽기후거래소의 시장참가자

유럽기후거래소는 유럽에너지거래소나 노르드풀과는 달리 온실가 스 배출권만 전문으로 거래하는 거래소로 100여 개 이상의 기업이 회원사로 되어 있는데, E.On UK, Shell 등 발전사나 석유회사 등 에 너지 기업뿐만 아니라 Barclay Capitals, BP, Goldman Sachs, Morgan Stanley 등 은행과 헤지펀드사 등의 금융기업들도 회원으로 유럽기후거래소의 상품을 거래하고 있다. 또한 직접 회원이 아닌 고 객들도 주문전송시스템(order-routing)[31]을 통하여 은행과 브로커 를 경유해서 유럽기후거래소에 접근할 수 있다.

---

29) https://www.theice.com/history.jhtml.

30) ICE Futures Europe, 「The Emissions Market」, December 2012,
   https://www.theice.com/publicdocs/futures/ICE_ECX_presentation.pdf.

31) 주문이 최종 소비자로부터 거래소로 전달되는 과정을 의미한다. 고객은 거래소에 직접 주
   문을 할 수도 있고, 브로커를 통하여 주문을 할 수도 있는데, 후자의 경우 브로커가 고객
   의 주문을 거래소로 전송을 하게 된다. 여기서 말하는 주문전송시스템은 후자를 일컫는다.
   http://www.marketswiki.com/mwiki/Order_routing.

(2) 유럽기후거래소에서의 거래(물적 설비)

1) 유럽기후거래소의 거래상품 및 거래규모

ICE의 플랫폼을 통하여 거래할 수 있는 유럽기후거래소의 탄소금융상품(Carbon Financial Instrument)으로는 유럽할당량(EUA), 인증저감권(CER), 배출저감권(ERU), 유럽항공할당량(EUAA) 등의 현물 및 파생상품이 있다.

유럽기후거래소는 2005년 4월에 유럽할당량 선물로 최초의 거래를 개시한 이래, 2006년 10월에는 유럽할당량 옵션 거래, 2008년 3월에 인증저감권 선물 거래, 2008년 5월 인증저감권 옵션 거래를 시작하였다. 유럽할당량과 인증저감권에 대한 현물거래는 2009년에 시작되었다. 그리고 최근에는 배출저감권이 추가되었는데, 그간 장외에서만 이루어지던 배출저감권 거래시장의 투명성을 확보하고 시장참가자들이 각종 탄소금융상품을 하나의 플랫폼에서 거래하도록 하여 배출권 거래시장의 리스크를 보다 효율적으로 관리할 수 있도록 하였다.

유럽기후거래소는 유럽할당량이 거래되는 가장 큰 거래소시장으로 온실가스 배출권의 거래규모가 그 물량과 금액 면에서 급격한 성장을 하고 있는데, 2008년에는 거래량에서 전년 대비 171%라는 폭발적인 성장을 하였고,[32] 2010년에는 하반기에 들어서자마자 50억 톤을 넘어서서 총 61억 톤의 거래량을 보였다.[33] 총 100개 이상의 글

---

32) 유럽기후거래소의 거래량과 거래금액을 살펴보면, 2005년 9,400만 톤/21억 유로로 시작하여, 2006년 4억 5,200만 톤/90억 유로, 2007년 10억 톤/175억 유로, 그리고 2008년 28억 톤/559억 유로, 2009년 50억 톤/680억 유로로 거래량과 금액 면에서 매년 임청닌 싱징을 이루고 있다. https://www.theice.com/about.jhtml.

로벌 기업이 ICE 유럽기후거래소 배출권 상품의 거래회원이고, 수천의 거래자들이 세계 각지로부터 청산회원으로 그리고 브로커로 시장에 참가하고 있다.[34]

2) 유럽기후거래소의 거래방법

유럽기후거래소의 유럽할당량과 인증저감권의 거래는 ICE Futures의 전자거래시스템에서 1로트(lot) 단위로 거래되는데, 1로트는 배출권 1,000톤에 해당한다. 계약은 매도인의 계좌에서 매수인의 계좌로 배출권이 이전됨으로써 현물 결제가 되는데, 이는 청산회원의 계좌와 ICE Clear Europe을 통해서 이루어진다. 여기서 계좌는 해당 기업이 인도를 하거나 받기를 원하는 국가의 등록기관의 계좌를 의미하며, 청산회원으로는 Dresdner Bank, HSBC, UBS, Citigroup, Morgan Stanley, Merrill Lynch 등 굴지의 금융기관들이 있다. 유럽할당량은 무형으로 유럽연합 등록기관에 연계된 27개국의 국가 레지스트리에 보관된다.

현물인도는 마지막 거래일로부터 3일 후에 이루어진다. ICE Clear Europe은 모든 거래에 있어서 주요 계약당사자로서 행위하고, 회원의 이름으로 등록된 ICE 선물계약의 재무적인 이행을 보증한다.

현물교환과 스왑거래도 가능하나 이 경우에는 가격을 공개하지 않는다. 또한 대량거래도 가능한데 그 최소단위는 50로트로 거래 완료 후 5분 이내에 거래소에 신고하고 가격과 물량을 거래소에 보고하여야 한다.

---

33) ICE, "The Emissions Market: ICE Futures Europe", Nov. 2011, p.10.

34) https://www.theice.com/productguide/ProductGroupHierarchy.shtml?groupDetail=&-group.group Id=19.

배출권과 지불대금의 인도 등 거래의무의 불이행 시에는 벌과금이 부과되며, 청산과 인도를 보장하기 위하여 마진콜[35]은 시장참가자에 대해 매일 계산하는 방식을 취하고 있다.

유럽기후거래소는 독일, 영국 등 대규모 구매자와 긴밀한 관계를 유지하고 있으며, 유럽연합 배출권거래제 시행 초기부터 시장이 잘 형성되어 배출권 거래에 역점을 둔 결과 거래비용이 타 거래소에 비해 낮다는 장점이 있다.

Ⅲ. 프랑스

1. 프랑스의 환경법

프랑스는 배출권거래제를 기존의 법질서에 편입시키는 형식으로 도입하였다.[36] 프랑스에서 기후변화 관련 업무는 환경부의 관할로 되어 있고, 배출권거래제는 환경법에 규정되어 있다. 환경법전은 대기환경편에서 배출권 거래, 할당, 교토의정서상의 프로젝트 이행 관련 내용을 규정하고 있다. 프랑스의 교토의정서상 온실가스 감축목표는 1990년 대비 0%이다.[37]

---

35) 마진콜이란 선물계약 기간 중 선물가격 변화에 따른 추가 증거금 납부 요건으로 선물거래에서 최초 계약 시 계약 이행을 보증하고 채권을 담보하기 위해 예치하고 있는 증거금이 선물가격의 하락으로 인해 거래개시수준 이하로 하락할 경우 추가 지금을 유치하여 당초 증거금 수준으로 회복시킬 수 있도록 요구하는 것을 말한다. http://100.naver.com/100.nhn?docid=742462.

36) 프랑스는 제5공화국의 1958년 헌법 제55조에 새로운 규정을 삽입하는 방식으로 공동체법의 우위를 인정하고 있기 때문에 유럽연합의 입법지침이 제정되면 이에 따라 국내법을 제정하여 제도를 시행하게 된다. 정창화, 「초국가공동체로서 유럽연합(EU) 형성에 관한 연구: 유럽연합(EU)법의 수용에 대한 이론과 실제」, 『행정논총』, 제42권 제1호, 서울대학교 행정대학원, 2004, 63면.

프랑스의 배출권 거래 관련 세부규정은 Conseil d'Etat 명령(decret)
으로 정한다.[38] 배출권거래제는 제1기는 2005년부터 2008년까지의
3년으로 하고, 이후에는 5년을 단위로 한다(Article L229-8). 배출권
의 할당량 1단위는 1 이산화탄소 등가톤으로 한다(Article L229-7).

법적 성격에 대하여 환경법은 시설의 운영자에게 발행된 할당량은 국
가 레지스트리의 계좌에 기재되어 구체화되면 동산[39]이 된다고 규정하
고 이 경우에는 양도가 가능함을 명시하고 있다(Article L229-15).

배출권의 초기 할당은 초기 3년 동안은 무상으로 할당하고(Article
L229-10), 경제악화, 설비 신축, 사업장 폐쇄 등 시설의 운영자나
정부 모두 예상치 못한 것으로 회피할 수 없는 외부적 사유가 발생할
경우에는 추가배출권을 할당해 줄 수 있도록 규정하여 사업자의 부
담을 완화하는 한편 동 배출권은 시장에서 거래가 불가능하도록 하
여 갑작스러운 배출권의 공급으로 인하여 시장이 불안정해지는 것을
사전에 차단하고 있다(Article L229-12).

규제 대상 기업은 Conseil d'Etat 명령으로 정해진 활동을 하는 과정
에서 대기 중으로 온실가스를 배출하는 기업이 된다(Article L229-5).
온실가스 배출허가를 받은 시설에 대하여 국가는 매 계획기간마다

---

37) http://unfccc.int/ghg_data/kp_data_unfccc/base_year_data/items/4354.php.

38) 프랑스의 법체계는 헌법을 정점으로 하여 법률, 오르도낭스(ordonnace), 명령(decret)으
로 구성되어 있다. 이 중 명령(decret)은 ① 개입영역에 따라 독자명령(decret autonome)
과 집행명령(decret d'application)으로 구분되고, ② 발령권자에 따라 대통령령과 총리
령으로 구분되며, ③ 제정절차에 따라 국사원의 심의를 거친 명령(decret en Conseil
d'Ete), 국무회의의 심의를 거친 명령(decret en Conseil des Ministres), 수상 및 대통
령이 단독으로 서명하는 단순명령(decret simple) 등이 있다. http://world.moleg.go.kr/-
content.do?content_id=12155&pageIndex=2&nt_cd=NT008.

39) 프랑스의 법제상 동산은 무체 재산권을 포함하는 것으로 우리나라의 동산 개념과는 다소
상이하다. 최경진, 앞의 논문, 431면.

시설의 운영자에게 배출권을 할당하는데, 각 시설에서 배출된 온실가스는 이산화탄소 톤으로 측정되고 표시되며 시설의 운영자는 연말에 배출된 양에 해당하는 할당량을 국가에 반납해야 한다(Article L229-7). 기간 만료로 제출된 할당량은 말소한다(Article L229-14).

운영자는 단독으로 할당을 받게 되지만, 유럽연합 집행위원회의 승인을 얻어 여러 운영자가 공동으로 할당을 받을 수도 있다. 공동으로 할당을 받게 되면 운영자들은 대표를 정하고 국가 레지스트리에는 단일 계좌가 열리게 된다. 기간의 만료로 인한 제출의무를 위반한 경우, 만약 대표가 어떠한 사유로 이에 대한 제재를 면하게 되면, 대표가 아닌 운영자는 자신이 배출한 양에 해당하는 할당량을 제출해야 하고, 이를 이행하지 아니하는 경우에는 당시까지 부과된 제재를 받게 된다(Article L29-17).

의무위반에 대한 제재로는 벌금이 규정되어 있다(Article L229-18). 동 조항에 따르면 의무위반자는 초기 3년 동안은 제출하지 못한 할당량 당 40유로를, 이후에는 100유로를 벌금으로 내야 하며, 벌금 납부로 할당량 제출의무가 면제되지 아니한다. 또한 벌금 부과가 확정되면 위반자의 성명을 공표할 수 있다. 의무 위반자에 대한 제재로 벌금을 부과함에 있어서 벌금 부과 여부와 금액의 다과에 대하여, 위반 시 벌금 부과는 당연 부과이고 금액은 정액으로 정해놓음으로써 행정관청에 재량권을 부여하지 아니하고 있다. 따라서 의무 위반자가 발생하는 경우에 행정관청은 의무적으로 벌금을 부과해야 하며, 금액도 정해진 금액만을 징수하여야 한다.

교토의정서에 따라 이행되는 온실가스 감축사업으로 인한 크레딧도 국가 레지스트리에 등록되면 동산으로 거래할 수 있게 된다(Article

L229-20 to L229-24).

프랑스의 「금융증권법(Monetary and Financial Code)」에는 금융 상품의 정의에서 온실가스 배출권의 파생상품이 금융상품에 포함된 다는 것을 명시하고 있다(Article L211-1). 우리나라도 법적 불확실 성을 해결하기 위하여 온실가스 배출권에 대하여 자본시장법상 명문 규정을 두는 것이 바람직하다.

배출권거래제 입법과정에서 규제대상의 범위와 관련하여, 프랑스 의 철강 기업인 Societe Arcelor Atlantique et Lorraine 등 몇몇 기 업은 프랑스 Decree No. 2004-832[40] 제1조에 대하여 Conseil d'Etat 에 취소청구를 하였다.[41]

이 사건에서 Conseil d'Etat는 유럽연합 입법지침 2003/87/EC이 재산권 및 영업의 자유를 침해하였다는 원고의 주장을 배척하였다. 그러나 규제대상의 범위에서 화학과 비철금속 부문을 제외하고 철강 부문을 포함시킨 것은 평등원칙 위반이라고 주장한 것에 대하여는 사건을 유럽법원으로 이송하였다.

이에 대하여 유럽법원은 각 부문 간에 차별적 취급이 있는 것은 인 정되나, 유럽공동체의 입법은 여러 가지 정치적, 경제적, 사회적 선 택을 함에 있어서 광범위한 입법재량을 가지고 이루어지는 것이고, 이 사건의 유럽연합 입법지침은 이러한 입법재량 내에서 이루어진 것이므로 제반 사정에 비추어 정당화될 수 있다는 것을 이유로 동 입

---

40) 동 명령은 환경법 Article L229-5부터 L229-19 및 배출권거래제의 시행에 관한 규정 을 하고 있다. https://www.etde.org/etdeweb/details.jsp?query_id=1&page=0&osti_id=20626350.

41) http://en.oboulo.com/comparison-council-of-state-february-8-2007-and-court-of-80133.html.

법지침이 평등원칙을 위배한 것이 아니라고 판시하였다.[42]

우리나라도 배출권거래제를 도입하는 데 있어서 유사한 상황이 발생할 개연성이 많은데, 광범위한 입법 재량이 인정되는 경우라 하더라도 입법 과정에서 공청회 등 여러 분야의 의견을 충분히 수렴함으로써 분쟁의 소지를 줄이는 것이 바람직하다.

2. 블루넥스트

블루넥스트(Blunext)는 2007년 12월에 프랑스의 전력거래소인 파워넥스트(Powernext)의 온실가스 배출권부문을 인수한 NYSE Euronext가 Caisse des Depots[43]와 함께 설립한 환경상품 거래소로 세계 최대의 현물거래소이다.[44] 회원은 현물과 파생상품 모두 거래할 수 있다.

먼저 현물거래를 살펴보면, 블루넥스트는 국가별 할당계획에 따라 회원국이 발행한 2008년도분부터 2012년도분까지의 유럽할당량이 기초자산이다. 또한 블루넥스트는 최초로 인증저감권의 현물거래를 시작한 거래소이기도 하다. 인증저감권의 거래단위는 1,000톤이며, 독특한 인도결제(Delivery vs. Payment, DVP)라는 시스템을 통하여 대금의 지급과 인도가 이루어진다.

거래는 15분 이내에 완료되어 신속함을 자랑하고 있으며, 거래당

---

42) Case C-127/07 Societe Arcelor Atlantique et Lorraine and others v. Premier ministre and Others, 16 December 2008.

43) Caisse des Depots(CDC)는 프랑스의 국가온실가스 등록기관으로 온실가스 배출권 거래 및 저장, 탄소회계, 레지스트리 업무 및 탄소펀드 및 직접 투자 등 다양한 업무를 수행하고 있다.

44) 이후 2011년 2월에는 블루넥스트의 NYSE Euronext의 지분을 인수하여 NYSE Blue가 공식적으로 출범하였다. http://www.bluenext.fr/exchange/about.html.

사자의 채무불이행 위험을 방지하기 위해 거래 이전에 자금과 약정이 모두 회원의 계좌에 기입되어 있어야 한다.[45] 일단 거래가 유효하게 이루어지면, 결제와 인도가 이루어지는데, 유럽할당량이나 인증저감권 등 배출권은 매도인의 계좌에서 블루넥스트의 중계 계좌로 이동하고, 다시 중계 계좌에서 매수인의 계좌로 이동한다. 거래는 일단 레지스트리에서 이동이 완료되었다는 공식적인 통지를 발송하면 인도된다. 상품의 인도에 있어서, 유럽할당량의 거래는 프랑스의 레지스트리에서 이루어지고, 인증저감권의 거래는 스위스의 레지스트리에서 이루어진다. 대금의 지급은 매수인의 당좌계좌에서 거래 금액이 인출되고, 블루넥스트의 중계 계좌로 이동한 연후에, 매도인의 당좌계좌로 입금된다.

현물만 취급하던 블루넥스트도 2008년 중반부터 유럽할당량의 선물 거래를 시작으로 배출권의 파생상품까지 거래하기 시작하였다. 블루넥스트의 선물거래시장은 안전한 거래를 위하여 LCH.Clearnet SA Guarantee Fund를 이용하고 있다. 장외거래시장과 동일한 날짜에 인도가 이루어지며 인도 장소는 DVP 시스템과 연결된 각국의 레지스트리이고, 청산은 LCH.Clearnet SA를 통하여 이루어진다.

대금의 지급과 인도는 LCH.Clearnet SA에서 약정을 보증할 책임을 지고 이루어진다. 현물거래와 마찬가지로 유럽할당량은 프랑스의 레지스트리에서, 인증저감권은 스위스의 레지스트리에서 인도된다.

블루넥스트의 거래시스템은 실시간 청산에 기반을 두고 있기 때문에 배출권의 인도 역시 실시간으로 이루어진다는 데 특징이 있다. 따

---

45) http://www.bluenext.fr/exchange/why.html.

라서 유럽의 타 거래소에 비해 블루넥스트를 이용할 경우 거래시간 단축에 따른 거래비용 최소화라는 장점을 누릴 수 있다. 아울러 에너지 기업이나 금융회사를 시장참가자로 허용한 타 거래소와는 달리 일반인에게도 거래개방이 되어 있다.

한편 블루넥스트는 시장의 투명성 측면에서는 강점이 있지만, 거래의 안정성 측면에서는 취약한데, 이는 현물거래에 집중하고 있어서 연말에 배출권을 제출해야 하는 관계로, 대부분의 거래물량이 연말과 연초에 집중되기 때문이다.

Ⅳ. 독일

1. 독일의 온실가스배출권거래법

독일은 기후변화 대응을 위한 입법 활동이 활발하게 이루어지는 국가 중 하나이다. 독일은 연방환경부(Umwelt Bundes Amt, UMT) 산하에 기후변화 관련 업무를 총괄하는 배출권거래청(DEHSt)을 두어 배출권거래제와 관련된 업무를 총괄하도록 하였다. 또한 유럽연합 입법지침 2003/87/EC를 국내법으로 이행함에 있어서 온실가스 배출권거래제에 관한 법과 할당에 관한 법을 각각 제정하였다는 점이 특징이다.[46] 독일의 교토의정서상 온실가스 감축목표는 1990년 대비 21%이다.[47]

---

46) 독일은 1992년 기본법 제23조에 유럽연합 입법의 발전에 대한 협력을 선언함으로써 유럽연합의 입법이 국내법적 효력을 가질 수 있도록 하였다. 정창화, 앞의 논문, 68~70면.

47) http://unfccc.int/ghg_data/kp_data_unfccc/base_year_data/items/4354.php.

독일은 교토의정서에 따라 제정된 유럽연합 입법지침 2004/101/EC를 국내법화하기 위하여 제정한 「프로젝트 관련 메커니즘에 관한 법(ProMechG)」으로 교토메커니즘에서 규정한 공동이행제도 및 청정개발체제에서 발생하는 크레딧을 국내에서 활용할 수 있도록 규정하고 있고,[48] 독일 내의 배출권거래제와 관련한 법제로, 「온실가스배출권거래법(TEHG)」[49]과 「2007 할당법(ZuG 2007)」, 「2012 할당법(ZuG 2012)」[50] 등을 제정하였다.

「온실가스배출권거래법」은 독일에서의 배출권 거래의 기본법으로서 2004년 7월 15일부터 효력을 발생하였다. 2008년 10월 25일에 개정된 동 법의 적용범위는 온실가스의 배출 관련 '행위'이다. 전체 6장으로 구성되어 있으며, 배출의 허가 및 감독(제2장), 배출권과 할당(제3장), 배출권의 거래(제4장), 그리고 벌칙(제5장) 등에 대하여 규정하고 있다.

규제대상 온실가스는 교토의정서 상의 여섯 가지 온실가스와 그 범위가 동일하고(제3조 제2항), 배출권 할당의 주체는 관할관청이다(제6조 제2항).

배출권의 거래에 있어서 일정한 범위 내에서 양도가 가능하다는 점을 명시하고(제6조 제3항, 제16조), 다만 금융기관에 관한 규정의 적용 여부에 대하여 금융수단이 아님을 명시하고 있다는 점이 특징

---

48) 2005년 효력을 발생한 동 법은 국제규정에 따라 요구되는 프로젝트 활동 계획의 승인과 관련된 절차와 요건을 규정하고 있다. 제1장 총칙, 제2장 공동이행제도, 제3장 청정개발체제, 제4장 공통규정으로 구성되어 있다.
http://www.bmu.de/english/emissions_trading/doc/36281.php.

49) TEHG: Treibhausgas Emissionshandels Gesetz

50) ZuG: Zuteilungsgesetz

이다(제15조).

그리고 배출권을 정의함에 있어서 '일정 기간 동안 이산화탄소 당량 1톤을 배출할 수 있는 권한'(제3조 제4항)이라고 하고, 온실가스를 배출하기 위해서는 '허가'를 요한다(제4조 제1항)고 함으로써, 온실가스 배출권의 현물의 법적 성격이 당연히 법적 재산권으로 인정되는 것이 아님을 분명히 하고 있다.

「2007 할당법」은 2005년부터 2007년까지 기간 동안 개별 공장에 대한 배출권의 할당에 대하여 규정을 하고 있으며, 이는 모두 법적 구속력을 가진다. 할당 부문은 에너지 및 산업 분야와 기타 분야(수송 및 주거, 상업·유통 및 서비스)로 나뉘어 있다.

그리고 「2012 할당법」은 2008년부터 2012년까지 기간 동안 배출권의 할당에 대하여 규정을 하고 있다. 동 법은 독일 내 전체 기업의 연간 총 배출량을 약 5,700만 톤가량 축소하고,[51] 전체 할당량의 약 10%가량을 경매를 통하여 할당하기로 하였으며(제4조, 제19조 내지 제21조), 기업들의 부담완화를 위하여 감축의무의 22%까지 교토의정서상의 신축성 메커니즘을 이용하여 이행할 수 있도록 하였다(제18조).[52]

독일 정부는 2011년 2월에 입법지침 2009/29/EC를 국내법으로

---

51) 제1기에 비하여 발전 부문의 할당량이 타 부문에 비하여 더 많이 축소되었는데, 이는 ① 발전 부문 이외의 산업 부문의 부담을 줄여줌으로써 국제경쟁력을 제고해주고, ② 발전 부문의 기업들이 배출권을 무상으로 할당받았음에도 불구하고 비용을 전력가격에 포함시켜 소비자에게 부담을 전가시킴으로써 얻게 된 막대한 부당이득의 일부를 환수하는 한편, ③ 발전 부문이 계획하고 있는 노후된 설비에 대한 투자의 조기 집행을 유도하기 위한 것이 그 배경이다. 박광수, 「EU-ETS하에서 독일의 배출권거래제에 관한 연구」, 『한독사회과학논총』, 제20권 제3호, 한독사회과학회, 2010. 9, 50~51면.

52) http://www.bblaw.com/en/homepage/?no_cache=1

이행하기 위하여 「온실가스배출권거래법」을 개정하였다. 이에 따라 2012년부터 항공부문이 배출권거래제에 해당되어 200개의 항공사와 2,000개 이상의 시설이 동 법의 적용을 받게 되고, 할당은 유럽연합 차원에서 벤치마크 시스템에 따라 이루어지며, 발전 부문은 2013년부터 무상할당이 없어지고 경매로만 할당이 이루어지게 된다.[53] 경매수익의 90% 이상은 국제적 및 국내적인 기후변화 관련 조치를 위하여 사용될 예정이다.[54] 또한 2013년부터는 유럽연합 차원에서 배출권거래제를 통일적으로 규제함으로써 국가 차원의 규제 필요성은 줄어들게 되었다.[55]

2. 유럽에너지거래소

유럽에너지거래소(European Energy Exchange, EEX)는 2002년 라이프치히와 프랑크푸르트의 전력거래소 두 곳이 합병하면서 설립된 곳이다. 유럽 최대의 에너지 거래소로 2006년 자회사인 European Commodity Clearing AG(ECC)에 청산업무를 이관하면서 기업분할과 파트너십을 통하여 시장의 유동성 증가와 시장참가자의 범위를 확대하기 시작하였다.[56]

유럽에너지거래소는 전력, 천연가스, 석탄과 함께 온실가스 배출

---

53) 과거 발전 부문이 배출권의 무상할당으로 인한 이익과 소비자에 대한 전력요금 전가로 인한 이익을 추가로 향유하게 되었던 경험을 되풀이하지 않기 위한 목적이 있다. http://www.bmu.de/english/ current_press_releases/pm/47722.php.
54) http://www.bmu.de/english/current_press_releases/pm/47039.php.
55) http://www.germanenergyblog.de/?p=5393&print=1.
56) http://www.eex.com/en/eex.

권을 거래하고 있는데, 유럽연합 배출권거래제가 출범한 2005년부터 유럽할당량의 선물과 옵션을 거래하기 시작한 이래 현재는 인증저감권 선물까지 거래하고 있다.

유럽에너지거래소는 유통시장뿐만 아니라 발행시장까지 참여하고 있는데, 2010년부터 연방환경부를 대행하여 독일의 유럽할당량에 대한 발행시장의 경매업무를 맡고 있다. 2010년과 2011년에는 독일에서 발행된 유럽할당량의 10%가 유럽에너지거래소에서 경매되고 있고 경매 일정에 따라 현물시장과 파생상품시장에서 일주일에 한 번 정도 경매를 진행하고 있다. 유럽에너지거래소의 청산소인 ECC는 거래의 결제업무와 독일 배출권거래청(DEHSt)의 국가 레지스트리에의 기재업무를 담당하고 있다.

2010년에 유럽에너지거래소의 현물시장과 파생상품시장에서 거래된 유럽할당량은 1억 5,200만 톤에 달했고, 인증저감권 선물거래는 175,000톤에 달하였다.[57)]

1 계약은 1,000 유럽할당량 혹은 1,000 인증저감권이고, 최소 거래단위는 5 계약, 즉 5,000 유럽할당량 혹은 5,000 인증저감권이다. Barclays Bank PLC, BP Gas Marketing Ltd., Goldman Sachs International, Merrill Lynch International, Morgan Stanley & Co., International plc, Shell Energy European Ltd. 등 22개국의 207개 기업이 시장참가자로 되어 있어 유럽 최대의 참가자를 보유하고 있다.[58)] 유럽에너지거래소에서의 현물과 파생상품의 거래시간은

---

57) 유럽할당량의 거래물량은 발행시장에서의 경매물량 4,110만 톤을 포함한 수치로, 2009년의 3,270만 톤에 비하여 5배가량 늘어난 것이나, 인증저감권의 경우에는 2009년의 649,000 톤에 비하여 거의 4분의 1가량으로 줄어든 것이다.
http://www.eex.com/en/document/87099/Emissionen_englisch.pdf.

8시부터 18시까지이나, 발행시장의 유럽할당량 경매의 경우에는 현물은 매주 화요일 오전 9시부터 11시까지, 파생상품은 매주 수요일 오후 1시부터 3시까지 사이에 이루어진다.[59]

유럽에너지거래소는 주요 당사자로서 거래에 참여하여 리스크를 책임지고 있으며, 청산은 자회사인 ECC가 주요 당사자로, 다수의 은행들이 청산회원으로 참여하여 진행된다. 유럽에너지거래소는 거래 참가자들이 거래를 하기 위해서는 마진을 청산회원에게 예치하고, 청산회원들은 번갈아가며 당해 마진을 ECC에게 예치하도록 함으로써 거래의 안전성을 도모하고 있다.

유럽할당량과 관련한 거래는 ECC의 유럽할당량 전용 내부자산계좌에 매도인과 매수인 간에 거래한 유럽할당량을 기입하고 매도인과 매수인이 대금의 지급을 하는 방식으로 결제가 된다. 유럽할당량 관련 거래가 현물로 결제가 된 것으로 간주되는 시점은 할당량 관련 현물과 파생상품시장의 모든 매도와 매수에 참가한 자들에 대한 청산이 완료되었다는 것을 의미하는 유럽할당량의 숫자를 ECC가 기장을 하는 순간이다. 유럽할당량 관련 거래가 재무적으로 결제된 것으로 간주되는 시점은 현물이나 파생상품의 매매를 한 모든 참가자들에 대한 정산 금액이 독일 연방은행에 개설된 ECC와 결제회사의 계좌들 간에서 결산이 완료되는 순간이다. 유럽할당량은 각 국가의 레지스트리에 보관되며 재고관리는 유럽할당량의 발행은 물론 탄소발생으로 인한 감소분까지 포함하여 관리된다.

---

58) http://www.eex.com/en/eex/Participants/trade-members/overview/name/asc.
59) http://www.EEX.com/en/document/89329/20110323_Trading_%20Hours_EEX_spot_-derivatives. pdf.

유럽에너지거래소는 비교적 최근에 배출권을 거래하기 시작한 신흥거래소이지만, 최소 거래단위 물량이 1톤으로 1,000톤을 요구하는 유럽기후거래소, 블루넥스트, 노르드풀에 비해 작아 최근 거래참여자가 늘고 있다.

V. 노르웨이

1. 노르웨이의 온실가스배출권거래법

노르웨이에서 배출권 거래 관련 업무는 환경부의 소관이다. 노르웨이는 유럽연합 회원국은 아니지만 유럽연합 배출권거래제에 2007년부터 참가하고 있다.[60] 노르웨이의 교토의정서상 온실가스 배출목표는 1990년 대비 1% 증가이다.[61]

노르웨이의 배출권거래제는 「온실가스배출권거래법(Greenhouse Gas Emissions Trading Act)」으로 규율된다.[62] 동 법의 적용범위는 에너지 생산, 정유, 코크스 생산, 철강 생산 및 처리(철광석 제련 과정 포함), 시멘트·석회·유리·유리섬유 및 세라믹 제품 생산, 목재나 기타 섬유질 재료로부터의 제지 및 펄프 생산 등과 관련된 이산화탄소 배출이다. 다만 바이오매스의 연소나 위의 에너지 생산으로

---

60) http://ec.europa.eu/clima/policies/ets/index_en.htm.

61) http://unfccc.int/kyoto_protocol/items/3145.php.

62) 노르웨이의 온실가스 배출권 거래법의 정식 명칭은 「Act of 17 December 2004 No.99 relating to Greenhouse Gas Emission Allowance Trading and the Duty to Surrender Emission Allowances」이다. 2005년 1월 1일부터 효력을 발생하였으며, 2007년 6월 29일 개정되었다. http://www.regjeringen.no/en/doc/laws/Acts/-greenhouse-gas-emission-trading-act.html?id=17224?.

부터 배출되는 경우에는 위험한 폐기물의 연소나 최종적으로 폐기물을 처리하는 과정에서 세금이 부과되므로 이중과세를 방지하기 위하여 동 법의 적용범위에서 제외된다(s.3).

할당은 주체를 이원화하여 국가 총 할당량은 국왕이 결정하고(s.6), 시설별 할당량은 공해규제기관에서 결정하도록 되어 있다(s.8).

각 사업장의 할당량을 계산함에 있어서는 당해 시설의 1998년부터 2001년까지의 기준연도 평균배출량을 기초로 산정하게 되며(s.8), 2008년부터 2012년까지의 기간에는 무상할당을 기본으로 한다고 규정하고 있다(s.7).

또한 각 운영자는 장기간 가동을 중단하거나 시설을 폐쇄하는 경우에는 통지의무를 부과하고(s.10) 통지의무를 이행하지 않는 경우에는 벌금이나 3개월 이하의 징역에 처하며, 양자는 병과될 수 있다고 함으로써(s.22), 실제로 업무가 이루어지지 않는 시설에 배출권을 할당하여 운영자가 배출권 거래로 인한 부당이득을 취할 수 있는 길을 차단하여 규제의 실효성을 확보하고 있다.

각 운영자에게 온실가스 보고서 제출의무를 부과하고(s.16) 그 실효성을 담보하기 위하여, 공해규제기관에 각 운영자의 보고서에 대한 정보 제출을 요구할 수 있는 권리와 조사권을 부여하고 있다(s.18). 또한 보고서 제출의무를 위반하는 경우에는 거래를 중단시키거나(s.19) 벌금을 부과할 수 있음을 규정하고, 동시에 이 벌금은 위반 사실이 계속되는 동안에는 계속적으로 효과를 가지며 이에 대하여 강제 집행까지 할 수 있음을 규정하여 보고서 제출 의무의 이행을 담보하고 있다(s.20). 운영자가 제출한 보고서는 공해규제기관에서 인증을 하게 된다(s.17).

각 시설의 운영자는 매년 배출권을 제출할 의무가 있는데(s.13), 이를 이행하지 아니하는 경우에는 온실가스 톤당 100유로에 해당하는 벌금을 부과하도록 하고, 다만 금액에 있어서는 국왕이 이를 조정할 수 있음을 규정하여 벌금 부과에 있어 국왕에게 재량권을 부여하고 있다(s.21).

2. 노르드풀

노르드풀(Nord Pool)은 스칸디나비아 반도의 노르웨이, 핀란드, 스웨덴과 덴마크 동부 등 북유럽 국가에 공급되는 전력을 거래하는 세계 최초의 다국적 전력거래소로 1993년 설립되었으며, 유럽할당량에 대한 최초의 거래가 이루어진 거래소이기도 하다.[63]

2007년 OMX에 인수된 후 Nasdaq의 OMX 인수로 노르드풀도 Nasdaq OMX의 거래소 그룹 중 하나가 되었다. 노르드풀의 거래활동은 최근 더욱 활발해져서 2008년 상반기에는 전년도 동기대비 두 배 이상 증가한 실적을 기록하였다. 2008년 6월까지 약 7,300만 톤의 배출권이 거래 및 청산되었는데, 이 중 2,200만 톤은 거래소 실적이며, 5,100만 톤은 장외거래 실적이었다. 한편 노르드풀은 2007년 6월 이후부터 인증저감권 거래도 시작하여, 2008년 상반기에는 3,500만 톤(거래소 실적 700만 톤, 장외거래 실적 2,800만 톤)의 거래실적을 달성하기도 하였다.

노르드풀의 배출권 거래는 연속적인 거래 시스템에 기반하고 있으

---

63) http://www.marketswiki.com/mwiki/Nord_Pool.

며, 노르드풀 자체적으로 온실가스 배출권 거래계약의 청산을 수행하도록 설계되어 있다. 청산서비스를 책임지고 있는 Nord Pool Clearing(NPC) ASA는 배출권의 인도를 보증하고, 이를 위해 매도인은 특정계좌에 담보물로 일정량의 증거금을 예치한다. 노르드풀 거래소에 참여하는 주된 기관은 노르웨이, 핀란드, 스웨덴 등 북유럽 국가에 소재해 있지만 그 외에 영국, 미국, 이탈리아 등의 기관도 참여하고 있다. 거래시스템은 전자거래에 기반을 둔 연속거래 시스템으로서 거래정보의 효율적인 확산과 투명성을 제고하는 데 일조하고 있다.

02

미국

미국은 1992년에 유엔기후변화기본협약을 비준하였으나, 교토의정서는 비준을 하지 않아 온실가스 감축 의무부담국가는 아니다. 미국의 온실가스 감축 정책은 자발적인 제도에 중점을 두고 있으며, 현재 연방정부 차원의 배출권거래제를 준비하고 있는 중이다.[64]

미국은 전체 온실가스 배출의 약 86%와 이산화탄소 배출의 98%가 에너지 부문에서 발생하고 있는데, 미국의 에너지 관련법들은 일부 규정에서 온실가스 배출량 감축이나 기후변화에 대한 내용을 두고 있을 뿐 온실가스 감축을 주된 운영 원리로 하는 법은 존재하지 않는다. 이는 미국의 온실가스 감축노력이 기후변화보다는 에너지 효율

---

64) 미국은 기존에 주 정부 차원에서 온실가스 배출을 규제하고 있었을 뿐 연방정부 차원에서는 이를 규제하지 않고 있었다. 그런데 청정대기법(Clean Air Act, CAA)에 따라 자동차 온실가스 배출규제기준을 제정해 달라는 청원을 연방환경청(Environmental Protection Agency, EPA)이 거부하였고, 이에 대하여 소가 제기되어 연방대법원이 연방환경청의 온실가스에 대한 규제권한을 인정하면서 연방정부 차원에서 온실가스 배출규제를 시작하는 계기가 되었다. Massachusetts v. EPA, 127 S.Ct. 1438, 2007.

성이나 대기 청정도 등에 대한 고려에서 수립되고 이행되는 정책에
기반을 두고 있기 때문이다. [65][66]

Ⅰ. 포괄적 기후법안

1. 왁스만-마키 법안

온실가스 배출 상한선을 명시한 최초의 법안으로 평가되는 「왁스
만-마키 법안」은 ① 청정에너지, ② 에너지 효율성, ③ 연방 총량제
한 배출권거래제, ④ 청정경제로의 이행 등에 관한 규정을 주된 내용
으로 하고 있다. [67]

「왁스만-마키 법안」은 2012년부터 총량제한 배출권거래제를 도입
하기로 하면서 당사자의 의무이행을 용이하게 하기 위하여 시장 메커
니즘을 이용한 배출권거래제를 이용할 수 있도록 하고 있다(s. 724).

위 규정 중 총량제한 배출권거래제에 관한 규정을 살펴보면, 동 법
안 상 온실가스 감축목표는 중장기는 물론이고 단기목표까지 규정되

---

65) 다른 목적을 위하여 수립된 제도로 인하여 온실가스 감축이라는 효과가 부수적으로 발생하는
것인데, 이러한 제도를 "no regrets" policy라고 한다. 미국의 기후변화에 대한 태도를 잘 알
수 있는 것으로 추가적인 비용이 전혀 발생하지 않으면서 온실가스 배출을 줄일 수 있는 정책
만이 고려대상이 된다. Brent D. Yacobucci and Larry Parker(Jean-Francois Masson,
ed.), "Climate Change: Federal Laws and Policies Related to Greenhouse Gas
Reductions", In Climate Change Litigation and Law, Nova Science Publishers, Inc.
New York, 2010, pp.64, 82.

66) 최근 미국 정부는 화석연료 생산업체에 대한 보조금을 동결하고 재생에너지 개발에 이를
활용할 계획이며, 전반적인 재정적자에 불구하고 청정에너지 관련 예산은 오히려 더 많이
책정하여 기후변화에 대한 대응 의지를 강하게 표현하고 있다. KOTRA, 「미국의 기후변
화정책 추진 현황」, 『Green Report』, Vol. 11, 2011. 5, 63~65면.

67) The American Clean Energy and Security Act, ACES, H.R. 2454.

어 있다. 즉 동 법안 상 온실가스 감축목표는 2012년까지 3%, 2020년까지 17%, 2030년까지 42%, 2050년까지 83% 감축하는 것으로 되어 있으며 기준연도는 2005년이다(s. 702).

규제대상 온실가스는 교토의정서상의 여섯 가지 온실가스 이외에 삼불화질소를 추가로 지정하였다(s. 711). 규제대상 업체로는 발전업체, 정유업체, 천연가스 공급업자, 철강 및 시멘트 등 에너지집약 산업이 포함된다(s. 700). 동 법안은 규제대상 온실가스를 배출하는 규제대상 업체까지 상세하게 규정하고, 대상 업체의 범위를 단계적으로 넓혀가도록 하여 온실가스 배출의 규제에 따른 기업의 부담을 완화하도록 하였다.

초기할당방식은 과거배출량 및 에너지생산에 기초하여 약 20% 정도를 경매방식으로 할당을 하게 되는데, 무상할당은 기업의 부담완화, 저소득층 지원, 청정경제로의 이행보조 등의 용도로 이용될 예정이며, 경매는 점차적으로 그 비중을 높여서 2030년까지는 70%까지 경매로 할당할 예정이다.[68]

또한 기업의 국제경쟁력을 보호하기 위하여 국제무역에 노출된 산업에 대한 무상할당 및 수입품에 대한 국경조정세(border adjustment tax)를 도입하여, 온실가스에 대한 규제가 없는 국가로부터의 수입품에 대하여 세금을 부과할 예정이다(s. 765-769). 이는 에너지 집약 산업의 국외 유출을 방지하고 국내 산업을 보호하는 동시에 전 세계적인 온실가스의 배출량 감축을 도모하는 것을 목적으로 하고 있으나, 몇 가지 논란의 여지를 안고 있다.[69]

---

68) http://Wonkroom.thinkprogress.org/2010/05/12/kerry-lieberman/.
69) 자세한 내용은 뒤의 '수입품에 대한 탄소세' 부분 참조.

배출권은 현물과 파생상품이 거래 가능하나, 장외시장에서의 파생상품 거래는 금지된다는 것이 주목할 만하다(s. 351). 또한 조기감축으로 인한 배출량 감축도 인정하고 있다(s. 795). 할당된 배출권은 이월과 차입이 허용되며, 하한가를 설정하고 향후 경매가격은 3년치 평균 시가의 100%를 넘지 않도록 할 계획이며(s. 726) 배출권의 개념에 상쇄를 포함하여 배출량 상쇄를 허용하고 있다(s. 722).[70] 그리고 배출 한도 설정으로 인한 소비자의 부담을 완화하기 위하여 무상할당, 세금환불 등의 규정이 마련되어 있다(s. 431-433). 기존의 주 단위 혹은 지역 단위의 배출권거래제는 동 법안으로 인해 중단될 예정이며, 2012년 이전에 발행된 배출권은 연방배출권으로 교환될 예정이다(s. 790).

한편 배출권의 법적 성격에 대하여, 프랑스의 환경법상 탄소 배출권의 법적 성격을 동산이라고 규정한 것과는 달리, 배출권의 법적 지위는 재산권이 아님을 명시하고 있다.[71][72]

2012년부터는 발전업체와 정유사를 중심으로 시행하고 2014년부터는 연간 25,000톤 이상 사업장까지 범위를 확대하고 2016년에는 지역송전사, 천연가스 배급사까지 범위를 확대할 예정이다. 또한 환

---

70) http://Wonkroom.thinkprogress.org/2010/05/12/kerry-lieberman/.

71) s. 721(c)(1). In General — An allowance established by the Administrator under this title does not constitute a property right, nor does any offset credit or other instruments established or issued under the American Clean Energy and Security Act of 2009, and the amendments made thereby, for the purpose of demonstrating compliance with this title.

72) 배출권이 규제당국에 의해 제한되거나 철회될 수 있다는 점에서 명시적으로 재산권적 지위를 부인하고 있는데, 이로 인하여 차후 배출권의 수용에 따른 규제당국의 보상의무가 면제되는 것이다. 이재협, 「기후변화입법의 성공적 요소: 미국의 연방법률안을 중심으로」, 한양대학교 법학논총, 제26집, 제4호, 한양대학교 법학연구소, 2009. 175~200면.

경보호청은 탄소상쇄 프로젝트에 관한 유형 목록을 마련하고, 검인
증 방법론과 조기 상쇄 크레딧 발급 등 종합적인 상쇄 프로그램 마련
에 집중하고 있다.

2. 케리-리버만 법안

동 법안은 하원안인 「왁스만-마키 법안」에 기초하여 작성된 상원 기
후법안이다. 동 법안 역시 총량제한 배출권거래제를 규정하고 있다.[73]
「케리-리버만 법안」은 2005년을 기준으로 2013년까지 4.75%,
2020년까지 17%,[74] 2030년까지 42%, 2050년까지 83%의 온실가스
감축을 목표로 하고 있다(s. 701-705). 초기 목표 외에는 「왁스만-마
키 법안」과 유사하게 목표를 설정하고 있는 것을 알 수 있다.
「케리-리버만 법안」 역시 「왁스만-마키 법안」과 동일하게 이산화
탄소, 메탄, 아산화질소, 육불화황, 수소불화탄소, 과불화탄소 등 교
토의정서 상 규제대상인 6가지 온실가스 외에 삼불화질소를 추가하
여 총 7가지의 온실가스를 규제대상으로 하고 있다(s. 711-714).
동 법안은 배출권거래제를 이용하여 시장참가자들이 보다 비용 효
과적으로 의무를 달성할 수 있도록 허용하고 있다(s. 724). 초기할당
은 과거 배출량 기준, 조기행동, 에너지 생산 등에 기초하여 약 75%
정도를 경매방식으로 할당하고 2035년까지는 100% 경매로 진행할
예정이다(s. 781-798).[75] 주 단위 혹은 지역 단위의 배출권거래제가

---

73) The American Power Act.

74) 이 수치는 작년 가을에 제안된 케리박서 법안의 20% 감축목표보다는 완화된 것이다.
　　http://www.mondaq.com/unitedstates/article.asp?articleid=100902.

동 법의 시행으로 흡수되게 되어 있고(s. 786), 조기감축 행동으로 인한 노력을 인정하고 있다(s. 788). 또한 파생상품의 거래를 금지하여(s. 2406) 배출권의 현물거래만 인정하고 있다. 경매가격은 시행 초기에는 하한가 12달러, 상한가 25달러로 시작하여 해마다 물가상승분을 반영하여 가격을 올릴 예정이며(s. 726), 배출량 상쇄를 허용하여 감축의무 대상자들의 의무이행을 용이하게 하도록 할 방침이다(s. 731-763).[76]

한편 코펜하겐 합의문에 따라 미국은 기후변화의 영향에 취약한 국가들에 대한 자금지원을 약속하였음에도 불구하고, 「케리-리버만 법안」은 이러한 목표를 달성하기 위한 자금 확보에 대하여 규정하고 있지 않다는 비판을 받고 있다.[77]

미국에서 연방 차원의 온실가스 배출권 거래에 대한 입법은 아직 이루어지지 않고 있다. 현재 「왁스만-마키 법안(Waxman-Markey Bill)」이 2009년 6월 하원을 통과하였고, 이에 기초한 「케리-리버만 법안(Kerry-Lieberman Bill)」이 상원에 올라간 바 있다. 양 법안이 모두 입법으로 연결되지는 못하였으나 향후 미국이 연방차원의 기후변화 관련 입법을 하는 경우에 동 법안들의 내용이 그 기준이 될 것이므로 양 법안이 의미하는 바는 여전히 적지 않다고 할 것이다.

미국은 교토의정서상 온실가스 감축 의무는 없는 상태이지만, 북동부와 서부의 기업들을 중심으로 자발적인, 그러나 내부적으로는

---

75) 오염자들에 대한 할당을 함에 있어서 구체적인 방법과 경매풀의 확대속도에 대한 기본적인 내용이 빠져있고, 과학적 검증에 관한 세부 규정들도 정해진 바가 없는 상태이다. http://Wonkroom.think progress.org/2010/05/12/kerry-lieberman/.

76) http://Wonkroom.thinkprogress.org/2010/05/12/kerry-lieberman/.

77) http://www.mondaq.com/unitedstates/article.asp?articleid=100902.

강제적인 감축할당량을 설정한 배출권거래제인 동부지역온실가스협
정과 서부지역기후협정이 시행 중이거나 준비 중에 있다. 미국은 이
러한 지역적인 배출권거래제를 연방정부차원의 배출권거래제로 확
대하기 위한 입법을 준비 중이며, 연방차원의 배출권거래제를 보다
원활하게 운영하기 위하여 연방환경청(Environmental Protection
Agency, EPA)에 연방 온실가스 레지스트리와 종합적인 온실가스배
출량 보고 및 관리 시스템 구축 및 운영 업무를 위임하였다.

Ⅱ. 자발적 배출권거래제

1. 북동부지역온실가스협정

북동부지역온실가스협정(Regional Greenhouse Gas Initiative,
RGGI)은 연방정부 차원의 입법이 이루어지지 않은 상태에서 주 정
부 차원에서 자발적으로 만든 것으로, 동 제도상의 의무는 자발적으
로 만든 것이기는 하나 법적으로 강제되는 의무로 부과된다는 점이
특징이다.

동 제도에는 북동부 지역의 10개 주가 서명을 하였고,[78] 이들 10개
주는 발전 부문의 이산화탄소 배출에 한도를 설정하고, 2018년까지
배출량을 10% 감축하기로 함으로써 미국 최초의 강제적인 이산화탄
소 배출량 감축 제도를 시행하였다.[79]

---

78) 뉴욕, 뉴저지, 뉴햄프셔, 델라웨어, 로드아일랜드, 매사추세츠, 메릴랜드, 메인, 버몬트, 코
네티컷 등의 주가 서명을 하였고, 펜실베이니아, 뉴브런즈윅, 온타리오, 퀘벡 등의 주가 옵
서버로 참가하고 있다. http://www.rggi.org/.

그리고 이산화탄소 배출권을 거래할 수 있도록 배출권의 경매 및 거래 시스템을 구축하고, 경매 대금은 에너지 효율성 및 태양광, 풍력 등의 청정에너지를 포함한 저탄소 집약 산업을 지원하는 데 사용하기로 하였다. 2009년 제도의 시행을 앞두고 열린 2008년 9월의 제1차 경매에서 이산화탄소 톤당 3.07달러에 1,250만의 할당량이 경매되었고,[80] 이후 분기별로 할당량의 경매가 이루어지고 있다.[81]

북동부지역온실가스협정은 법적 강제력이 있기 때문에 북동부온실가스협정에 가입한 미국 북동부의 10여 개 주에서 발전소를 가동하는 사업자들, 특히 화석연료를 사용하는 전력발전소의 사업자들은 북동부지역온실가스협정에서 경매로 할당하는 온실가스 배출권을 구매함으로써 온실가스 배출감축의무를 달성할 수 있다.

한편 25MW 이상의 발전 능력을 가진 화석연료를 사용하는 발전소들이 의무준수 기업에 해당하는데, 전력 부분 이외의 부문에서 온실가스를 감축하거나 격리하는 프로그램으로부터의 상쇄를 인정함으로써 기업들이 보다 용이하게 의무를 준수할 수 있도록 하였다.[82]

---

79) 동 제도는 기준연도를 2009년으로 하고 제도 가입 후 2009년 이전에 이루어진 온실가스 감축 행동을 조기감축실적으로 인정하여 추가 배출권을 인정하여 줌으로써 기준연도 배출량의 인위적 확대를 미연에 방지하고, 시장의 안정성 및 가격변동성의 완화 등을 도모하였다. Erik B. Bluemel(Michael Faure and Marjan Peeters, ed.), "Regional regulatory initiatives addressing GHG leakage in the USA", In Climate Change and European Emissions Trading: Lessons for Theory and Practice, Edward Elgar Publishing, Inc., Massachusetts, 2008, p.243.

80) 동 경매의 수익금 3,900만 달러는 동 제도에 참가한 주들의 에너지 효율성과 재생에너지 기술 분야에 투자하는 것으로 그 사용목적을 정하였다. Tessa Schwartz et al., op. cit., pp.89~90.

81) 2011년 12월에는 제14차 경매가 진행되었는데, 약 2,730만의 할당량이 경매되어 약 5,100달러의 수익금이 발생하였다. 이로써 3년간의 최초 이행기 경매가 마감되었으며, 누적 수익금은 5억 9,200만 달러에 달하였다. RGGI, "RGGI Auction Sells 27 Million CO_2 Allowances, Proceeds to Benefit Northeast and Midatlantic Regional Economy", Press Release, December 9, 2011, p.1.

2. 서부지역기후협정

서부지역기후협정(Western Climate Initiative, WCI)은 미국의 서부지역 7개 주와 캐나다의 4개 주 등 총 11개 주가 자발적으로 실시하는 온실가스 감축 제도로 녹색 기술을 개발하고, 청정에너지에 기반을 둔 저탄소 경제를 건설하는 한편 석유의 외국에 대한 의존도를 낮추고자 하는 지역적 차원의 종합적인 계획이다.[83]

서부지역기후협정은 2012년부터 시행될 예정인데, 기업과 소비자에게 미칠 경제적 효과를 완화하고 배출량 감축 목표를 달성하기 위한 비용을 최소화하면서 온실가스를 2020년까지 2005년 대비 15% 감축하는 것을 목표로 하고 있다.[84] 규제대상 온실가스는 교토의정서상의 여섯 가지 온실가스이고, 규제부문은 전력발전, 산업 및 상업용 화석연료의 연소, 산업공정, 수송용 가스 소비, 가정용 연료사용 등으로, 대량 배출자들만을 대상으로 하는 것이 아니라 경제 전반에 걸쳐 해당 지역 배출의 약 90%가량을 포섭할 것으로 예측하고 있다.[85]

할당방식은 무상할당 95%, 유상할당 5% 이내를 목표로 두고 있으

---

82) 최근의 한 보고서에 따르면 동 협정으로 인하여 당해 지역은 16억 달러의 경제적 이익을 거둔 것으로 나타났다. Point Carbon, "Northeast U. S. carbon market a boon for regional economy: report", November 15, 2011.

83) 미국의 애리조나, 뉴멕시코, 캘리포니아, 몬태나, 오리곤, 유타, 워싱턴, 캐나다의 브리티시 콜롬비아, 매니토바(Manitoba), 온타리오, 퀘벡 등이 주정부나 지방정부 차원에서 파트너로 참가하고 있고, 그 외 미국, 캐나다, 멕시코의 여러 주 혹은 지방 정부가 다수의 옵서버로 참가하고 있다. http://www.westernclimateinitiative.org/wci-partners.

84) Cecilia Embree and Madeleine M. L. Tan, "Carbon Credit Trading: The U. S. Voluntary Market, U. S. Regulated Market, EU-ETS and the Kyoto Protocol", In Green Technology Law and Business 2010: Legislation, Financing, Carbon Trading and Sustainability, Practising Law Institute, 2010, p.361.

85) Tessa Schwartz et al., op. cit., p.89.

며, 할당된 배출권 이외에도 감축사업을 통해 발생한 크레딧도 전체의 49% 이내에서 허용하기로 하였다.

「왁스만-마키 법안」과 마찬가지로 배출권이 재산권이 아니라고 하고 있으며, 한 걸음 더 나아가 온실가스를 일정량 배출할 수 있는 권리를 기업에 대하여 허가해 준 것으로 보고 있다.

온실가스 감축과 지구 온난화를 완화하려는 움직임에 동참하고자 하는 지역이나 주 정부는 언제든지 환영한다는 입장이며, 향후 미국이나 캐나다 등의 연방 정부 차원에서 입법이 이루어지는 경우에 공조할 뜻을 분명히 하고 있다.

Ⅲ. 자발적 배출권 거래소

미국의 배출권 거래소에는 시카고기후거래소(Chicago Climate Exchange, CCX)와 시카고기후선물거래소(Chicago Climate Futures Exchange, CCFE)가 있다. 양 거래소는 미국에서 기업들 간에 수행하고 있는 자발적 배출권 거래 시범사업을 원활하게 하고자 2003년 설립된 것이다.[86] 시카고기후거래소의 회원 중 대표적인 기업으로는 발전회사 및 발전 관련 회사들이 있고, 그 외 대학, 카운티 등 약 200여 개가 회원으로 가입해 있다. 25MW 이상 되는 발전용량을 갖춘 발전업체는 예상 배출량과 실제 배출량을 보고하도록 되어 있다.

교토의정서에서 탈퇴한 이후 미국의 기업들은 총량제한 방식의 자발적인 배출권 거래 시범사업을 수행하였는데, 동 시범사업은 제1기

---

86) https://www.theice.com/ccx.jhtml.

2003년 12월부터 2006년 11월까지, 제2기 2007년부터 2010년까지
로 진행되었다.

제1기에는 1998년부터 2001년까지의 평균 배출량 대비 4%의 수준
으로 온실가스를 감축하기로 하고, 참가 기업들에 배출권을 할당하
고 이를 거래하도록 하였으며, 제2기에는 동 기간 대비 6%를 감축하
기로 하여 제1기보다 목표를 강화하였다.

동 제도에 참여하는 기업들은 미국 상품선물거래위원회(Commodity
Futures Trading Commission, CFTC)의 승인을 받아 시카고기후거래
소와 시카고기후선물거래소를 운영할 수 있게 되었다.

시카고기후거래소에서 거래되는 상품은 탄소금융상품(Carbon Fi-
nancial Instrument, CFI)의 현물로 1단위는 이산화탄소 100톤에
해당한다. 탄소금융상품은 할당량과 감축량으로 이루어지는데, 할당
량은 각자의 기준배출량과 시카고기후거래소의 배출량 감축계획(Emission
Reduction Schedule)에 따라 회원에게 발행되며, 감축량은 상쇄 프
로젝트의 자격을 부여받은 회원에게 발행된다.[87] 탄소금융상품의 가
격은 2006년 톤당 4달러, 2010년 현재 톤당 2.3달러에 거래되었다.[88]

시카고기후거래소의 회원들은 직접적으로 온실가스를 배출하는
자들로서 목표량을 초과하여 달성한 회원은 잉여분을 판매할 수도
있고, 미래를 위해 이월을 할 수도 있다. 반면 목표를 달성하지 못한
경우에는 금융투자상품을 구입하여 이를 맞추어야 한다.

시카고기후선물거래소는 시카고기후거래소의 자회사로 환경파생
상품을 거래하는 상품선물거래위원회(Commodity Futures Trading

---

87) http://carboncreditsusa.wordpress.com/carbon-trading-at-exchanges/.
88) 우기종, 앞의 자료, 13면.

Commission, CFTC) 지정거래소이다. 할당량과 기타 환경상품에 대한 표준화되고 간명한 선물과 옵션 계약이 이루어진다. 시카고기후거래소가 당사자로서 모든 거래에 대리를 하고 거래가 완결될 때까지 이행을 보장한다.

탄소금융상품의 현물은 시카고기후거래소에서 거래 및 청산이 이루어지고 시카고기후거래소 등록부에서 인도되며, 파생상품은 시카고기후선물거래소에서 거래가 이루어지고 청산회사에서 청산이 이루어지며,[89] 시카고기후거래소 등록부에서 인도가 이루어진다. 상품의 인도는 시카고기후거래소 등록부에 계좌를 보유한 자들 사이에서 거래 당일에 이루어지는데, 매도인이 달리 지정하지 않는 한 선입선출 방식으로 인도된다.

과년도분(Early Vintage Delivery) 탄소금융상품은 미래의 목표 준수를 위해서 이월될 수 있는데, 이에 따라 계좌를 보유한 자들은 과거의 할당량을 인도할 수도 있다. 다만 이 경우에 당사자들은 계좌에 과년도 발행분을 보유하고 있어야 한다.

탄소금융상품은 2003년도분부터 2010년도분까지 매매가 가능하고, 대량 거래도 가능하며, 그 최소 단위는 탄소금융상품 100계약이다. 시카고기후거래소가 당사자로서 모든 거래에 대리를 하고 거래가 완결될 때까지 이행을 보증한다. 전반적으로 거래량과 거래금액에 있어서 2008년도 전반기에 급증하였다가 현재는 하락하고 있는 추세이다.[90]

---

89) CCFE의 결제회사로는 Bank of America Securities LLC, Goldman Sachs & Co., JP Morgan Futures Inc., Merrill Lynch, Pierce, Fenner & Smith, Inc., UBS Securities LLC 등이 있다. http://www.chicagoclimatex.com.

90) http://www.chicagoclimatex.com/market/data/summary.jsf.

회원의 기준배출량과 연간 배출량에 관한 데이터는 금융산업규제청(Financial Industry Regulatory Authority, FINRA)이 독립적으로 인증을 한다.[91] 현재 금융산업규제청이 시카고기후거래소를 감독하는 것으로 보아 온실가스 배출권의 현물을 증권으로 파악하는 듯한데, 미국 증권법(Securities Act of 1933)상 증권의 개념(s. 2)이 굉장히 포괄적이어서 투자성[92]을 가지는 온실가스 배출권을 증권으로 볼 수 있기 때문인 듯하다.

북동부지역온실가스협정에 따라 발생한 이산화탄소 배출권을 기초자산으로 하는 파생상품도 시카고기후선물거래소에서 거래된다.

---

91) 금융산업규제청은 미국 증권거래법(Security Exchange Act of 1934) 제19조에 의하여 설립된 자율규제기관(Self-Regulatory Organization, SRO)이며, 미국 내 금융업을 규제하는 비영리기관이다. 투자자를 보호하고 증권업이 공정하고 투명하게 운영되도록 감시 기능을 수행한다. http://www.finra.org/AboutFINRA/.

92) 미국 증권관계법상 투자성에 대한 구체적인 기준으로 Howey Test는 공동의 사업, 자금의 투자, 제3자의 노력, 수익을 기대하는 계약이라는 요건을 요구하고 있다. 임재연, 앞의 책, 33~36면.

기타 국가

유럽을 제외하고 배출권 거래시장은 기본적으로 자발적 감축에 의한 시장이다. 아래에서는 먼저 교토의정서상 의무감축국으로서 배출권 거래소가 이미 존재하는 캐나다, 이어 주정부 차원에서 거래소를 운영하고 있는 호주, 그리고 아직은 시범 단계의 제도를 운영하고 있는 일본의 순서로 검토하기로 한다.

I. 캐나다

1. 캐나다의 기후변화책임법

캐나다는 2010년 기준 선진국 중 여섯 번째 이산화탄소 배출 국가이다. 이는 캐나다의 산업 구조가 석유, 석탄 등 풍부한 천연자원을 기반으로 하여 1차 산업을 위주로 되어 있고 에너지 소비 역시 화석연료에 대한 이존도가 높기 때문이다.[93] 캐나다의 교토의정서 상 우

실가스 배출 목표는 1990년 대비 6% 감축이다.[94]

캐나다는 교토의정서를 국내에서 이행하기 위하여 2007년 「교토의정서 이행법(Kyoto Protocol Implementation Act, KPIM)」을 제정하였다. 동 법은 온실가스 배출권거래제의 법적 근거를 마련하고(s. 5(1)(a)(ii)), 후속법률로 「기후변화책임법(climage Change Accountability Act」을 제정하였다. 동 법은 2020년까지 온실가스 배출을 1990년 대비 25%, 2050년까지 80% 감축할 것을 명시하는 등 「교토의정서 이행법」에 비하여 정부에 보다 구체적이고 상세한 의무를 부과하고 있다. 정부에 온실가스 감축 5개년 계획을 수립하도록 하고(s. 6), 연방정부에 온실가스 배출과 관련된 규제를 행사할 권한을 부여하고 있으며(s. 7), 법 위반 시의 제재로는 징역형과 벌금형을 규정하고, 법위반으로 인한 경제적 이익이 있는 경우에는 별도의 벌금형을 부과할 수 있도록 하고 있다(s. 12).

캐나다는 연방정부 차원에서는 온실가스 배출에 대하여 부문별 접근방식을 채택하고 있는데, 특히 운송부문의 감축에 초점을 맞추고 있다. 한편 연방정부와 달리 주정부 차원에서는 기후변화 관련 정책이 보다 빠르게 이루어지고 있다. 브리티시 콜롬비아, 매니토바, 앨버타, 온타리오, 퀘벡 등의 주는 총량제한 배출권거래제를 허용하는 입법을 하여 다른 지역에서 시행 중인 배출권거래제에 참여하는 길을 열어놓고 있다.[95]

---

93) IEA, "CO$_2$ Emissions from Fuel Combustion: Highlights", 2010 Edition, pp.7~12, 98~103.

94) http://unfccc.int/kyoto_protocol/items/3145.php.

95) Carbon Finance, 「State and Trends of the Carbon Market 2011」, World Bank, Washington DC, June 2011, pp.22~23.

그런데 캐나다 정부는 2011년 더반 당사국총회(COP 17) 종료 직후 연장된 교토의정서에는 불참할 뜻을 분명히 하였다. 2006년 집권한 보수당 정부는 캐나다가 교토의정서에 가입한 것을 반대하고 있었고, 이전 정부가 의무이행방안에 대한 고려를 전혀 하지 않은 상태에서 교토의정서를 비준함으로써 가구당 1,600달러에 달하는 부담을 지게 되었다고 비난하고 있는 상황이었다. 캐나다 정부는 미국이나 중국 등 온실가스를 대량 배출하는 국가들의 참여가 없이는 교토의정서의 목표를 달성할 수 없으며, 캐나다는 2020년까지 2005년 대비 17% 감축목표를 달성하기 위하여 감축노력을 순조롭게 진행하고 있다고 주장하고 있으나, 정부가 자체적으로 설정한 17%라는 목표는 교토의정서상의 목표에 상당히 못 미치는 것이라는 비판을 받고 있다.[96]

그러나 캐나다 정부도 2020년부터 시작할 것으로 예정된 새로운 기후체제에는 참여해야 할 것인데, 이는 캐나다가 우리나라와 같은 상황이 되었다는 것을 의미하므로, 캐나다가 2020년까지 온실가스 감축을 위하여 어떠한 조치를 취할 것인지 그리고 2020년 이후를 위하여 어떠한 대비책을 강구하는지 주의 깊게 살펴봄으로써 우리나라의 정책 수립에 참고로 할 필요가 있다.

2. 몬트리올기후거래소

몬트리올기후거래소(Montreal Climate Exchange, MCeX)는 2006년 몬트리올거래소(Montreal Exchange)와 시카고기후거래소(CCX)

---

96) http://edition.cnn.com/2011/12/12/world/americas/canada-climate-kyoto/index.-
html?section=cn n_latest.

의 합작회사로 설립되었다.[97] 동 거래소는 시장기반솔루션을 제공하여 기업 및 기타 심각한 환경문제와 관련된 자들을 지원하고 특히 대기오염과 온실가스의 배출을 감축할 수 있도록 해준다. 몬트리올 기후거래소는 투명하고 신뢰할 수 있는 거래장소를 제공하여 낮은 비용으로 환경시장에 접근할 수 있는 기회를 제공하는 것을 목표로 하고 있다.[98]

2008년 파생상품 거래를 시작한 몬트리올기후거래소에서의 거래 단위는 이산화탄소 상당 단위(CO_2 Equivalent Unit)이며, 몬트리올기후거래소의 청산회사는 주식은 Canadian Depository for Securities Limited, 파생상품은 Canadian Derivatives Clearing Corporation이다.[99]

파생상품 계약은 현물결제를 하는 경우에 거래소와 청산회사를 통하여 하게 되며, 매도인과 매수인이 다른 방식으로 결제를 하기로 합의한 경우에는 그러한 방식을 이용할 수 있으나 이 경우 확인서를 거래소에 제출하여야 한다.

현물결제절차를 개시하기 위해서는 최종거래일에 청산회사에 현물결제 통지서를 제출하여야 하고, 청산회사의 의무준수통지가 이루어지고 나서 승인을 받은 거래자는 현물결제 통지서가 제출된 다음 영업일에 청산회사로부터 그 통지서를 받게 된다.

매도인이나 매수인이 정해진 방식을 준수하지 않음으로 인해 현물결제가 이루어지지 않는 경우에는 해당 시점에 거래소의 결정에 따라 징벌적 제재가 부과될 수 있다. 다만 파업이나 사고, 정부의 조치,

---

97) http://www.mcex.ca/aboutUs_overview_en.

98) http://www.mcex.ca/index_en.

99) Rule Six—Trading, http://www.mcex.ca/publications_rules_en.

천재지변, 긴급상황의 발생 등 불가항력의 사태가 발생한 경우에는 즉시 거래소와 청산회사에 통지하여 그들의 결정에 따른다.

연방입법의 부재로 온실가스 배출권 거래실적이 미미하던 상태에서 몬트리올기후거래소는 2011년 6월에 결국 기존의 이산화탄소 선물의 거래를 중단하였다.[100] 캐나다는 2011년 12월 현재까지 법적으로 구속력 있는 배출권거래제를 시행하지 않고 있는데, 정부가 공식적으로 교토의정서에서 탈퇴할 의사를 발표함으로써 당분간 캐나다에서 연방정부차원의 배출권거래제가 시행되기는 어려운 것으로 보인다. 다만 주정부 차원에서 미국의 일부 주정부들과 시행하는 배출권거래제에의 참여는 지속될 것으로 보이는데, 향후 캐나다의 정치상황의 변화에 따라 동 제도에 대한 정부의 태도변화 가능성이 존재하므로 이 역시 주목하여야 할 것이다.

Ⅱ. 호주

1. 호주의 기후 관련법

교토의정서상 호주의 온실가스 배출목표는 1990년 대비 8% 증가이다.[101] 그러나 호주는 세계 최대 석탄수출국으로 일 인당 탄소배출량이 선진국 중에서 가장 높은 나라이며 남반구에 위치하여 선진국 중 지구온난화로부터 가장 취약한 지리적 조건을 가진 국가로 기후변화의 위협을 실질적이고 직접적으로 겪고 있는 상황이다. 미국

---

100) http://www.mcex.ca/trading_quotes_en.
101) http://unfccc.int/kyoto_protocol/items/3145.php.

과 함께 교토의정서에 반대한 대표적인 국가였으나, 노동당 집권 후 교토의정서를 비준하고 녹색산업 분야에서의 국제적 리더십 확보를 위해 노력하고 있는 호주 정부는 2007년 기후변화부(Department of Climate Change)를 설립하고, 이후 정부조직 변경으로 2010년 기후변화와 에너지효율부(Department of Climate Change and Energy Efficiency)를 신설하여, 온실가스 배출감축, 에너지 효율성 증진, 기후변화에의 적응 등을 통하여 기후변화에 대응하고 있다.[102]

호주 정부는 '탄소오염의 감축', '피할 수 없는 기후변화에의 대응', 그리고 '국제협력 강화'를 기후변화 대응의 핵심으로 하여 온실가스 배출권거래제를 규정하고 있는「탄소오염감축계획(Carbon Pollution Reduction Scheme, CPRS)법안」과「재생에너지목표(Renewable Energy Target, RET)법안」을 마련하였으나,「재생에너지목표법」만 의회에서 최종 통과되었고,「탄소오염감축계획법안」은 여러 번의 개정을 통하여 재상정을 하였으나, 결국 폐기되었다.[103]

그러나 호주 정부는 이후에도 지속적으로 기후변화에 대응하기 위한 입법을 하기 위하여 노력하였고, 그 결과 2011년에는「청정에너지미래패키지법(Clean Energy Future Legislative Package)」을 제정함으로써, 동 법의 시행과 함께 청정에너지에 대한 투자 및 탄소시장의 성장, 오염감축, 중·저소득층 가구 지원 등에 대한 정책의 확실성을 담보할 수 있게 되었다.[104]

---

102) http://www.climatechange.gov.au/about.aspx.

103) 총량제한 배출권거래제를 규정하고 있던 동 법안은 2009년 8월과 12월 두 차례에 걸쳐 의회에 상정되었으나 상원을 통과하지 못하였고, 2010년 재개정된 법안이 의회에 상정되었으나, 총선의 영향으로 9월에 결국 폐기되었다. http://www.aph.gov.au/-library/pubs/climatechange/governance/domes tic/national/cprs.htm.

호주는 동 패키지법 중 하나인 「2011 청정에너지법(Clean Energy Act 2011)」으로 탄소가격제(carbon pricing mechanism)를 도입하였다.[105] 이에 따라 해당 기업은 배출에 대해 보고를 하고 배출량에 해당하는 배출권을 정부로부터 구매하여 제출하게 된다. 2단계로 나누어 시행되는 동 제도의 최초 3년간은 고정가격이 적용되어 2012년 7월부터 톤당 23 호주달러로 시작하는데 매년 물가상승률을 감안하여 2.5%씩 상승하게 된다. 2015년 7월부터는 변동가격이 적용되는데, 이때부터 대상업체는 온실가스 배출총량제한을 받게 된다. 변동가격이 적용되는 2015년 7월부터 3년간은 배출권 가격의 급격한 증감을 방지하여 기업의 위험을 줄여주기 위하여 상하한가가 도입된다. 상한가는 2015년 7월 변동가격제 시행 초기의 국제탄소가격 전망치보다 20 호주달러 높게 책정이 되고, 하한가는 15호주달러가 되며, 상하한가 모두 매년 점차 증가할 예정이다.[106]

규제대상 오염원은 고정연소, 폐기물, 국내 항공 및 해운, 산업공정, 휘발성 배출 등으로 호주 배출량의 절반 이상이 제도의 직접적용대상이 되고 기타 다양한 경로로 약 2/3가 적용대상이 될 것으로 전망된다. 규제대상 온실가스는 교토의정서에서 규정하고 있는 이산화탄소, 메탄, 아산화질소, 알루미늄 부문의 과불화탄소 등 4가지이며,

---

104) 2011년 11월 상원을 통과한 뒤, 12월에 왕실재가를 받은 동 법은 「Clean Energy Act 2011」, 「Steel Transformation Plan Act 2011」, 「Australian Renewable Energy Agency Act 2011」 등 총 21개의 법으로 구성되어 있다.
http://www.cleanenergyfuture.gov.au/clean-energy-bills-receive-royal-assent/.

105) 일반 가정이나 소규모 사업체, 농업 분야는 탄소가격제의 직접적 규제대상에서 제외된다.
http://www.cleanenergyfuture.gov.au/clean-energy-future/carbon-price/#content01.

106) Commonwealth of Australia, Securing a clean energy future, CanPrint Communications Pty Ltd, Canberra, 2011, pp.25~27.

그 외 수소불화탄소와 육불화황은 기존의 합성가스 관련법으로 규율될 예정이다. 규제대상업체는 연간 25,000톤 이상을 배출하는 사업장이며, 가정부문이나 상업용 경차, 농수산업 등은 제외된다(Part 3).

탄소가격제 시행을 위해 청정에너지규제기관(Clean Energy Regulator)과 기후변화청(Climate Change Authority)을 새로 설립하게 되며,[107] 탄소가격제 실시로 발생하는 수익금은 모두 일반 가정의 감세 및 일자리 지원, 청정에너지 건설을 위하여 사용될 예정이다.[108]

호주 정부는 청정에너지의 미래라는 제도를 시행하면서 다른 나라의 온실가스 감축 행동 여부와는 관계없이 2020년까지 2000년 대비 5% 감축, 2050년까지 80% 감축을 하기로 하였는데(s.3), 기후변화의 영향을 체감하고 있는 우리나라도 이러한 호주 정부의 적극적인 기후변화 대응태도를 참조할 필요가 있다.

2. 뉴사우스웨일즈 배출권거래제

호주에서는 뉴사우스웨일즈(New South Wales, NSW) 주 정부가 운영하는 뉴사우즈웨일즈 온실가스감축제도(Greenhouse Gas Reduction Scheme, GGAS)가 2003년에 시행되었다.[109] 동 제도는 교토의정서상 목표인 1990년 대비 5% 감축이라는 전 세계적 목표를 달성하는 데 필요한 정도를 감안하여, 전력부문에 대한 주 전체의 연간 일 인당 온

---

107) Ibid, pp.31~32.

108) Ibid, p.23.

109) 원래 명칭은 New South Wales Greenhouse Gas Abatement Scheme으로 1997년 자발적 제도로 설립되었다가 2003년에 강제적 제도로 전환되었다. 현재 명칭은 New South Wales Greenhouse Gas Reduction Scheme이나 약칭은 여전히 GGAS를 사용한다. http://www.co2offsetresearch.org/policy/NSWGGAS.html.

실가스 감축목표를 설정하고, 감축의무를 규제 대상 기업에 부과한다. 여기서 규제 대상 기업을 벤치마크 참가자(benchmark participants)라고 하는데, 대부분의 참가자가 전력소매업자이고 그 외 전력을 소비자에게 직접 판매하는 일부 발전업자와 배출목표를 관리하기 위하여 자발적으로 참가한 일부 대형 에너지 소비자들이 참가하고 있다. 규제 대상 기업은 자신들이 판매하는 전력의 평균 배출 정도를 줄여 직접 목표를 달성할 수도 있고, 인증된 상쇄를 구매함으로써 의무를 이행할 수도 있다. 의무를 위반한 경우에는 제재가 가해지는데, 2010년에는 톤당 14 호주달러의 벌금이 책정되었으며, 2013년까지 매년 1호주달러씩 벌금이 증가하게 된다.

동 제도는 여타 배출권거래제와는 달리 기준인정방식(Baseline and Credit)으로[110) 탄소오염감축계획법안이 의회에서 계속 부결되면서 2020년 이후까지 시행하기로 했었으나, 최근 동 법안이 의회를 통과하면서 향후 국가 차원의 배출권거래제가 시행되면 중단될 예정이다.[111]

Ⅲ. 일본

1. 일본의 기후변화대응법

일본은 1990년 '지구온난화방지행동계획(地球溫暖化防止行動計劃)'을 수립하고,[112] 1998년에는 「지구온난화 대책의 추진에 관한 법률

---

110) Carina Heimdal, "Changes in the carbon market", 제1회 KOTRA Carbon Forum 설명회자료 09-024, KOTRA, 2009. 10, 56면.
111) http://greenhousegas.nsw.gov.au/.

(地久溫暖化対策の推進に関する法律)」을 제정하면서 국가 차원의 지구온난화 대응책을 본격적으로 추진하였다. 일본의 교토의정서상 온실가스 감축목표는 1990년 배출량 대비 6%이다.[113]

일본 정부는 칸쿤 당사국총회 이후 열린 각료회의에서 지구온난화 대책에 관한 3대 기본 방침과 관련하여 지구온난화 대책 조세제도의 2011년 10월 도입, 재생에너지 전량 고정가격 매수제도의 2012년 도입, 국내 배출량 거래제도 도입 검토 등을 결정하였는데, 이는 당초 민주당의 공약 내용보다는 약화된 것이었다.[114]

일본은 2005년에는 「지구온난화 대책의 추진에 관한 법률(地久溫暖化対策の推進に関する法律)」을 개정하여 온실가스의 산정, 보고, 공표 제도를 창설하였으나, 동 법에는 온실가스 감축노력 의무만 규정되어 있을 뿐 중장기적인 목표가 결여되어 있다는 비판을 받았다.[115]

일본의 경우 다른 국가들에 비해 조기 입법을 추진한 것으로 볼 수 있는데, 현재 일본은 이미 세계 최고 수준의 에너지효율을 자랑하고 있어 에너지 부문에서 온실가스를 감축하는 것은 쉽지 않을 것으로 전망되고 있기 때문에,[116] 일본 정부는 동 법에 기반을 두어 경제 전

---

112) 지구환경보전에 관한 각료회의에서 결정한 것으로 온실가스 감축목표, 발전부문의 이산화탄소 억제책, 온실가스 배출 억제 기술개발 등에 관한 내용이 포함되어 있다.

113) http://unfccc.int/kyoto_protocol/items/3145.php.

114) 민주당은 지구온난화 대책 조세제도의 도입 검토, 재생에너지 전량 고정가격 매수제도 2010년 도입, 배출량 거래제도 창설 등을 공약으로 한 바 있다. KOTRA, 「일본정부 온난화 대책 일보후퇴」, 『Green Report』, Vol. 11, 2011. 5, 61~62면.

115) 이수철, 「일본의 기후변화 정책과 배출권거래제: 특징과 시사점」, 『환경정책연구』, 제9권 제3호(통권 26호), 한국환경정책·평가연구원, 2010년 가을, 80~82면.

116) 이러한 이유로 일본은 포스트 교토 체제에서는 부문별 접근방식(sectoral approach)을 선택할 것을 주장하고 있다. 에너지경제연구원, 「새로운 기후체제에 대한 주요국의 입장」, 2009. 10, 14~17면.

반에서 기술을 개발하고 산림경영을 통한 흡수원의 조성을 통해 온
실가스를 감축하기 위하여 각 부문별 온실가스 저감정책을 수립하여
추진하고 있다.

일본의 지구온난화 대책은 교토의정서의 감축목표 달성 및 지속적
인 온실가스 배출량 감축을 기본 방침으로 하여 네 가지 정책의 방향
을 제시하고 있는데, 첫째, 환경과 경제를 동시에 고려하여 기술혁신
및 혁신적 사고를 통한 일본의 경제 활성화 및 고용 창출을 도모한
다. 둘째, 대책을 수립함에 있어서 단계별 접근방식을 도입한다. 셋
째, 중앙정부, 지방공공단체, 기업, 국민 등 모두가 참여하도록 대책을
추진한다. 그리고 넷째, 이러한 대책을 추진함에 있어서 미국과 개발도
상국의 참여를 위한 국제적 협조와 노력을 전개한다는 것 등이다.[117]

또한 2007년에는 「환경배려계약법(環境配慮契約法)」을 제정하였
는데, 정부 및 공공단체가 배출하는 온실가스 감축을 도모하기 위해
정부에서 물품이나 에너지를 구입하는 경우에 온실가스 저감 노력을
하는 기업의 제품을 우선적으로 구매하도록 하였고, 정부 및 공공기
관의 청사를 건설할 때에는 에너지 이용 효율화와 온난화 방지에 관
한 내용을 반드시 반영하도록 의무화하였다. 이는 민간 기업과 마찬
가지로 정부 역시 환경을 보전하고 지속가능한 발전을 위한 행동을
할 필요성이 있다는 것을 전제로, 정부가 전력을 구입하거나 공용 자
동차를 구입하는 등 소비를 위한 계약을 하는 경우, 친환경적인 계약
을 체결함으로써 환경에 대한 부담을 줄일 수 있는 방안을 모색하도
록 하고 있다.[118]

---

117) 신의순·김호석, 앞의 책, 184~185면.

118) 이두령, 「일본 "환경배려계약법(環境配慮契約法)"의 개요」, 『최신외국법제정보』, 2007-7,

최근 일본 정부가 추진하고 있는 「지구온난화대책기본법안(地久溫
暖化対策基本法(案))」은 미국, 중국, 인도 등 모든 주요 배출국이 포
함될 것을 조건부로 2020년까지 온실가스를 1990년 대비 25% 감축
할 것을 명시하고 있고, 장기적인 목표로는 2050년까지 1990년 대비
80%까지 배출량을 감축할 것을 명시하였으며, 이러한 목표를 달성
하기 위하여 총량제한방식의 배출권거래제의 도입과 화석연료에 대
한 탄소세 도입을 고려하고 있다.[119] 그리고 2020년까지 1차 에너지
부문에서 태양 풍력 등 재생에너지의 비율을 10%까지 올릴 것을 목
표로 '발전차액지원제도(feed-in tariff)'를 확대할 방침이다.[120]

또한 일본 정부는 국제협력을 규정하고 있는 동 법 제29조에 기초
하여 에너지 효율이 높은 자국의 기술을 앞세워 '양자 간 상쇄 메커
니즘(Bilateral Offset Mechanism)'을 주장하고 있다.[121]

한편 일본 정부는 2010년 12월 각료회의를 통해 당초 2013년에 도
입하기로 하였던 배출권거래제를 연기하기로 하였는데, 이는 산업에
대한 영향과 주요 국가가 참가하는 국제적 메커니즘의 성립 여부를
지켜본 뒤 신중하게 검토하는 것으로 방향을 정하였다.[122]

한국법제연구원, 2007. 12, 82~90면.

119) 이수철, 앞의 논문, 82면.

120) 발전차액지원제도의 규모를 축소하고 신재생에너지 의무할당제를 시행하던 일본은 재생
에너지 시장에서 일본 기업의 점유율이 크게 하락하는 상황에 직면하자, 최근 신재생에
너지 의무할당제를 폐지하고 발전차액지원제도를 다시 도입하기로 하였다. 그린데일리,
「日, RPS 폐지하고 FIT 전격 도입」, 2011년 8월 22일.

121) 양자 간 상쇄 메커니즘은 온실가스 감축인정 방법이 유엔 차원에서 인정되는 것이 아니
라 양자 간 협정으로 인정 가능한 것을 말한다. 서정민·이형근, 「일본의 양자 간 온실
가스 감축 메커니즘: 내용과 시사점」, 『KIEP 오늘의 세계경제』, Vol. 4, No. 25, 대외
경제정책연구원, 2010. 9. 29., 1면.

122) 대한상공회의소 지속가능경영원에서 발표한 "배출권거래제관련 국제동향(미국, 일본사
례) 보고"에서는 이러한 일본의 태도에 대하여 일본은 우리나라와 경제 및 산업구조가

일본은 2008년 6월 「금융상품거래법(金融商品去來法)」을 개정하여 금융상품거래업자 등의 업무범위를 확대하면서, 내각부령에 배출권의 현물과 파생상품의 거래에 관한 시장의 개설업무를 금융상품거래소의 업무로 추가함으로써 온실가스 배출권 거래의 근거를 마련하였다(법 제35조, 제35조의1, 금융업등 부령 제68조 제16, 17호).

2. 자발적 배출권거래제

(1) 자주참가형 배출권거래제

자주참가형 배출권거래제(自主參加形國內配出量取引制度, JVETS)는 일본 최초의 온실가스 배출권거래제로 2005년 환경성의 주도하에 자발적 참가자들로 거래를 시작하였다.[123]

일본의 배출권 거래에 대한 지식과 경험을 축적하고, 일본기업의 이산화탄소 배출 감축활동을 지원하는 것을 목표로 하며, 기업이 비용효율적으로 목표를 달성할 수 있도록 ① 이산화탄소 배출량 감축에 기여하는 시설에 대한 보조금 지급, ② 기준연도 배출량 이하로 이산화탄소 배출량을 감축하겠다는 참가자의 약속, ③ 배출권거래제 등의 방안을 이용하고자 하였다.[124]

참가자의 유형은 보조금이나 할당을 받는 목표참가자와 단순 거래

유사하고 제조업 부문의 경쟁상대임을 고려하여 우리나라의 배출권거래제에 대한 논의 역시 일본의 동향을 참고할 필요가 있음을 주장하고 있다. 지속가능경영원, 「배출권거래제관련 국제동향(미국, 일본사례) 보고」, 2011. 1.

123) http://www.env.go.jp/earth/ondanka/det/index.html.

124) Keisuke Yamamoto, "Emissions Trading Scheme in Japan", 한일 저탄소 녹색성장을 위한 Green Business 세미나, 대한상공회의소 지속가능경영원, 2009. 10. 21, 45~51면.

참가자가 있으며, 목표참가자가 누리는 혜택은 ① 이산화탄소 배출량 감축에 기여하는 시설에 대한 보조금, ② 제3자의 인증을 받을 기회 부여, ③ 초과 배출권의 판매 수익 보유, ④ 배출권 거래에 관한 노하우 습득, ⑤ 이산화탄소 배출량 측정 시스템 수립에 대한 노하우 습득, ⑥ 에너지 비용 절감 등이 있다.[125]

거래 대상은 에너지 부문·물·산업공정 등에서 배출되는 이산화탄소이며, 자발적으로 설정한 목표의 의무 이행 준수기간은 1년이다. 배출허용량을 계산하는 기준은 의무이행연도 직전 3년간 평균 배출량이다. 참가자들은 배출량에 대한 보고 의무를 부담하고, 할당량은 이월은 가능하나, 차입은 불가능하다. 그리고 의무를 이행하지 아니하는 경우에는 받았던 보조금을 반환해야 한다.

동 제도는 2009년도에 참가신청을 한 85개사의 기준연도인 2008년 배출량 합계가 약 170만 톤가량, 거래건수 23건, 거래 배출권 3만 4,000톤으로 참가자 수나 배출권 거래량 등이 아주 영세한 수준이기는 하나 참가자 대부분이 온실가스 감축에 대한 경험이 없던 중소사업체로 이들이 배출권 거래에 대한 경험을 축적하고 일본 내 최초의 배출권 거래를 실시하였다는 데 의의가 있다.[126]

(2) 도쿄도 배출권거래제

도쿄도 배출권거래제(Tokyo-ETS)는 일본 도쿄도 정부의 총량제한 배출권거래제이다.[127] 이는 총량제한 방식의 제도로는 세계 최초

---

125) Tomonori Sudo, "Japanese Voluntary Emissions Trading Schems(JVETS): Overview and Analysis", US-Japan Workshop on Climate actions and Co-benefit, March 22-23, 2006.
126) 이수철, 앞의 논문, 85면.

로 도시의 업무용 건물을 대상으로 하는 제도이다.[128] 일본 내 최초의 강제적 배출권거래제이며, 도쿄도 정부에 의하여 2010년 4월에 시행되었다.[129]

도쿄도 정부의 목표는 온실가스를 2020년까지 2000년 기준 25% 감축하는 것이다. 기준연도는 2002년부터 2007년까지의 기간 중 임의의 연속하는 3년간이다.[130]

의무준수기간은 회계연도를 기준으로[131] 제1기는 2010년부터 2014년까지, 제2기는 2015년부터 2019년까지로 매 5년을 단위로 하여(제3조 제2항) 각 6%, 17%의 이산화탄소 배출량 감축을 목표로 한다(제3조 제4항). 규제대상이 되는 온실가스는 도쿄도 온실가스 배출의 95%를 차지하고 있는 에너지 부문 이산화탄소이며 여타 온실가스도 순차적으로 추가할 예정이다(제3조 제3항).

규제대상은 대규모 업무용 건물이나 공장 등으로 연간 원유(crude oil) 기준 1,500킬로리터 이상의 에너지를 소비하는 시설이다(제3조 제1항). 에너지 소비량이 3년 연속 기준에 미달하는 시설은 도지사의 승인을 받아 동 총량제한 제도에서 탈퇴할 수 있게 하였다(제3조 제5항 제3호).

조기감축행동에 대한 우대조치로 이산화탄소 감축체제 정비, 건물 에너지 절약 성능 등 도지사가 정한 항목 중 80% 이상 일치할 경우

---

127) Tokyo Metropolitan Government, "Tokyo Cap-and-Trade Program(Tokyo-ETS)", 18 June 2010, Tokyo, p.5.

128) 업무용 건물의 배출이 도쿄도 전체 배출량의 38.2%로 가장 높은 것이 그 이유이다. 이수철, 앞의 논문, 89면.

129) http://www.kankyo.metro.tokyo.jp/en/climate/cap_and_trade.html.

130) 이수철, 앞의 논문, 91면.

131) 일본의 회계연도는 매년 4월부터 다음 해 3월까지이다.

는 감축의무를 50% 경감시켜주고, 70% 이상 일치할 경우는 감축의무를 25% 경감시켜준다.[132]

초기할당은 과거배출량기준 할당방식으로 각 의무이행기간의 초기에 무상할당으로 이루어지며(제3조 제5항 제1호), 할당량은 이월은 가능하나, 지속적인 온실가스 배출량 감축을 확보하기 위하여 차입은 불가능하다(제3조 제2항 제1호). 특이한 점은 의무감축량을 초과하여 감축한 배출량만을 거래할 수 있다는 것이다. 따라서 도쿄도 배출권거래제에서는 배출권의 거래는 시행 후 1단계가 지난 후에만 가능하다.

의무이행기간 동안 각 시설은 매년 온실가스 배출량을 보고하고 제3자의 인증을 받아야 한다(제3조 제6항). 도쿄도는 이를 위해 2009년에 각 시설을 위한 온실가스 측정가이드라인(Guidelines for Calculating Greenhouse Gases), 등록된 인증기관을 위한 온실가스 인증가이드라인(Guidelines for Verifying Greenhouse Gases), 그리고 등록인증기관으로서의 등록신청절차 가이드라인(Guidelines on Application Procedures for Registering as a Registered Verification Agency)을 마련하였다.[133]

한편 배출권거래제에 해당하는 시설의 부담을 줄여주기 위하여 ① 도쿄 지역 내 중소규모 시설의 배출량 감축분 ② 인증받은 재생에너지 ③ 도쿄 외부 지역에서의 배출량 감축분 등의 상쇄를 인정해 주기로 하였다(제3조 제10항).

---

132) 이수철, 앞의 논문, 91면.
133) Tokyo Metropolitan Government, "Tokyo Cap-and-Trade Program(Tokyo-ETS)", March 2010, p.21.

의무 불이행 시 벌칙으로는 감축의무 부족분의 130%의 감축의무 부과와 명령위반 시 최고 500,000엔의 금전벌 부과가 예정되어 있고, 법 위반 사실은 공표될 예정이다(제3조 제8항).

동 제도에 포섭되지 않는 중소 사업체에 대해서 도쿄도는 지구온난화대책 보고서제도를 도입하고, 에너지 절약시설 도입에 대한 감세 실시 등 지원 대책을 강화할 예정이다(제3조 제4항 제1호).

도쿄도는 동 제도를 전국적인 제도로 확대하고, 세계 주요 도시 및 지방자치단체들과의 협력을 강화함으로써 국제 배출권 거래시장의 기반을 확대하는 것을 목표로 하고 있다(제4조).

이상에서 살펴본 바와 같이 배출권거래제를 시행하고 있는 유럽연합의 회원국들을 비롯한 여러 국가에서 국제적인 배출권 거래시장을 염두에 두고 제도를 설계하고 있는 것을 알 수 있다. 우리나라도 배출권거래제를 도입하는 과정에서 단순히 법조문에 이를 명시하는 것뿐만 아니라 실질적인 제도 자체를 국제적인 배출권 거래시장을 대비하여 설계할 필요가 있다. 특히 더반 당사국총회의 결과물로 도출된 교토의정서의 연장과 2020년 이후 모든 국가의 의무감축제도 참여라는 결론은 그 협상과정에서 난항을 겪을 것으로 예상하고는 있으나, 기후변화에 관한 국제협상의 흐름을 고려해 볼 때 어떠한 형태로든지 합의가 도출될 것이고 전체적으로는 온실가스를 감축하는 방향으로 결정이 될 것이기 때문에 남은 기간 동안 배출권거래제의 시행을 포함한 모든 수단의 온실가스 감축방안을 동원하여 이에 대비하여야 할 것이다.

배출권거래제의 주요 쟁점

환경오염 규제수단으로서의 배출권거래제

Ⅰ. 시장기반 규제수단

1. 원인자부담의 원칙

배출권거래제는 환경오염의 원인자에게 오염물질의 배출을 제한하고 규제를 위반하는 경우 이를 시장을 통하여 보상을 하도록 하는 경제적 유인수단으로 원인자부담의 원칙에 부합하는 규제수단이다.

환경정책의 규범적 기초로 작용하는 환경법의 기본원칙으로는 사전배려의 원칙, 존속보장의 원칙, 협동의 원칙 외에 원인자부담의 원칙(또는 원인자책임의 원칙)이 있다. 이 중 원인자부담의 원칙(principle of the polluter pays)이란 자기의 행위나 사업활동으로 인하여 환경오염이나 훼손의 원인을 제공한 자는 그 회복 및 피해구제에 관한 책임을 져야 한다는 원칙으로, 환경의 침해를 회복하는 비용부담의 원칙이면서 동시에 원인자에게 일정한 작위나 부작위의 의무를 부과하는 것으로 실질적 책임에 대한 원칙이기도 하다.[1]

원인자부담의 원칙은, 환경오염의 원인을 제공한 자에 대하여 금전적인 부담을 부과함으로써 환경오염의 방지조치를 취하도록 동기를 부여하게 되므로 비용귀속의 원칙에 부합한다. 또한 원인자로 하여금 환경오염을 수반하는 경제활동을 통하여 얻게 되는 경제적 이익과 이를 위해 부담해야 하는 환경책임과의 비교를 통하여 최소비용이 드는 방안을 선택하도록 하므로 경제적 효율성의 기준이 된다.[2]

「환경정책기본법」과[3][4]「해양환경관리법」은[5] 명시적으로 오염원인자의 책임에 대하여 규정하고 있는데, 오염원인자의 범위는 개별 환경 관련법마다 구체적인 범위를 다르게 규정하고 있다.[6] 판례는 원인자에 대하여 "구 환경보전법 소정의 환경오염방지사업에 필요한 비용의 전부 또는 일부를 부담할 의무가 있는 오염의 원인을 직접 야기하게 한 자, 즉, "원인자"란 모든 공해배출시설 설치허가 대상업체가 당연히 그리고 무조건 포함되는 것은 아니고 당해 환경오염방지사업

---

1) 김홍균, 『환경법』, 홍문사, 2010, 52면; 이순자, 『환경법』, 개정판, 법원사, 2010, 117면.

2) 최봉석, 『환경법』, 청목출판사, 2010, 83면.

3) 제5조(사업자의 책무) 사업자는 그 사업활동으로부터 야기되는 환경오염 및 환경훼손에 대하여 스스로 이를 방지함에 필요한 조치를 하여야 하며, 국가 또는 지방자치단체의 환경보전시책에 참여하고 협력하여야 할 책무를 진다. 〈개정 1999.12.31〉

4) 제7조(오염원인자 책임원칙) 자기의 행위 또는 사업활동으로 인하여 환경오염 또는 환경훼손의 원인을 야기한 자는 그 오염·훼손의 방지와 오염·훼손된 환경을 회복·복원할 책임을 지며, 환경오염 또는 환경훼손으로 인한 피해의 구제에 소요되는 비용을 부담함을 원칙으로 한다. [전문개정 1999.12.31]

5) 제7조(오염원인자 책임의 원칙) 자기의 행위 또는 사업활동으로 인하여 해양환경의 훼손 또는 해양오염을 야기한 자(이하 "오염원인자"라 한다)는 훼손·오염된 해양환경을 복원할 책임을 지며, 해양환경의 훼손·오염으로 인한 피해의 구제에 소요되는 비용을 부담함을 원칙으로 한다.

6) 김홍균, 앞의 책, 54~55면.

과 관계되는 지역에서 그 공해의 원인이 되는 사업을 행하는 자 즉, 그의 사업활동으로 인하여 당해 환경오염방지사업의 원인이 되는 오염의 원인을 직접 야기하게 한 자에 한정된다"고 보고 있다.[7]

원인자부담의 원칙과 관련하여, 환경에 대한 국가의 책임을 회피하고 국민에 환경책임을 전가하는 수단이 되거나, 환경오염이나 훼손에 대한 책임이 있는 자들도 비용만 부담하면 그 책임이 면제된다는 인식을 가지게 되어서는 안 된다는 것을 주의하여야 할 것이다.[8]

2. 경제적 유인수단

환경행정상의 규제수단은 크게 직접적 규제와 간접적 규제로 나눌 수 있다.

직접적 규제수단은 환경규제라는 목적을 직접적으로 달성하기 위하여 행정기관이 상대방에 대하여 직접 행하는 규제수단으로 실행방법이 용이하고 즉각적인 효과를 거둘 수 있는 반면, 행정비용이 많이 들고 감독이 부실한 경우에는 오히려 제도의 실효성을 떨어뜨릴 수 있다.[9] 그 결과 새로운 기술개발이나 투자에 대한 유인을 제공하지 못하고 오히려 기업의 경쟁력을 떨어뜨릴 위험이 있다.[10] 직접적 규제수단의 종류에는 신고·등록 등의 의무부과, 인·허가제, 배출규제, 행정적·형사적 제재 등이 있으며, 상대방에 대하여 명령하고 통

---

7) 대법원 1989. 10. 24 선고 88누9251 판결.
8) 김홍균, 앞의 책, 54면.
9) 박균성·함태성, 『환경법』, 제4판, 박영사, 2010, 81~82면.
10) 김홍균, 앞의 책, 916~917면.

제하는(command and control) 권력적 수단이 전형적인 것이다.[11]

간접적 규제수단은 비효율성과 침해적 성격을 가지는 직접적 규제수단의 문제점을 보완하기 위하여, 수범자의 행위를 직접 규제하는 대신, 수범자의 의사결정에 영향을 미침으로써 수범자의 행위를 규제목적을 달성할 수 있는 방향으로 유도하는 규제수단이다.[12] 간접적 규제수단은 기업이나 개인의 자발적인 환경친화적 행위를 유도하기 위하여 경제적 동기를 부여하는 데 중점을 두게 되기 때문에 주로 경제적 유인에 의한 규제수단이 이용된다.

「환경정책기본법」은 환경보전을 위하여 정부에 환경정책의 주요 수단으로 직접적 규제인 명령통제적 규제와 간접적 규제인 경제적 유인수단을 강구할 책무를 부과하고 있다.[13][14]

경제적 유인수단은 환경에 유익한 행위에 대하여 이익을 주고, 환경에 유해한 행위에 대하여 경제적 부담을 부과하는 등의 경제적 유인을 둠으로써 개인이 이익을 추구하는 활동을 자유롭게 하는 과정에서 환경을 보전하는 방법, 즉 시장의 가격 메커니즘을 통하여 환경보전과 개선을 도모하는 규제수단이다. 경제적 유인수단은 생산자원을 환경친화적 생산방식으로 재분배하는 효과가 있고, 신축성 있는 시행이 장점인 반면, 직접적 규제수단에 비하여 시간이 걸리며 그 효

---

11) 박균성·함태성, 앞의 책, 82~102면.

12) 위의 책, 102~103면.

13) 제20조(환경보전을 위한 규제) 정부는 환경보전을 위하여 대기오염·수질오염·토양오염 또는 해양오염의 원인이 되는 물질의 배출, 소음, 진동, 악취의 발생, 폐기물의 처리, 일조의 침해 및 자연환경의 훼손에 대하여 필요한 규제를 하여야 한다.

14) 제20조의3(경제적 유인수단) 정부는 자원의 효율적인 이용을 도모하고 환경오염의 원인을 야기한 자 스스로 오염물질의 배출을 줄이도록 유도하기 위하여 필요한 경제적 유인수단을 강구하여야 한다.

과가 불확실하고 불완전하다는 것이다. 경제적 유인수단의 종류에는 배출부과금, 과징금, 부담금, 생산자책임재활용제도, 환경세(일명 피구세), 보조금 등 재정상 지원 등이 있다.[15]

배출권거래제는 수범자의 배출 한도를 정해주고, 배출권을 거래할 수 있도록 함으로써 배출 한도를 충족하기 위한 방법을 수범자가 선택할 수 있도록 해주는 방식으로, 환경행정 규제수단 중 시장에 기반을 둔 경제적 규제수단에 해당한다.

배출권거래제는 기준설정에 대한 문제점을 극복하면서 금전적 부담을 통하여 기업의 자발적 오염억제행위를 유도하는 배출부과금제도의 장점을 도모할 수 있는 환경규제수단으로, 시장을 통하여 환경오염 문제의 효율적인 해결을 가능하게 하여 오염물질의 총배출량의 통제와 환경친화적 산업발전 도모를 꾀할 수 있는 효과적인 방안으로 평가된다.[16]

시장에 기반을 둔 환경규제수단 중 특히 기후변화와 관련한 정책은 법경제학적 접근에 기반을 두고 있는데, 탄소세와 배출권거래제가 대표적인 예이다.

---

15) 박균성 · 함태성, 앞의 책, 104~120면.
16) 위의 책, 171~185면.

Ⅱ. 법경제학적 접근방식

1. 피구의 이론 - 탄소세

(1) 탄소세의 의의

탄소세는 일반적으로 에너지원별 탄소 함유량에 비례하여 부과되는 일종의 물품세로 볼 수 있다. 탄소세는 부정적인 외부효과를 내부화하는 수단으로 소위 피구세(Pigouvian taxes)[17]라고 하는 조세를 이용하는 피구의 이론을 응용한 것이다.[18] 탄소세는 온실가스의 배출에 대하여 세금을 부과하는 것으로 배출권거래제와 함께 온실가스를 감축하기 위한 정책 중 대표적인 경제적 유인수단이라고 할 수 있다. 배출권거래제가 온실가스 감축 목표를 설정한 후 이를 비용효과적으로 달성하기 위한 것인 반면, 탄소세는 적정 수준의 세금을 부과하여 배출자의 행위를 변화시킴으로써 목표를 달성하기 위한 것으로 오염원인자부담의 원칙에 의거하고 있다. 탄소세를 부과하면 탄소를 함유하고 있는 석유, 석탄, 가스 등 화석연료의 가격이 상승하게 되므로 화석연료의 소비는 감소하고 탄소저감기술의 개발 및 저탄소 산업공정의 채택 등으로 간접적인 배출량 감축 효과가 나타남으로써 온실가스의 배출량을 줄일 수 있게 된다.[19] 이러한 탄소세는 부과 대

---

17) 피구세란 기업이 사업을 수행하면서 환경을 오염시키거나 사회적 비용을 추가로 발생시키는 경우에 즉 소위 부정적 외부효과를 발생시키는 경우에 이들 기업에 부과되는 특별세를 의미한다. 실제 시장경제에서 피구세는 부정적 외부효과를 바로잡는 가장 효율적이면서 효과적인 방법으로 평가된다. http://www.investopedia.com/terms/p/pigoviantax.asp-#axzz1dg4Qpl9h.

18) 신의순·김호석, 앞의 책, 153∼154면.

상에 따라 국내 에너지 사용에 대해 부과하는 탄소세와 탄소누출(carbon leakage)의 대비책으로 탄소 규제가 없는 국가로부터 수입되는 물품에 대해 부과하는 일종의 국경조정세적 성격의 탄소세로 나누어 볼 수 있다.

(2) 국내 에너지 관련 탄소세

먼저 국내 에너지 사용에 대해 부과되는 탄소세를 살펴보면, 일찍이 경제협력개발기구 국가들은 1990년대 초부터 북유럽 국가들을 중심으로 '에너지 탄소세'의 도입 등으로 환경 및 에너지 정책의 비용부담이 늘어날 것에 대비해 왔고, 이러한 탄소세의 도입은 기업의 자발적인 에너지 효율 개선 협정 등과 함께 이산화탄소 배출 감소에 효과를 나타낸 것으로 평가되고 있다.[20]

주요 경제협력개발기구 국가들은 모든 에너지원에 에너지세와 탄소세를 동시에 부과하고 있다. 탄소세의 경우 그 세율이 기존의 에너지세와 비교하여 1/5 내지 1/10 정도 수준으로 다소 낮은 편이며, 목적세가 아닌 보통세 형식으로 환경개선을 위한 투자에 활용하고 있는데, 주로 노동 관련 소득세 부담을 완화하는 방향으로 추진하여 탄소세 도입으로 인한 경제 부담과 산업경쟁력 약화 방지에 주력하고 있다.[21]

---

19) 탄소세의 부과는 오염원인자에 대하여 기술 진보 유인을 제공하게 되며, 시간의 경과에 따라 이러한 기술의 진보는 오염저감비용을 점차 감소시키게 된다. 안창남, 「기후변화협약의 국제적인 논의동향과 우리나라에 미치는 영향」, 『계간 세무사』, 2010년 가을호, 통권 126호, 한국세무사회, 2010, 15면.

20) 1990년대 초에 탄소세를 도입한 덴마크, 핀란드, 스웨덴 등 일부 북유럽 국가들은 1990년에서 2008년 사이에 온실가스 배출을 12% 줄일 수 있었다. 조은진, 「주요국 탄소세 논의동향 및 시사점」, 『Kotra Executive Brief』 09-028, KOTRA, 2009. 11, 2면.

21) 임동순 외, 「탄소세 도입에 따른 산업부문별 영향과 대응 방안」, 지속가능경영원, 2010,

핀란드는 세계 최초로 탄소세를 도입한 국가이다. 1990년 1월에 화석연료의 탄소함량에 따라 부과되는 탄소세를 도입한 핀란드 탄소세의 특징은 산업에 대한 조세의 감면이나 세금환급제도가 없거나 매우 낮다는 것이다.[22] 즉, 다른 에너지세를 경감하지 않았으며, 면세나 감세조치 또한 공업제품의 원료가 되는 화석연료와 항공기와 선박용 중유에 제한적으로 이루어졌다. 과세대상은 도매단계의 천연가스·액화천연가스 등과 수입단계의 천연가스이다. 탄소함량에 따라 부과되는 탄소세율은 매년 지속적으로 증가함으로써 전기의 국내 생산량 하락과 수입량 증가의 계기가 되었다. 탄소세의 세입은 일반 예산으로 편입되어 노동 관련 소득세를 부분적으로 인하하는 데 이용함으로써 전형적인 친환경적인 세제 개편으로 평가되고 있다.[23]

핀란드 이외에도 많은 유럽국가가 탄소세를 부과하고 있다. 스웨덴은 1980년대 말부터 세제를 소득세에서 환경세로 전환하기 시작하였고, 네덜란드는 1988년부터 환경세의 기반을 마련하였으며, 덴마크는 1992년부터 탄소세를 부과하기 시작하였다. 영국은 2001년부터 에너지 사용에 대하여 기후변화세를 부과하였고, 노르웨이는 1991년부터 소득세를 인하하면서 탄소세를 도입하였다.[24] 프랑스는 전기부문을 제외하고 탄소세를 부과하였으며, 독일은 1990년대 말부터 환경친화적 조세개혁을 단행하여 환경과 경제를 통합하였다.

유럽 이외의 지역에서는 캐나다의 브리티시 콜롬비아 주가 2008년

4~5면.

22) 안창남·길병학, 「우리나라 탄소세 도입방안 연구: 과세제도 및 체계를 중심으로」, 『조세연구』, 제10권 제2집, 한국조세연구포럼, 2010, 230면.

23) KOTRA, 『Green Report』, Vol. 2, 2008. 11, 19면.

24) 위의 보고서, 20~29면.

대부분의 화석연료에 대하여 탄소세를 부과하였으며, 앨버타 주는 2007년부터 산업계에 온실가스 저감의무를 부여하면서 벌금제도를 함께 도입하였다. 그리고 호주는 2020년에 온실가스 배출량을 2000년 기준으로 5% 감축하는 정책을 입안하였고, 일본은 지구온난화 방지 대책으로 기존의 세제에 추가하여 환경세를 신설할 예정이다.[25]

(3) 수입품에 대한 탄소세

국가 내의 에너지 관련 탄소세 외에 수입품에 대한 탄소세의 도입이 논쟁 중에 있는데, 수입품에 대한 탄소세에 대한 논의는 자국의 산업을 탄소누출에 대한 우려로부터 보호하고 개발도상국을 포스트 교토 체제에 참여하도록 유도하는 압박 수단으로 삼으려는 선진국의 의도가 그 배경이다. 에너지 집약산업에 종사하는 기업이 탄소규제로 인한 불이익을 피하여 온실가스 배출규제가 없는 국가로 생산시설을 이전하는 것을 막는 동시에 기업의 대외 경쟁력을 확보해주기 위한 조치라고 할 수 있다.[26]

유럽연합에서는 철강, 시멘트 등의 에너지 집약 산업에 대하여 온실가스 배출권거래제를 확대하여 적용하기로 하는 논의가 이루어지면서 2008년 수입품에 대한 탄소세가 논의되기 시작하였다. 그리고 2009년 9월에는 프랑스와 독일의 정상들이 유엔에 포스트 교토 협상이 실패할 경우에 온실가스 저감에 미온적인 국가를 대상으로 탄소세를 부과할 것을 주장하여 보호주의 조치라는 비난을 받은 적이 있

---

25) 김승래, 「녹색성장과 조세」, 『녹색성장과 한국경제: 이슈와 정책적 시사점』, 정책심포지엄 자료집, 한국경제연구학회, 2009. 10., 136~142면.
26) 조은진, 앞의 보고서, 3면.

으나 해당 국가들은 이것이 오히려 자유무역과 공정경쟁을 회복하기 위한 수단이라고 주장하였다.[27]

그리고 미국에서는 철강 및 중공업 밀집 지대인 일명 '녹슨지대(Rust Belt)' 의원의 표심 확보를 위해 2009년 하원을 통과한 「왁스만-마키 법안」에 수입품에 대한 국경조정(border adjustment) 조치가 포함되었는데, 주된 내용은 미국에 상응하는 온실가스 감축조치를 취하지 않는 국가로부터 에너지집약 제품을 수입할 경우, 해당 수입으로 발생한 탄소를 상쇄시키기 위해 2020년부터 적절한 배출권 구매가 필수적으로 수반되어야 한다는 것이다. 상원 법안인 「케리-박서 법안」에서는 실질적인 내용이 거의 빠져 있다는 평가가 있으나[28] 상원 금융위원회에서는 국경조정조치가 포함될 것을 강력하게 주장하고 있어 최종적으로 포함될 가능성이 높다고 보았다.[29]

국경조치로서의 탄소세의 도입에 대하여 중국이나 인도 등은 환경보호로 포장한 보호무역조치라고 주장하며 강력히 반발하고 있다. 즉 중국은 탄소 배출량의 약 1/4이 유럽연합과 미국으로 수출되는 제품을 제조하는 과정에서 발생하는 것이기 때문에, 이는 종국적으로는 유럽연합과 미국의 소비자들이 배출하는 것이지 생산자인 중국이 배출하는 것이 아니라는 것을 이유로 탄소관세의 부과에 반발하고 있는 것이다.[30]

---

27) 위의 보고서, 2~3면.

28) http://www.nytimes.com/cwire/2009/10/14/14climatewire-midwestern-senator-puts-manufactu ring-issues-33943.html?scp=1&sq=Kerry-Boxer%20bill%20contains%-20only%20a%20blank%20section&st=cse.

29) 조은진, 앞의 보고서, 1~3면.

30) 이처럼 환경정책 혹은 기후변화 대응 등을 표면적 이유로 한 새로운 형태의 보호무역조치를 녹색보호주의라고 한다. 도건우·박환일, 「녹색보호주의의 대두와 대응방안」, 『Issue

국제적으로도 WTO 협정 위반인지에 대한 논란이 있으며, 심지어
는 유럽이나 미국 등 당사국 내에서조차 찬반 주장이 대립하고 있는 상
황인데, 미국의 상공회의소 등은 녹색무역전쟁에 대한 우려를 표명하
고 있고, 유럽연합 집행위원회도 포스트 교토 체제에 대한 논의의 걸림
돌이 될 수 있다는 것을 이유로 시기상조라는 주장을 하고 있었다.[31]

이렇듯 논란이 많은 국경조치로서의 탄소세는 현재까지 도입하고
있는 국가는 없으며, 향후 논란은 지속될 것으로 보인다.

2. 코즈의 이론 - 배출권거래제

(1) 코즈의 정리(Coase Theorem)

경제학의 최대 관심사인 시장을 통한 자원배분 및 그 효율성의 문
제에 대한 논의 중 하나인 시장실패의 요인으로서의 외부성을 조세
라는 수단을 통한 정부의 개입으로 시정할 수 있다는 것이 피구의 이
론이다. 코즈의 이론은 이를 정면으로 반박하는 것으로, 거래비용과
재산권을 외부성 및 자원배분 문제에 적용하여 거래비용이 없다면
그 경제조직이나 재산권 제도 여하에 관계없이 자원배분은 동일한
결과를 가져온다는 것이다.[32]

기업의 본질에 대한 코즈의 입장은 시장과 기업은 동일한 거래나
경제행위를 조직하기 위한 선택 가능한 대안으로, 기업은 동일한 거

Paper』, 삼성경제연구소, 2010. 10, 4∼10면.

31) 조은진, 앞의 보고서, 4∼5면.

32) 김성훈 외, 「코즈의 경제이론과 한국경제」, 『경제해설자료』 15, 국민경제제도연구원, 1991.
   11, 5∼9면.

래에 대하여 시장에서 교환방식으로 수행하는 비용 혹은 다른 기업
의 내부에서 조직화하는 비용과 당해 기업의 내부에서 조직화하는
비용을 비교분석하여 후자의 비용이 전자의 비용과 동일해지는 시점
까지 기업을 확장해 갈 것이라는 것이다.[33]

코즈의 정리(Coase Theorem)는 이러한 코즈의 관점을 정리한 것
으로 거래비용이 없을 경우 경제주체들은 총체적 가치를 높이기 위
하여 각종 권리를 취득하고 분리 및 결합하기 위하여 자유로운 협상
을 하는 것이 가능하고 그 결과 자원은 시장에 의하여 가장 효율적으
로 배분될 수 있다는 것이다. 그리고 해로운 외부성이 존재하는 경우
에는 이를 시장을 통하여 해결할 수 있으며, 극단적으로는 독점의 경
우에조차 정부의 개입이 없이 시장원리에 의하여 완전경쟁과 동일한
결과를 가져올 수 있다고 한다.[34]

(2) 배출권거래제의 의의

배출권거래제는 경제적 효율성이란 재산권에 있어서의 완전 분배,
완전한 자유무역으로 달성되는 것이라는 코즈의 이론을 응용한 것으
로,[35] 그 특징은 직접규제방식과 비교할 때 동일한 수준의 배출량을
최소의 비용으로 달성할 수 있다는 것이다. 즉, 배출권거래제는 오염
물질의 배출량을 감축한 데 대하여 경제적 인센티브를 제공함으로써
오염을 통제하는 시장기반 접근방식이다. 이러한 시장기반 정책수단
은 오염통제의 수단이나 수준에 대한 방향을 명시하는 대신 시장에서

---

33) 위의 책, 12~16면.

34) 위의 책, 17~32면.

35) http://www.businessdictionary.com/definition/Coases-theorem.html.

형성되는 배출권의 가격을 통하여 행위를 유도하는 규제방식이다.[36]

배출권 거래에서는 관할기관이 국가 전체적으로 배출할 수 있는 오염물질의 총량(cap)을 정하고, 이를 할당량(permit)의 형태로 기업에 배분하거나 매각을 하게 된다. 할당량은 특정 오염물질의 일정량을 배출할 수 있는 권한을 표상하는 것으로 기업에 배분된 할당량의 총합은 배출총량(cap)을 넘어설 수 없게 되어 있다. 온실가스를 감축하기 위하여 온실가스 배출량에 한도를 설정하게 되면 기업으로서는 온실가스를 배출할 수 있는 권한이 제한된다는 것을 의미하고, 이는 배출권에 희소성을 부여하게 되어 배출권의 가격을 형성하게 된다.

할당기업들은 자신들이 배출한 온실가스의 양에 해당하는 수만큼의 할당량을 보유해야 하기 때문에 할당량이 추가로 필요한 기업은 할당량이 남는 기업으로부터 이를 매수하게 되고, 이 경우 할당량의 이전은 거래의 형태를 띠고 일어나게 된다. 결론적으로 배출량 감축비용과 배출권 구매비용을 비교하여 감축비용이 더 큰 자는 매수인이 되어 추가 오염물질 배출에 대한 금전적인 제재를 받게 되는 것이고, 감축비용이 더 적은 자는 매도인이 되어 오염물질 배출 감소에 대한 금전적인 보상을 받게 되는 것이다. 이렇게 되면 이론상 사회 전체적으로 가장 낮은 비용에 온실가스 배출량 감축목표를 달성하게 되는 것이다. 즉, 탄소가격의 형성과 배출권의 거래로 총 감축비용이 절감되는 결과, 국가적으로는 최소의 감축비용으로 최대의 온실가스 감축 효과를 달성하는 것이 가능하게 된다.

---

36) Robert No. Stavins, "Experience with Market-Based Environmental Policy Instruments", Discussion Paper 01-58, Resources for the Future, Washington, DC, November 2001, p.1.

배출권거래제는 국가가 배출권이라는 거래가 가능한 상태의 권한을 창출하여 오염물질을 배출하는 자에게 일정량의 오염물질을 배출할 수 있게 해 주는 것이다. 그런데 이는 국가가 대기를 분할하여 오염물질 배출자인 산업체들에 분배하는 것이 되어 결국 대기의 사유화라는 형태로 해석될 수가 있고, 이러한 해석은 공공재로서 보호의 대상인 대기를 오히려 남용하는 결과를 가져올 수 있다.[37]

이는 국가가 만들어낸 거래가능한 권한이 어떠한 종류의 권한인가에 대한 고려를 하게 하는데, 일반적으로 배출권의 배분이 '대기의 사유화' 자체를 의미하는 것은 아니다. 즉, '배출'이라든가 "대기"를 그 자체로 분배하는 것이 아니라, 일정 기간 동안 일정량의 배출 감축 목표나 허용량의 할당을 함으로써 오히려 대기를 사용하는 것을 규제하는 것이 목적이다. 따라서 할당량의 보유자는 대기 자체에 대한 어떠한 권리나 권한도 부여받는 것이 아닌 것이다. 국가는 대기의 일정 부분에 대한 소유권을 넘기는 것이 아니라 대기 중으로 온실가스를 배출할 권한을 만들어 주는 것뿐이다. 이러한 권한은 결국 정부가 분배하고 관리하는 것으로 규제적 성격을 가지게 된다. 결국 배출권의 할당이 일부 국가의 이익을 위하여 기후체계를 규제하는 것도 아니고, 이러한 할당이 기후체계를 변경할 권리를 만들어 주는 것도 아니며, 오히려 다음 세대를 위하여 기후체계에 유용한 효과를 보존할 의무를 설정하는 것이 된다.[38]

배출권거래제는 규제기관의 배출권 공급정책에 따라 시장의 규모

---

37) Gerald Torres, "Who Owns the Sky? Seventh Annual Lloyd K, Garrison Lecture on Environmental Law", Pace Environmental Law Review, Vol. 18, Issue 2, 2001, p.286.
38) David Freestone and Charlotte Streck, op. cit., p.40.

에 따른 신축적인 조정이 가능하고, 시장참가자의 자격요건에 따라 온실가스를 배출하지 않는 제3자의 참여가 가능하며, 오염의 지역적 분포에 따른 특별한 고려가 필요하지 않은 점 등에서 전체 경제의 감축비용을 최소화하는 방안이 될 수 있다.[39]

(3) 배출권거래제의 유형

배출권거래제는 기본적으로 두 가지 유형이 있다. 하나는 총량제한방식(cap and trade)으로 정부나 규제기관을 통한 배출권의 초기 할당에 기반을 두는 것이고, 다른 하나는 기준인정방식(baseline and credit)으로 기준 대비 배출량 감축활동의 이행을 통하여 발생하는 배출권 크레딧에 기반을 두는 것이다. 두 방식 모두 배출 한도를 절대적으로 혹은 상대적으로 정할 수 있으며, 배출권거래제는 두 가지 방식을 혼합하여 만들어질 수도 있다.

총량제한방식의 핵심요소는 배출권을 할당하는 절차에 있다. 총량제한방식을 선택한 정부는 배출권의 총량을 산정해야 하고, 거래가 가능한 형태의 배출권을 할당해야 한다. 교토의정서 제3조에 따라 할당량은 각 당사국에 배분된다. 각국 정부는 각자의 배출권거래제에 따라 기업에 대한 할당을 통하여 국제법적인 목표를 국내법에 적용되도록 할 수 있다. 이때 배출권의 총량은 고정이 되어 있고 각국가는 총량을 한도로 배출할 수 있으며, 결국 이는 배출에 한도를 두는 결과가 된다.

자발적인 거래제도에서는 거래에의 참여와 배출량 감축이 총량제

---

39) David W. Pearce and R. Kerry Turner, Economics of natural resources and the environment, Harvester Wheatsheaf, New York, 1990, pp.111~115.

한 없이 운영되지만, 강제적인 제도에 기반을 두는 경우에는 수량적인 관점에서 일정한 물질을 방출하기 위하여 대기를 사용하는 것이 규제가 되며, 이는 할당을 통하여 이루어진다. 강제적인 총량제한방식에서의 배출권은 정부에서 나오지만, 일단 할당이 되면 법이나 제도상 예견되는 경우를 제외하고는 어떠한 제한도 없이 거래가 가능하게 된다.

총량제한방식은 다시 국가가 기업이나 산업별 온실가스 배출량을 결정하는 하향식(top down) 방식과 기업이나 산업별로 자발적으로 배출량을 결정하는 상향식(bottom up) 방식으로 구분된다.[40]

기준인정방식은 각 기업이나 산업부문별 배출량의 기준을 설정하고 온실가스 저감사업을 통해 기준보다 적게 배출한 양만큼을 저감량으로 인정하여 이를 거래하도록 하는 것으로 공동이행제도나 청정개발체제 등 온실가스 감축사업으로 발생하는 크레딧이 여기에 해당한다.

탄소세와 배출권거래제를 비교해보면, 탄소세는 기존의 세제를 활용하는 것이기 때문에 행정비용이 낮고 탄소가격 변동성이 적어 안정적이다. 그러나 국제적 합의를 도출하는 것이 곤란하고 감축목표 달성에 실패할 가능성이 높다. 반면 배출권거래제는 할당 및 측정·보고·검증 제도 구축에 높은 행정비용이 들어가고 탄소가격의 변동폭이 비교적 크기는 하나 제도의 국제적 연계가 용이하고 총량제한방식의 감축목표를 달성하기가 용이하다. 따라서 배출권거래제는 검증이 가능한 제조업체 사업장을 중심으로 시행하고 탄소세는 수송부문 등에서 시행하는 방안을 검토해 볼 수 있다.

---

40) 김필규, 「탄소배출권 관련 금융상품화를 위한 법적 과제」, 『환경법연구』, 제31권 제2호, 한국환경법학회, 2009, 26~27면.

Ⅲ. 배출권 거래시장

1. 배출권 관련 사업의 유형

배출권과 관련된 사업의 유형은 크게 비용절감형, 수익창출형, 서비스제공형으로 나눌 수 있다.[41]

비용절감형은 주로 에너지 다소비 기업이 감축비용을 줄이기 위하여 배출권 거래시장에서 배출권을 구입하거나 감축사업을 통하여 배출권을 획득하는 유형이다. 주로 서유럽과 일본의 전력 및 철강기업 등 에너지 다소비 기업들이 여기에 해당하는데, 막대한 자금을 투입하여 개발한 신기술의 도입으로 인한 배출량 감축 효과는 장기적으로 나타나기 때문에, 배출권의 가격이 낮은 경우에는 기업은 단기적인 배출량 감축목표달성을 위하여 기술개발을 통한 자체감축을 선택하기보다는 비용이 적게 드는 배출량 감축사업을 통하여 배출권을 획득하거나 배출권 거래시장에서 배출권을 구입하는 것을 선호하게 된다.

수익창출형은 배출권 관련 사업이나 금융상품을 개발하여 에너지 다소비 기업에 매각함으로써 수익을 창출하는 유형이다. 종합상사, 신재생에너지기업, 플랜트기업 등이 대표적인데 투자 금액에 대비하여 다량의 크레딧을 획득할 수 있는 프레온가스 파괴, 메탄가스 회수, 신재생에너지 도입 등의 프로젝트가 전체의 80% 정도를 차지하고 있다. 일본의 종합상사들은 현지의 네트워크와 정보력 등의 장점을 최대한 활용하여 청정개발체제 사업을 적극적으로 추진하고 있

---

41) 김현진 외, 「탄소시장의 부상과 비즈니스 모델」, 『CEO Information』, 제630호, 삼성경제연구소, 2007. 11. 21, 12~16면.

고, 신재생에너지나 온실가스 감축기술을 보유하고 있는 기업들은 배출권 거래시장을 새로운 이윤창출의 기회로 이용하고 있으며, 은행 및 증권회사 등은 배출권 거래시장이 도입된 후 관련 금융상품을 개발하고 배출권 거래 중개사업에 진출하고 있다.

서비스제공형은 배출권 시장과 관련한 컨설팅 등의 서비스를 제공하는 유형이다. 배출권 거래시장에 대한 전망, 배출권 거래의 중개, 기업의 배출권 관련 전략수립 등에 대한 서비스를 제공하게 되는데, 대표적인 컨설팅 업체인 포인트카본의 경우 유료 정보제공 서비스만으로 연간 1,800만 유로가량의 수익이 발생하고 있다. 또한 기존의 컨설팅 업체와 연구소들도 배출권 거래시장으로 업무영역을 확대하고 있는데, 맥킨지의 경우 온실가스 감축에 따른 경제성 및 에너지원별 온실가스 감축비용 등에 대한 컨설팅을 수행하고 있다.[42]

기업이 탄소시장에 진출하는 시기가 이를수록 기업에 유리한데, 이는 탄소시장 내 기업 간의 경쟁이 시간이 지날수록 치열해지고, 비용 대비 수익성이 큰 것부터 소진될 가능성이 커서 시장에의 진입이 늦을수록 해당 기업이 불리하게 되기 때문이다. 실제로 우리나라 기업이 청정개발체제 사업에 참여하는 경우는 많지 않은데, 동 사업의 경우 수익성이 높은 사업은 이미 거의 소진되었다고 보는 견해가 많아, 향후 청정개발체제 사업에 참여하고자 하는 우리나라 기업으로서는 고비용 구조를 부담할 수밖에 없는 상황이 되었다.

특히 에너지 다소비기업의 경우 배출권거래제가 본격적으로 시행되면 온실가스의 배출이 바로 비용상승 요인으로 작용하게 되므로,

---

이러한 기업의 경우 배출량 및 배출량 감축 계획 등에 대한 철저한 검토를 한 후 배출권의 부족 사태 시에는 배출권 조달계획을 마련해야 하므로, 배출권 거래시장의 다양한 파생상품의 이용과 다른 업종 간의 제휴를 통한 수익 창출의 기회를 모색하여야 한다.

2. 배출권 거래시장의 유형

배출권 거래시장은 1차 시장인 발행시장과 2차 시장인 유통시장, 강제적 시장과 자발적 시장, 할당량시장과 프로젝트 시장 등으로 구분할 수 있다.

발행시장과 유통시장은 배출권 거래의 단계에 따른 구분이다. 발행시장은 배출권을 최초로 업체에 할당하는 단계를 말한다. 초기할당방식으로 무상할당방식을 선택하는 경우에는 별도의 거래시장을 필요로 하지 않으나 경매방식을 선택하는 경우에는 경매 업무를 수행할 시장이 필요하다. 예를 들어 독일의 경우 정부 할당량 경매를 유럽에너지거래소에서 수행하고 있다. 유통시장은 배출권이 거래되는 시장으로 거래소시장과 장외시장이 있다.

강제적 시장과 자발적 시장은 의무준수 여부가 국가의 법질서에 의하여 강제되는지 여부에 따른 구분이다. 강제적 시장은 교토의정서를 비준하고 교토 체제의 규율에 따라 배출총량을 정하고 배출권을 거래하는 시장을 말하고, 자발적 시장은 교토의정서 비준 여부와 관계없이 참가자들의 자발적 의사에 따라 시장을 형성하여 배출권을 거래하는 시장을 말한다. 유럽연합 배출권거래제는 강제적 시장이며, 시카고기후거래소는 자발적 시장이다.

할당량 시장과 프로젝트 시장은 배출권의 발생 근거에 따른 구분이다. 할당량 시장은 교토의정서나 유럽연합 배출권거래제에 따라 할당받은 배출권을 거래하는 시장이며, 프로젝트 시장은 교토의정서상 신축성 메커니즘을 이용한 공동이행제도 및 청정개발체제 등 온실가스 감축사업수행 결과 발생한 크레딧을 거래하는 시장이다. 2009년 기준 할당량 시장은 거래량 73억 6,200만 톤에 거래대금 1,228억 2,200만 달러, 프로젝트 시장은 거래량 2억 8,300만 톤, 거래대금 33억 7,000만 달러로 할당량 시장의 규모가 압도적으로 크다.

3. 배출권의 가격결정요인

배출권의 거래가격은 국제정세, 국가할당계획, 경제상황, 기상조건, 대체연료가격 등에 의하여 영향을 받게 된다.[43]

먼저 배출권의 가격은 기후변화에 관한 협상결과에 따라 변화한다. 현재까지는 포스트 교토협상의 체결 여부가 가장 민감한 문제였으며 포스트 교토협상이 와해될 경우 배출권 거래시장이 붕괴될 가능성이 있었다. 더반 당사국총회 결과 교토의정서가 연장되고 새로운 기후체제에 대한 도입논의가 시작될 예정인데, 기후변화에 관한 보다 강력한 조약이 체결된다면 배출권의 가격이 상승할 가능성이 있다.

국가할당계획을 수립하는 경우, 주관 행정청은 국가환경정책의 강도를 결정하게 되는데, 이때 온실가스 배출에 대한 강력한 규제를 원할 경우 감축목표는 강화되고, 배출권의 수요는 증가하게 되어 가격

---

43) http://www.growthconsulting.frost.com/web/images.nsf/0/106BA97297245B02-652575F9003EC 77E/$File/European%20Emissions.htm.

상승으로 이어지게 되나, 반대의 경우에는 배출권의 수요가 줄어들어 가격하락으로 이어지게 된다. 온실가스 감축사업으로 인한 상쇄의 인정 범위가 넓어지면 크레딧의 공급이 증가하여 할당량의 가격에는 부정적 영향을 미치게 된다. 한편 이월과 차입의 인정 여부 역시 할당량의 유동성에 영향을 주게 된다.[44]

경제상황의 경우, 경기가 호황이면 기업의 가동률 상승, 에너지 사용 증가, 온실가스 배출증가, 배출권 수요증가 및 가격상승으로 이어지게 되고, 경기가 불황이면 기업의 가동률 하락, 에너지 사용 감소, 온실가스 배출감소, 배출권 수요감소 및 가격하락으로 이어지게 된다.

기상조건의 경우, 단기적으로 계절적 요인에 의하여 전력수요가 변동할 수 있는데 이는 배출권의 수요와 가격에 영향을 주게 된다. 즉 여름철의 열파, 열대야 등 고온현상과 겨울철의 이상한파 등은 평상시보다 전력수요를 늘리게 되고, 이는 온실가스 배출증가, 배출권의 수요증가, 배출권의 가격상승 및 전력가격 상승으로 이어지게 된다. 한편 장기적으로 기상의 변화는 환경규제정책에 영향을 주어 역시 배출권의 수요와 가격에 영향을 주게 된다. 강수량과 풍속 등은 화석연료가 아닌 연료, 특히 태양광, 풍력, 수력 등을 이용한 신재생에너지로 인한 발전량에 영향을 주고, 이는 배출권의 수요와 가격에 영향을 주게 된다.[45]

대체연료가격의 경우, 원유, 유연탄, 천연가스 등 석탄의 대체연료의 가격 변동성은 배출권의 가격에 영향을 미치게 된다. 석탄가격의

---

44) 유럽연합 배출권거래제 제1기에서 제2기로의 배출권의 이월이 인정되지 않은 결과, 배출권의 가격이 영(0)에 가깝게 하락한 경험이 있다.

45) Julien Chevallier, "Carbon Price Drivers: An Updated Literature Review", Social Science Electronic Publishing, Inc., Paris, 16 April 2011, pp.4~5.

하락은 석탄의 수요증가, 온실가스 배출증가, 배출권 수요증가 및 가격상승으로 이어지게 되고, 원유가격의 상승은 석탄 수요 증가, 온실가스 배출증가, 배출권 수요증가 및 가격상승으로 이어지게 된다. 유연탄의 가격상승은 가스 발전량 증가, 석탄 발전량 감소, 배출권의 수요감소 및 가격하락으로 이어지게 되며, 가스 가격의 상승은 이와는 달리 가스 발전량의 감소, 유연탄의 발전량 증가, 배출권 수요증가 및 가격상승으로 이어지게 된다.

배출권 중 크레딧의 가격은 또 다른 결정요인을 가지고 있다. 첫째는 선호도이고, 둘째는 매도인과 매수인 간의 위험분산 관계, 셋째는 배출권 관련 사업의 승인 절차 및 검증 시 배출량 감축 정도 그리고 발행절차 등 감축사업의 진행 단계이다. 넷째, 일단 발행이 되면, 감축사업과 관련된 신뢰도 등 약간의 위험은 여전히 존재하기는 하지만, 발행된 인증저감권은 유럽할당량의 약 85% 정도의 할인율이 적용되어 거래되는데, 발행에서 실제 배출량 감축과의 시간적 간격이 클수록 크레딧은 싸게 구입할 수 있지만, 반면 위험도는 높아진다, 다섯째, 다양한 감축사업과 교토 리스크가 배출량 감축의 가치에 영향을 미치게 되는데, 많은 운영상 문제에 직면해 있는 위험한 감축사업은 표준적인 운영을 하고 있는 감축사업과 비교하여 크레딧 가격이 더 낮게 형성된다, 여섯째, 청정개발체제에 따라 인증되지 않은 저감사업은 인증을 받은 저감사업보다 크레딧 판매가 적게 된다. 즉 감축사업의 등록은 크레딧에 추가적인 가치를 부여하게 된다. 배출량 감축이 발생하고 있는 등록된 감축사업은 크레딧이 상당히 높은 가격을 받을 수 있지만, 이미 크레딧이 발행된 감축사업은 크레딧 가격이 가장 높게 형성된다.[46]

4. 배출권 거래시장의 규모 및 전망

배출권 거래시장은 2005년 110억 달러에서 2008년 1,000억 달러가 넘을 정도로 매년 빠르게 성장하고 있는데, 온실가스 배출권 거래가 가장 활발하게 이루어지고 있는 곳은 교토의정서를 이끌어왔던 유럽연합이다. 유럽연합 배출권거래제에 따라 유럽연합에서는 온실가스 배출권이 장외시장에서의 거래와 함께 유럽연합 각국의 거래소시장에서 거래되고 있으며, 현물과 선물의 형태로 거래되고 있다. 배출권 거래 초기에는 장외거래가 다수를 이루었으나 2005년 이후에는 거래소에서의 거래 비중이 꾸준히 증가하는 추세로 2008년 하반기부터는 거래소와 장외시장에서의 거래 비중이 비슷한 양상을 보이고 있다.

거래소 시장의 경우에는 전력거래소와 배출권전문거래소의 두 가지 유형이 있는데, 배출권 거래 초기에는 주로 전력거래소에서 상품의 하나로 배출권을 거래하였으나 점차 증권이나 파생상품 거래소 위주로 재편되어 독립된 거래소의 형태를 띠고 있다. 이는 유동성 확보를 통한 거래의 활성화가 배출권 시장 성공을 위한 필수적인 요인임을 시사하는 것이라고 볼 수 있다.[47]

거래소의 시장점유율은 2012년 7월 기준으로 유럽기후거래소가

---

46) Asia Carbon Global, "Carbon Trading", Singapore, 2007, pp.11~12; Cecilia Embree and Madeleine M. L. Tan, op. cit., p.368; Rose Mero, "Market and CER pricing", Special CDM Capacity Building Workshop, 21-22 Dicc-Dar Es Salaam, Tanzania, January 2008, p.15.

47) ICE가 ECX의 최대지배주주이며, NYSE-Euronext가 블루넥스트의 최대주주이다. 또한 Nasdaq- OMX가 노르웨이 전력거래부문을 제외하고 노르드풀을 인수하였으며, Eurex는 유럽에너지거래소의 최대주주이다. 한국거래소, "국외 탄소배출권 거래소의 현황과 국내 탄소배출권거래제 도입논의", 국립농업과학원 세미나 자료, 2010. 12. 17., 34면.

91.87%, 유럽에너지거래소가 4.54%, 녹색거래소(Green Exchange)[48]가 2.27%, 블루넥스트 0.58%, 노르드풀 0.29%로 유럽기후거래소가 여타 거래소에 비하여 압도적인 우위를 점하고 있다.[49]

온실가스 배출권 거래시장은 2010년 기준 시장규모가 1,419억 달러에 달하였다. 전 세계적인 경제위기에도 불구하고 시장의 규모는 2007년 630억 달러에서 2008년 1,351억 달러로 2배 가까이 증가하였으나, 2009년도에 1,437억 달러를 기록한 이후 2010년에는 다소 감소하였다. 유럽할당량이 2010년 전체 시장의 84%를 차지하였고, 인증저감권을 포함할 경우 유럽연합 배출권거래제의 시장점유율이 97%에 달할 정도로 유럽연합 시장에 대한 의존도가 높아졌다.[50] 배출권 거래시장은 세계적인 경기침체로 2008년부터 성장세가 주춤하고 있고 포스트 교토체제에 대한 비관적 전망으로 다소 위축이 되었었으나, 현재는 교토의정서가 연장되었고 이후 세계 경기가 회복된다면 다시 성장할 것으로 보인다.

---

48) Green Exchange는 골드만삭스, 모건스탠리 등 세계 주요 은행 및 거래소들의 컨소시엄으로 2010년 미국 상품선물거래위원회의 승인을 얻어 배출권의 거래를 시작하였다. http://www.thegreenx.com/ about-us/index.html.

49) https://www.theice.com/publicdocs/futures/ICE_ECX_presentation.pdf.

50) Carbon Finance(Nicolas Linacre, Alexandre Kossoy and Phillippe Ambrosi), State and Trends of the Carbon Market 2011, World Bank, Washington DC, June 2011, pp.9~10.

02

배출권의 할당

Ⅰ. 할당의 의의

배출권의 할당이란 국가별 혹은 기업별로 일정 기간 동안 대기 중으로 배출할 수 있는 온실가스의 양을 결정하고 이를 분배하는 것을 의미한다. 배출권을 할당하는 단계에서 가장 먼저 제기되는 문제는 국가별 감축 부담률을 결정하는 것이다. 배출권을 할당하는 데에는 환경적 요인과 경제적 요인이 고려되어야 하는데, 환경적 요인으로는 지구온난화를 해소할 수 있을 정도의 전 지구적인 중장기적 감축 목표를 설정해야 하고, 경제적 요인으로는 온실가스 배출실적, 감축기술 및 경제발전 정도와 같은 국가별 감축 여력을 고려하여야 한다. 그런데 국가별 감축 부담률을 결정하는 문제는 위와 같은 환경적 요인과 경제적 요인뿐만 아니라 국제협상에 있어서의 국가별 협상 능력에도 영향을 많이 받기 때문에 국가 간 이견대립이 심하게 나타나게 된다. 국제협상과 관련하여 할당과 관련한 국가 간 이견대립이 가장 명확하게 드러난 것이 교토의정서 성립과정이었다. 미국이 교토의정서를 탈퇴한 것, 일본이나 캐나다가 삼림 등 흡수원을 포함할 것을 주장한 것, 러시아 등 시장경제전환국가를 교토의정서에 참여시키게 된 것도 결국은 할당문제에서 비롯한다. 개발도상국의 경우에는 의무감축대상이 아니었기 때문에 교토의정서 성립과정에서 할당 관련 문제가 아닌 자금지원이나 기술이전 문제를 제기한 것이지만, 모든 국가가 참여하는 포스트 2020 기후체제에서는 개발도상국 역시 할당문제에 민감하게 반응하게 될 것이다.

한 국가의 온실가스 배출량을 결정짓는 요인은 제조공정이나 기술, 사용연료 등 에너지 효율화를 위한 투자요인뿐만 아니라 경제성장률과 같은 요인에 의해 결정되기 때문에 공정개선 등 온실가스 배출 감축 노력을 기울인다 하더라도 경제성장률이 높은 국가에서는 특정연도를 기준으로 배출감축량을 결정하는 것이 매우 곤란하다. 경제성장률과 산업구조의 변화가 상이할 경우 특정연도를 기준으로 국가별 온실가스 배출 할당량을 결정하는 방식은 형평성 차원에서 문제점을 안고 있다. 우리나라와 유럽연합 국가들을 비교하는 경우, 비록 국내총생산 수준이 현시점에서 비슷하다 하더라도 경제성장률의 차이, 즉 온실가스 증가율의 차이가 나는 경우에는 단순한 과거 온실가스 배출량을 기준으로 국가별 배출량을 할당하는 경우에는 문제가 발생하게 된다. 예를 들어 국가별 경제발전 단계와 국가별 산업구조의 차이가 존재하는 경우에 문제가 발생한다. 경제발전 단계는 개발도상국에서 선진국으로 진입하는 단계로서 빠른 경제성장을 달성하고 있는 국가와 이미 선진국으로 진입한 상태로 안정적 성장을 추구하는 국가의 경우를 동일하게 평가할 수는 없다. 또한 산업구조 면에서도 제조업 특히 에너지 다소비업종 중심의 산업구조인 국가와 서비스업의 비중이 높은 산업구조인 국가의 경우도 동일하게 평가할 수는 없는 것이다.

유럽연합 배출권거래제의 경우, 교토의정서에 따라 유럽연합이 공동으로 온실가스를 1990년 대비 8% 감축하기로 한 것에 따라, 이를 회원국들에게 다시 분배하면서 전체적으로 8% 감축목표와 조화를 이룰 수 있도록 하였다. 그런데 재분배 방식에 대하여 회원국 간 첨예한 이해관계의 대립이 빚어졌고, 그 와중에서 형평성과 효율성이 가장 중요한 원칙으로 부각되었다. 효율성은 온실가스 감축방식이 비용 대비 가장 효율적이어야 한다는 것으로 배출총량을 달성하기 위한 총체적인 경제적 비용을 의미하고, 형평성은 인구규모와 증가율, 경제구조 등이 고려되어야 한다는 것으로 경제 전반의 모든 부문에 걸쳐 동 비용이 배분되는 것을 의미한다.[51]

그러나 유럽연합의 의무분담협정(EU Burden Sharing Agreement, BSA)은 형평성과 효율성을 표방하고 있었음에도 불구하고 실제 유럽연합 배출권거래제의 할당방식은 국가별 특수성에 대한 고려가 실질적으로 나타나지는 않았다. 유럽연합 회원국 중 독일, 덴마크 오스트리아, 영국 등 부유한 회원국에는 1990년 배출량에 대비하여 절대적인 수치상 상대적으로 높은 감축을 요구하고, 그리스, 포르투갈, 스페인 등 빈곤한 회원국에는 1990년 배출량보다 추가로 배출할 수 있도록 할당이 되었다. 그러나 각 회원국의 국내총생산과 한계저감비

---

51) Raymond J. Kopp, "Allowance Allocation", Issue Brief 6, Resources for the Future, November 2007, p.89.

용을 고려할 때, 부유한 회원국은 보다 많이 감축해야 했고, 빈곤한 회원국은 보다 많은 할당량을 필요로 하였기 때문에 회원국 간에 감축의무를 차별화하는 것만으로는 충분한 것이 아니었다.[52]

이와 같이 경제성장률, 산업구조 면에서 차이가 확연한 국가들에 대하여 온실가스 배출량을 1990년 수준으로 동일하게 낮추는 국가별 배출권 할당은 우리나라와 같은 국가, 특히 우리나라의 에너지다소비 업종을 포함한 제조업에는 매우 심각한 비용증가 및 성장잠재력을 낮추는 결과를 초래하게 된다. 따라서 포스트 2020 기후체제에 대한 협상에서 국가별 할당방식을 결정함에 있어서 여전히 국가별 첨예한 이해관계가 대립할 것인데, 우리나라는 효율성은 물론 형평성이 최대한 유지되어야 한다는 것을 기준으로 최대한 유리한 입장에서 협상에 임할 수 있도록 철저한 준비가 필요하다.

Ⅱ. 초기할당방식의 유형

1. 무상할당방식

(1) 무상할당방식의 의의

초기할당방식에서 가장 보편적인 것은 '과거 배출량 기준 무상할당방식(grandfathering)'으로서, 이는 과거 기준연도 혹은 기준기간의 배출량, 투입열량, 산출물 등의 평균 또는 최고치를 기준으로, 즉

---

52) Johan Eyckmans et al., "Efficiency and Equity in the EU Burden Sharing Agreement", Working Paper Series No.2000-02, Revised, Energy Transport and Environment, Leuven, Belgium, June 2002, pp.13~15, 28~29.

역사적 배출량을 기준으로 배출량을 산정하여 배출권 거래 참여자에게 이를 무상으로 할당하는 방식이다. 미국의 산성비프로그램(Acid Rain Program)과 RECLAIM[53] 등 대부분의 배출권거래제는 이와 같은 무상할당방식을 취하고 있다. 또한 유럽연합 배출권거래제 제1기와 제2기에 유럽연합 회원국의 국가할당계획에서 채택한 대표적인 할당방식이다.

무상할당방식은 허용된 수준까지 무상으로 온실가스를 배출할 수 있도록 허용해 주는 것이기 때문에 실제에 있어서는 환경규제방안 중 전통적인 방식인 명령통제방식과 유사하다.[54]

(2) 무상할당방식의 장점

무상할당방식의 장점으로는 첫째, 과거배출량 데이터에 기초하기 때문에 배출량 산출이 비교적 용이하다는 점, 둘째, 피규제자인 기업의 반대를 최소화하여 실행상의 용이성, 즉 정치적 수용성이 높다는 점을 들 수 있다.

먼저 과거 일정 기간 동안의 배출량을 기준으로 배출권을 무상으로 배분할 경우, 기존의 데이터를 기준으로 배출량을 산정하기 때문에 배출권의 규모에 대한 불확실성을 줄일 수 있다.

그리고 기존 산업의 기득권을 그대로 인정해 주고, 제도 도입으로 인한 직접적 비용이 발생하지 않으므로, 제도의 도입과정에서 발

---

53) 1994년부터 미국의 캘리포니아주에서 시행하고 있는 대기오염 관리를 위한 시장 메커니즘으로, 질소산화물(NOx)과 황산화물(SOx)의 배출 규제가 목표이다. http://www.aqmd.gov/reclaim/reclaim. html.

54) Pew Center on Global Climate Change, "Greenhouse Gas Emissions Allowance Allocation", Congressional Policy Brief, Fall 2008, p.3.

생하는 제도 참여자들의 반발을 줄일 수 있기 때문에 배출권거래제가 용이하게 정착할 수 있게 된다.[55]

(3) 무상할당방식의 문제점

무상할당방식의 가장 큰 문제점은 기준이 과거 시점이라는 데서 발생한다. 즉 과거배출량에 기초하여 배출권을 무상할당하기 때문에 과거에 온실가스를 많이 배출한 기업일수록 더 많은 배출량을 할당받게 되는 문제점이 발생하고 여기서 조기행동에 대한 적절한 보상을 할 수 없다는 문제점이 또한 발생하게 되는 것이다. 다시 말해서 과거에 이미 에너지 효율성을 개선하고 온실가스 저감 설비 및 공정 개선을 실시한 기업일수록 결과적으로 적은 양의 배출권을 할당받게 된다. 이는 배출권거래제 시행 이전에 배출감축노력이 아닌 배출증가노력에 대한 유인을 초래할 가능성이 높아 가까운 미래에 배출권거래제가 도입되고 초기할당 정책이 과거배출량을 기준으로 하는 무상할당방식으로 이루어질 것이라는 점이 예상되는 경우에 배출자는 보다 많은 배출권을 할당받기 위하여 전략적으로 배출량을 늘리는 왜곡된 행태를 보일 수 있다.[56]

둘째, 무상할당방식이란 과거 배출량에 기초하여 배출권을 배분하는 방식이기 때문에 기업이 과거 배출량 정보를 완벽하게 구축하여야 하는데 현실적으로 이는 매우 어려운 일이다. 그리고 과거 배출량

---

55) Stefan Weishaar, op. cit., p.344.

56) David Harrison, Jr. and Daniel B. Radov, Evaluation of Alternative Initial Allocation Mechanisms in a European Union Greenhouse Gas Emissions Allowance Trading Scheme, National Economic Research Associates, March 2002, pp.72~73.

정보가 없는 경우, 즉 신규진입이 불가능하게 된다.

셋째, 과거배출량 기준 무상할당방식은 미래에 발생할 경제적, 비경제적 변화를 정확하게 반영할 수 없다. 과거 배출량을 기준으로 하기 때문에 배출주체들의 생산전망 혹은 생산 활동의 변화에 대한 정확한 예측이 곤란하기 때문이다. 특히 과거 배출량 등에 근거하기 때문에 산업구조가 급격하게 변화하는 것을 예측할 수 없으며, 과다 혹은 과소한 생산전망에 따라 기준치를 설정하여 이를 바탕으로 배출권이 배분될 경우 기업 간 경쟁 조건에서 왜곡이 발생할 수 있다.

넷째, 무상할당방식은 모든 배출시설에 적용하기 위한 공통적인 규칙을 만들기 어려우며, 이런 문제를 해결하기 위해 다소 과도한 예외 규정을 두게 되는 문제점이 발생한다. 특히 기업마다 개별적인 특수한 여건이 고려될 수 없기 때문에 공통적인 규칙의 경우 기업에 불평등한 무상분배가 이루어질 가능성이 있다. 한편 기업들은 배출권을 최대한 확보하기 위하여 정책설계 과정에 막대한 비용을 사용하게 되고, 정부 역시 협상과정에서 나타난 사항들을 분석하고 결정하는 데 많은 시간을 소용하게 되며, 이는 높은 행정비용을 필요로 하고 제도 시행이 상당기간 지연되는 상황으로 이어질 수 있다. 또한 기업들의 투자를 지연시키고 예외 규정에 해당하거나 추가 배출권을 받고자 하는 기업들이 생겨날 수 있다.[57]

다섯째, 배출자에게 무상으로 배출권을 부여하여 배출자의 자산을 증가시킴으로써 오염원인자에 이익이 되는 방향으로 자산을 재분배하는 효과를 나타내는데, 이는 형평성에 반하는 것이다.[58] 또한 제품의

---

57) Peter Cramton and Suzi Kerr, "Tradeable Carbon Permit Auctions: How and why to auction not grandfather" Energy Policy, Vol. 30, Issue 4, 2002, pp.340~341.

가격 인상을 통해 소비자에게로의 부담 전가가 가능할 경우에는 오히려 배출자가 부당이득을 향유하는 결과를 초래하기도 한다.59) 실제로 배출권 시장에 참여하고 있는 오염원인자인 전력회사에는 우발적인 부당이득을 가져다주고, 도매전력가격을 상승시켜 소비자에게 비용 전가를 함으로써 전력가격이 인상되는 원인으로 작용하는 등 오염원 인자에 대한 면죄부적 성격이 강하다는 문제가 제기되기도 하였다.

배출권거래제가 좀 더 효율적이며 효과적으로 운영되기 위해서는, 무상할당의 기준이 온실가스를 많이 배출하는 기업에 혜택이 돌아가는 것이 아니라 적게 배출하는 기업에 대해서 더 많은 보상을 해주도록 하는 것이 되어야 한다.

2. 벤치마킹방식

(1) 벤치마킹방식의 의의

무상할당방식의 가장 큰 문제점이 초기 배출권할당이 과거 배출량을 기준으로 이루어지기 때문에 배출을 많이 하는 기업일수록 더 많은 배출권을 할당받게 되는 불합리한 점이 존재한다는 것과 어떤 산업에 신규 진입을 원하는 기업들은 과거의 실적이 없기 때문에 배출

---

58) Edwin Woerdmann et al.(Michael Faure and Marjan Peeters, ed.), "European emissions trading and the polluter-pays principle: assessing grandfathering and over-allocation", In Climate Change and European Emissions Trading: Lessons for Theory and Practice, Edward Elgar Publishing, Inc., Massachusetts, 2008, pp.132~137.

59) Karen L. Palmer and Dallas Burtraw, "The Electricity Sector and Climate Policy", Assessing U. S. Climate Policy Options, Issue Brief CPF-11, Resources for the Future, November 2007, pp.156~159.

권을 할당받을 수 없다는 점인데, 이를 해결하기 위하여 고안된 것이
벤치마킹(benchmarking)방식이다.

　벤치마킹방식은 좀 더 효율적이고 효과적인 무상할당을 달성하기
위한 방식으로 배출권의 할당량을 설정함에 있어 그 기준을 부문별
로 한다는 것이 가장 큰 특징이다. 먼저 각 산업을 석유화학 부문, 제
철 부문, 발전 부문 등 부문별로 나누어 각 부문에 배출량을 할당한
다. 이후 각 부문별로 최고 혹은 상위 10%의 온실가스 저감 기술을
기준으로 해당 분야의 모든 사업장을 평가한다.[60] 그리고 이 평가결
과에 따라 가장 최고 수준의 벤치마킹 기술을 보유한 사업장에 대해
서는 기업당 받을 수 있는 전체 배출권을 할당하고, 벤치마킹 기술
수준보다 낮은 기술 수준을 보유한 기업에는 이보다 적은 양의 배출
권을 비율에 따라 할당한다. 따라서 이러한 기업들은 에너지 효율 개
선 등 기술개발에 대한 투자를 통하여 벤치마킹 기술 수준을 달성하
거나, 이 방식을 수행하기 어려울 경우에는 추가적인 배출권을 구매
해야 한다.[61]

(2) 벤치마킹방식의 장점

　이 방식의 가장 큰 장점은 '보상의 원칙'에 부합한다는 점이다. 온
실가스 저감기술에 투자하여 가장 효율성이 높은 기술을 보유한 기
업에 가장 많은 배출권이 할당되고, 상대적으로 기술 수준이 낮은 기

---

60) http://ec.europa.eu/clima/policies/ets/benchmarking/index_en.htm.
61) 가장 효율성이 높은 기술 이외에도 대체물, 대체 생산공정, 고효율 열병합발전, 고효율 폐
　　가스 에너지 회수, 바이오매스 이용, 탄소포집 및 저장 등을 사용가능한지 여부를 동시에
　　고려해야 한다. 입법지침 2009/29/EC preamble (23).

업에는 비례적으로 배출권이 적게 할당이 되므로 기업의 투자에 대한 보상이 이루어지게 된다.

또한 기준연도 불변 실적기준 무상할당방식에 비하여 상대적으로 낮은 진입비용으로 인해 신규진입자의 배출권 시장진입이 용이해지고 신기술개발에 대한 유인이 커지게 된다.

유럽연합의 일부 국가에서는 벤치마킹방식을 이용하고 있는데, 이들 국가에서는 알루미늄 제련, 시멘트, 철강 등 업종별로 이용 가능한 최우량기술을 선정하고 이 기술을 이용하여 일정량의 제품을 만들 경우 발생하는 이산화탄소의 양을 기준으로 하여 배출권을 할당하는 방식을 이용하고 있다. 이 경우 최우량기술을 도입하지 않은 기업들은 동일한 양의 제품을 생산하는 경우 이산화탄소 배출량이 더 많게 되므로 할당받은 배출권보다 더 많은 배출권이 추가로 필요하게 된다. 따라서 기업들은 최우량기술을 도입하기 위한 설비투자를 하거나, 배출권을 구입하거나, 혹은 생산량을 줄이는 방법을 선택할 수밖에 없게 된다.

유럽연합 배출권거래제 제3기에는 대부분 경매방식을 통해 초기배출권을 할당할 예정이지만 특정 분야에 대해서는 무상할당을 지속적으로 이용할 계획인데, 이는 모두 벤치마킹방식을 이용하여 이루어질 예정이다.

(3) 벤치마킹방식의 문제점

벤치마킹방식의 문제점은 명확성을 기하는 것이 어렵고 행정비용이 많이 든다는 것이다.[62)]

첫째, 산업을 부문별로 나누는 단계에서 각 집단을 명확히 구별하는 것이 어렵다는 문제점이 존재한다. 특히 일부 사업장의 경우 복합적인 기술을 이용할 수 있는데, 이 경우 동 사업장을 어느 부문에 포함시키느냐에 따라 기업의 이해관계가 크게 달라질 수 있기 때문에 가능한 손실이 덜 발생하는 부문에 해당하기 위한 기업의 로비가 크게 작용할 수 있다.

둘째. 국가별 친환경기술의 격차로 인한 정치적 합의가 어렵다는 점이다. 예를 들어 유럽연합의 경우, 일부 유럽연합 회원국들은 대부분의 기술에서 매우 앞서 있기 때문에 일부 국가에 사업장을 둔 기업들에는 기업당 받을 수 있는 최대 배출권을 할당하게 되는 반면 기타 회원국에 소재한 기업들에는 과소한 배출권을 할당하게 된다. 그런데 이는 기술력이 부족한 일부 회원국에는 심각한 경쟁력 약화를 초래할 수 있기 때문에 유럽연합 내 회원국들 간에 벤치마킹방식의 선택에 있어 합의도출이 어렵게 된다. 그리고 탄소누출의 위험성 등이 있는 경우에는 벤치마킹방식으로 인하여 국제경쟁력에 타격을 받게 될 가능성이 있다.[63]

셋째, 행정비용이 높다는 점이다. 즉, 시간의 변화에 따른 정확한 벤치마크를 산출하는 것 자체가 높은 비용을 요한다는 점이다. 하나의 산업군 내에는 다양한 기술들이 존재하고 공정도 다양하며, 이러한 기술 등은 지속적으로 발전하는데, 적기에 최우수기술을 선정하지 못하는 경우에는 오히려 기술혁신을 저해하는 요인이 될 수 있다.

---

62) 김용건·전지영, 『온실가스 배출권 초기할당방식에 관한 연구』, 한국환경정책·평가연구원, 2010, 54~55면.
63) 위의 책, 56~58면.

그리고 벤치마킹에 필요한 자료가 사업상 기밀유지의 요구가 클 경우에는 벤치마킹 자체가 불가능할 수도 있다.

위에서 살펴본 바와 같이 벤치마킹방식은 에너지 효율화를 이루고, 기술적 진전을 이룬 기업에 대한 보상이 이루어지는 등 효율성과 형평성 양 측면을 모두 충족시키는 방식이 될 수 있다. 그러나 이를 위한 행정비용 등이 과다하여 자칫 배출권거래제의 비용효과성을 잠식할 수 있는 위험이 있다. 따라서 행정비용은 최소화하고 효율성과 형평성은 최대화하기 위하여 유럽연합의 경우처럼 벤치마킹 비용이 상대적으로 적은 일정 부문에 한정하여 동 방식을 적용하는 것이 바람직하다.

3. 유상할당방식

(1) 유상할당방식의 의의

유상할당방식은 배출자에 대하여 온실가스 배출권을 판매하는 것으로 할당을 하는 단계에서 온실가스의 가치를 시장메커니즘을 통하여 미리 판단할 수 있게 된다. 유럽연합은 당초 기존 사업자를 포함한 모든 기업이 경매에 참가하여 온실가스 배출 비용을 부담해야 한다는 견해가 있었으나, 이 견해는 산업계의 거센 반발에 부딪혔고 결국 일부 부문에서 시장에 신규로 진입하는 자에게만 경매 방식으로 배출권을 판매하고 있다.

(2) 유상할당방식의 장점

유상할당방식의 장점은 첫째, 할당의 효율성이다.[64] 배출권의 가치를 가장 높게 평가하는 경매참가자에게 배출권의 소유권이 귀속되어 배출권이 효율적으로 배분되는 결과를 가져온다. 무상할당의 경우, 이러한 효율성의 기준 없이 과거의 배출 실적에 맞추어 배분되는 방식이기 때문에 온실가스 저감의 한계비용이 가장 높은 당사자에게 배출권이 배분될 수 있는 가능성이 차단되는 결과가 초래되는 문제점이 발생한다.

둘째, 배출권의 가격발견이 용이하다.[65] 정보의 비대칭이 존재하는 상황에서 잠재적인 매도인이 시장의 가격을 결정하기 어렵기 때문에, 배출권거래제 도입 초기에는 온실가스 1단위를 감소시키는 데 소요되는 비용, 즉 온실가스의 가격이 어느 정도인지에 대한 정확한 정보를 파악하기 어렵다.[66] 그런데 배출권을 경매를 통해 배분할 경우에는 기업들의 실제 저감비용을 파악할 수 있게 되는데, 이는 시장을 통하여 온실가스의 가격을 파악하는, 즉 배출권의 가격 정보를 얻을 수 있다는 것을 의미한다. 또한 경매 규칙의 투명성은 참가자들에게 배출권 이전에 대한 정당성을 보장해준다.[67]

셋째, 경매를 이용하여 배출권을 배분할 경우, 경매에서 발생하는 재원을 온실가스 감축기술에 투자하거나, 저소득층 등 온실가스 배출비용 전가로 인한 피해자들을 지원하는 기금으로 활용가능하다.

---

64) Peter Cramton and Suzi Kerr, op. cit., pp.333~345.

65) Pew Center on Global Climate Change, op. cit., p.8.

66) Stefan Weishaar, op. cit., p.348.

67) Michael H. Rothkopf and Ronald M. Harstad, "Modeling Competitive Bidding: A Critical Essay", Management Science, Vol. 40, No. 3, Mar. 1994, pp.367~368.

넷째, 오염 원인자부담의 원칙에 가장 잘 부합하는 방식이다.[68] 경매방식은 대기의 오염자가 금전을 지불하고 오염물질인 온실가스를 배출할 권한을 매수해야 하는 방식이므로, 오염 발생에 대한 대가를 지불한다는 측면에서 오염 원인자부담의 원칙에 부합한다. 오염물질을 많이 배출하는 기업일수록 많은 배출권을 확보하게 되는 무상할당방식에서 발생하는 기존 사업자의 부당이득 향유라는 문제는 발생하지 않는다.[69]

다섯째, 경매방식은 청정에너지 혹은 저탄소 기술에 대한 투자를 이미 진행하고 있는 기업의 경우 투자를 하지 않고 있는 기업에 비하여 배출권을 덜 구매해도 되기 때문에, 이들 기업에 대한 일종의 보상적 성격을 가지게 된다. 또한 신규 진입자를 위하여 할당계획을 수정할 필요가 없고, 이들은 시장에 진입하면서 경쟁자들에 비하여 추가 비용을 지불할 필요가 없게 된다.[70]

(3) 유상할당방식의 고려사항

유상할당방식에서 고려해야 할 가장 중요한 요소는 경매방식의 설계 문제로 경매 참여자의 범위, 경매의 형식, 경매의 빈도 등이 있다.[71]

경매방식 설계의 중요한 목표는 가능한 많은 시장참가자들의 참여를 유도하여 경쟁을 촉진시키는 것이다. 일반적으로 입찰 참가자들의 수가 많을수록 보다 많은 경쟁이 일어나고 경매 수익이 커지게 된

---

68) Pew Center on Global Climate Change, op. cit., p.6.
69) Stefan Weishaar, op. cit., p.359.
70) Pew Center on Global Climate Change, op. cit., pp.7~8.
71) Ibid, pp.13~14.

다. 그러나 소규모의 응찰자들은 높은 거래 비용으로 인하여 직접 경매에 참가하지 않을 것이고, 규제기관이 각 입찰자와 관련한 거래 비용을 부담하는 상황에 직면하게 된다. 이러한 상황을 해결하기 위하여 중개인(dealer)이 소규모 업자를 대신하여 시장에 참가하도록 허용하는 방안이 고려될 수 있다.[72]

경매의 형식은 크게 공개입찰과 비밀입찰의 두 가지로 나눌 수 있는데, 공개입찰은 경매 도중에 입찰가를 올리는 것이 가능하나, 비밀입찰은 입찰자들이 최종가격을 단 한 번만 제출할 수 있다. 경매의 형식은 상황에 따라 적절한 방식을 선택할 수 있다. 공개입찰의 경우 경매 경험이 없는 입찰자라 할지라도 입찰방식을 쉽게 이해할 수 있는 장점이 있다. 한편 유럽연합 배출권거래제처럼 경매 참가자들이 많을 경우에는 비밀입찰 방식이 유리할 수도 있다.[73]

경매의 빈도 역시 중요한데, 전체 배출권을 대상으로 적은 횟수의 경매를 실시할 경우에는 거래 비용을 줄이고 기존 기업들 간의 경쟁을 촉진할 수 있다. 반면 보다 소규모의 배출권을 대상으로 보다 많은 회수의 경매를 실시할 경우에는 단기간의 가격변동성에 보다 즉각적인 반응을 보일 수 있고, 시장에 수요 공급에 대한 보다 즉각적인 정보를 제공할 수 있으며, 다년간 유효한 배출권을 구입할 자금이 부족한 소규모 기업의 참여를 증진할 수 있는데다, 일부 대형 기업이 배출권의 상당 부분을 매수할 가능성에 대한 우려를 완화시킬 수 있다.[74]

---

72) Cameron Hepburn et al., "Auctioning of EU ETS phase II allowances: how and why?", Climate Policy, Vol. 6, Earthscan, 2006, p.146.

73) Ibid, pp.144~146.

74) Ibid, p.147.

유럽연합은 「입법지침 2009/29/EC」에서 경매를 향후 유럽연합 배출권거래제의 기본 할당방식으로 이용하기로 결정하였다. 이에 따라 우선 에너지 부분은 2013년 이후 전량 경매로 배출권을 할당할 계획이며, 예외적으로 열병합발전 시설 등 고효율의 분산발전의 경우에는 무상할당으로 배분될 계획이다.

경매방식은 유상할당방식으로 대부분의 국가에서 이용하고 있는데, 할당방식 중 가장 오염원인자부담의 원칙에 부합하는 방식이라고 할 수 있다. 벤치마킹방식은 기술 수준에 따른 보상이 이루어지는 반면, 경매방식은 배출수준에 따른 보상이 이루어진다고 볼 수 있으므로, 기업은 어떠한 방식으로든 온실가스의 배출을 줄이려는 유인을 가지게 된다. 또한 벤치마킹방식에서와 같은 높은 행정비용이 필요하지 않으므로 제도시행에 대한 부담도 덜하게 된다. 따라서 배출권거래제의 궁극적인 할당방식은 경매방식이 되는 것이 바람직하다.

Ⅲ. 각국의 초기할당방식

1. 유럽연합 배출권거래제의 초기할당방식

유럽연합 배출권거래제에서는 초기할당방식을 단계별로 적용대상 및 할당방식에 있어서 다르게 적용하고 있다.

유럽연합 회원국들이 자국의 국가할당계획에 따라 부문별 및 시설별로 배출권을 할당하고(입법지침 2003/87/EC arts. 4 to 7), 총 할당량에 대하여 유럽연합 집행위원회에 보고하면, 유럽연합 집행위원회는 각 국가에서 제출한 국가할당계획을 평가한 후 이를 최종적으로 승인하게 된다(arts. 9 to 11).

유럽연합 배출권기래제는 국가할당계획과 관련하여 2단계로 나누어 할당을 시행하였는데, 1단계는 하향식 방식(top-down approach)으로, 2단계는 상향식 방식(bottom-up approach)으로 진행되었다.[75]

먼저 1단계에서는 부문별 할당이 이루어졌는데, 이 단계에서 배출권거래제에의 참여 부문과 비참여 부문이 나누어졌고, 각 부문의 총 할당량이 결정되었다. 이 중 참여 부문에는 철강 및 제지 등 제조업 부문의 에너지 다소비 사업장과 발전 부문이 포함되었고, 비참여 부문에는 제조업 부문에서 에너지 다소비 사업장을 제외한 부분 및 가정, 상업, 수송 부분이 포함되었다. 각 부문에 분배되는 할당량은 해당 부문의 성장률 전망치를 기준으로 하여 신규 진입자를 위한 유보분을 제외하고 결정되었다.

2단계에서는 부문 내 할당이 이루어졌는데, 이 단계에서는 개별 사업장 수준의 할당량이 결정되었다. 1998년부터 2003년까지의 기간 동안 인증된 배출량 데이터에 기초하여 해당 부문 총 할당량에 비례하여 개별 시설에 할당량이 분배되었다.

국가할당계획과 관련한 할당은 1단계와 2단계 모두에서 ① 과거의 배출량 자료, ② 현재의 배출량 자료, 특히 최근 특정연도 및 일정 기간의 자료, ③ 미래의 배출량 예상 자료를 종합적으로 고려하여 이루어졌다.

그런데 초기할당에서의 형평성과 효율성을 충족시키기 위한 방식

---

75) http://www.environment-agency.gov.uk/business/topics/pollution/32248.aspx.

으로 과거, 현재 및 미래를 모두 고려하는 방식이 합리적이라고 볼 수 있으나, 현실에서는 시행과정에서 부작용이 발생하였다. 이는 과거나 현재의 배출량에 대한 고려보다는 미래의 배출량에 대한 고려를 더 많이 한 데서 발생한 문제점인데, 과거나 현재의 부문별 혹은 부문 내 개별 사업자의 실제 배출량을 기준으로 하기보다는 미래의 예상 배출량을 더 많이 고려함으로써 불확실성이 높아지고, 예상 배출량을 높게 설정한 것은 배출량의 과다 할당으로 이어지게 되었으며, 이는 유럽연합 배출권거래제 제1기 동안 나타난 배출권 거래시장의 일시적인 붕괴 현상이라는 결과로 이어지게 되었다.[76]

이론적으로 배출권거래제의 초기할당은 일정 기업에 할당된 배출권의 양에 관계없이 사회 전체적으로는 최소의 비용으로 최적의 감축 결과를 도출할 수 있다. 즉, 극단적으로 한 기업에 배출권 전체를 할당한다고 하더라도 사회 전체적으로는 배출권거래제를 통하여 온실가스 감축이라는 목표 달성을 위한 비용을 최소화하는 것이 가능하다. 그러나 현실적으로 이를 개별 기업 차원에서 고려할 때는 상대적으로 초기할당을 많이 받은 기업과 적게 받은 기업 간에 불공평한 결과를 초래하게 된다. 할당을 많이 받은 기업은 부당이득을 얻게 되는 반면, 할당을 적게 받은 기업은 그만큼 실제적으로 금전적 손해를 부담하게 되기 때문이다. 따라서 형평성이라는 차원에서 초기할당은 매우 중요한 문제가 된다.

---

76) 배출권의 과다할당은 형평성 및 효율성의 원칙 모두에 반하는 데, 배출권거래제 참여 부문은 비참여 부문에 비용을 전가시켜 배출량의 한계저감비용이 배출권거래제 비참여 부문에서 더 높게 나타나는 부작용이 발생하므로 형평성에 반하고, 과다할당으로 인한 배출권 가격의 하락은 오염원인자에 대한 비용의 내부화를 이루지 못하므로 효율성에도 반하는 결과를 가져온다. Edwin Woerdmann et al., op. cit., pp.137~142.

유럽연합 배출권거래제 제1기는 원칙적으로 무상할당이었는데, 전체 배출권의 95%에 대하여 무상할당을 허용하고, 5%에 대하여는 경매방식으로 할당하도록 하였다(입법지침 2003/87/EC art. 10).

그러나 대부분의 국가들이 100% 무상할당방식을 채택하였으며, 실질적으로 5%를 경매방식으로 할당한 국가는 덴마크뿐이었다. 그리고 5%에 미치지는 못하지만 경매방식을 채택한 국가는 헝가리(2.5%), 리투아니아(1.5%), 아일랜드(0.75%) 등 3개국에 불과하였고, 직접 경매를 실시한 4개국 이외에 신규 진입 기업에 대한 유보분을 경매방식을 통해 할당한 국가는 프랑스, 이탈리아, 오스트리아, 라트비아, 네덜란드, 스페인, 스웨덴, 영국, 룩셈부르크 등 9개국이었다.

유럽연합 배출권거래제 제1기의 가장 큰 문제점은 특정 산업의 로비로 95%에 해당하는 과다할당이 이루어졌다는 것이었는데, 이는 회원국들이 경매제도 도입으로 인한 자국 산업체의 경쟁력 하락을 우려하였기 때문이었다. 이로 인하여 발전 부문을 포함한 특정 산업부문의 기업들은 전력 가격을 인상하여 온실가스 배출에 대한 부담을 비용으로 소비자에게 전가함으로써 제품 생산단계의 비용을 부담하지 않고 배출권만 과다 할당을 받게 되어 막대한 부당이득을 얻게 되었다.

유럽연합 배출권거래제 제2기에는 전체 배출권 중 90%를 무상할당, 10%를 유상할당하도록 허용하였으나, 일부 국가에서만 유상할당을 채택하였고, 이들 국가 중에서도 10%를 모두 유상할당으로 이용한 국가는 없었다. 유럽연합 회원국 27개국 평균 3.1%의 유상할당이 이루어졌는데, 독일이 약 9%로 경매비율이 가장 높았고, 영국 7%, 네덜란드 3.7%, 오스트리아 1.3%, 아일랜드 0.5% 등이었다.[77]

유럽연합 배출권거래제 제1기와 제2기의 가장 큰 차이점은 ① 초과 배출에 대한 제재 강화, ② 회원국의 온실가스나 산업부문의 제도 포함 여부에 대한 선택권, ③ 회원국에 의한 특정 시설의 잠정적 배제 가능성 등이다.

유상할당방식에 의한 할당은 제2기에서 제1기보다는 증가하였으나, 그 증가폭은 크지 않았다. 유럽연합은 유상할당비율을 제3기에 최소 30%로 시작하여 2020년까지 그 비율을 점차 확대할 계획이며, 2027년에는 100% 완전 경매를 실시한다는 계획이다(입법지침 2009/29/EC preamble (21)).

유럽연합은 유상할당비율의 점진적 증가와 함께 이로 인한 부작용을 최소화하기 위한 조치를 마련하고 있다. 첫째, 35MW 미만의 전력을 사용하는 사업장으로 연간 이산화탄소 배출량이 2만 5천 톤 미만인 소규모 사업장에 대하여 배출권거래제 참여를 거부할 수 있도록 하였고, 둘째, 유상할당으로 인한 탄소누출 위험이 있는 산업, 무역의존도가 높은 산업, 에너지 다소비업종은 국제협상 등의 경과를 참작하여 2020년까지 일정 조건하에서 벤치마킹방식을 이용할 수 있도록 하였다. 이는 유상할당방식의 도입으로 인한 비용경쟁력의 하락으로 탄소저감 의무가 없는 국가의 기업들과의 경쟁력이 낮아질 우려가 있는 기업이 유럽 이외의 지역으로 생산거점을 이동할 가능성을 고려한 것인데, 이는 전 지구적으로 온실가스의 배출이 감소하지 않는다는 측면에서도 바람직하지 아니하다. 또한 이러한 예외규정은 다른 산업군에서도 무상할당을 요구할 수 있는 여지를 남겼다는 데에서 문제가 되는데, 산업군을 분류함에 있어서 논쟁의 여지를

---

77) http://ec.europa.eu/clima/policies/ets/auctioning/second/index_en.htm.

최소화할 수 있도록 하여야 한다. 발전부문은 2013년에는 70%까지 무상할당이 가능하되, 2020년까지는 무상할당비율이 0%가 되도록 점진적으로 무상할당비율을 축소하였는데, 이는 제1기 동안 소비자에 대한 부담 전가로 부당이득을 얻은 발전부문에 대한 일종의 보복적 성격의 조치라고 볼 수 있다.

2013년 이후 배출권은, 88%는 2005년 이산화탄소 배출량에 기초하여 회원국들에 할당하고, 10%는 경제력이 취약한 회원국들이 기후변화의 적응 및 탄소집약도 개선에 투자할 수 있도록 추가로 할당하게 된다.[78] 그리고 나머지 2%는 일명 교토보너스라고 하는데, 2005년에 1990년 대비 20% 이상 감축한 회원국들로 불가리아, 체코, 에스토니아, 헝가리, 라트비아, 폴란드, 루마니아, 슬로바키아 등에 할당될 예정이다.

경매를 시행하는 경우 그 주체는 회원국이 될 예정이며, 경매량은 1인당 국내총생산이 낮은 참여 국가에 대해서 더 많은 혜택을 제공하여 소득재분배 효과를 반영할 계획이다. 유상할당으로 인한 수입은 50% 이상을 회원국과 개발도상국의 기후변화 대응을 위하여 활용하기로 하였다. 수입의 규모는 배출권의 가격에 따라 변동이 가능하나 대체로 2020년 기준 약 300억 내지 500억 유로 정도가 될 것으로 예상하고 있다.

유럽연합 배출권거래제에서 알 수 있듯이 무상할당과 유상할당은 반드시 서로 배타적인 것이 아니고 여건에 따라 조정할 수 있는 문제이다. 따라서 배출권거래제 도입 초기에는 무상할당비율을 높게 하

---

78) Carbon Finance(Alexandre Kossoy and Philippe Ambrosi), State and Trends of the Carbon Market 2010, World Bank, Washington DC, May 2010, pp.19~20.

여 참여 기업들의 반발 및 부담을 최소화하고, 점차 유상할당비율을 높여 나감으로써 참여 기업들의 적응력을 높인 후 궁극적으로는 오염 원인자부담의 원칙에 충실하게 완전 유상할당방식으로 가는 것이 가장 바람직한 것으로 보인다.

2. 영국 배출권거래제의 초기할당방식(인센티브 경매)

영국은 초기할당방식으로 유럽연합 배출권거래제 시행 이전에 영국 배출권거래제를 시행하면서 유상할당방식의 일종인 인센티브 경매방식을 이용하였다.

영국이 2004년부터 2007년까지 자발적 배출권거래제를 시행하면서 인센티브 경매방식을 도입하게 된 것은 배출권의 가격에 대한 사전 경험이 없는 기업들이 배출권거래제 도입 초기에 정부와 감축 목표를 설정하는 데 소극적인 태도로 임하였기 때문이다. 이러한 문제점을 해결하기 위하여 영국 정부는 2002년부터 2006년까지 5년간 약 2억 1,500만 파운드의 인센티브를 제공하기로 발표하였는데, 이는 경매에 참여하는 기업들에 목표달성 시 초기비용을 반환하는 데 이용되는 것이었다.

인센티브 경매방식에서 경매운영자가 공시한 이산화탄소 1톤당 가격을 기준으로, 경매참가자들이 희망 이산화탄소의 단위를 동 가격으로 계산하였을 때 전체 경매참가자들의 총 희망 이산화탄소 단위의 금액이 2억 1,500만 파운드 이하인 경우 경매는 종료된다. 만약 금액이 초과되는 경우에는 경매를 다시 진행하여 전체 금액이 2억 1,500만 파운드 이하가 되는 시점까지 경매는 반복된다. 경매가 종

료되는 시점에 경매참가자들이 제출한 이산화탄소 매수 희망량은 경
매참가자들의 감축목표량이 되며, 향후 목표를 달성한 기업은 감축
량에 해당하는 금액을 인센티브로 받게 되는 방식이다.

인센티브 경매방식의 문제점은 경매참가자들의 담합 가능성이다.
즉, 경매참가자들은 톤당 감축 인센티브는 최대한 많이 받고, 감축량
은 최소한으로 줄이는 방향으로 서로 담합할 가능성이 있다. 이는 결
과적으로 환경 관련 투자를 감소시키는 부정적 효과를 가져올 수 있
는데, 인센티브 재원은 완전히 소진하면서 감축량은 사회적으로 바
람직하지 않은 수준에서 결정될 수 있다.

영국의 배출권거래제의 인센티브 경매방식은 무상할당과 경매방
식을 혼합한 복합적 성격의 할당방식으로, 온실가스 감축 목표를 달
성한 기업에 사실상 보조금을 지급하는 것과 다름없다.

3. 미국의 초기할당방식

미국의 포괄적 기후법안인 「왁스만-마키 법안」은 무상할당 85%,
유상할당 15%로 유상할당은 분기별로 실시하도록 하고 있다. 경매에
는 자격 제한 없이 누구나 참여할 수 있으며, 경매유보가격은 2012년
톤당 $10로 설정되고 이후부터는 연 인플레이션율 5%를 적용하여 산
정하게 된다. 배출권 할당은 미국의 에너지 집적산업이나 수출산업,
정유업체를 대상으로 해당 산업이 탄소기반 연료에서 탈피, 전환이
가능하도록 지원하기 위해 제도 시행 초기 무상으로 할당되며, 주정
부 및 지방정부를 대상으로 주별 에너지 효율성 프로그램 촉진 및 재
생에너지 보급 확산을 위해 배출권의 할당이 이루어지게 된다.

미국은 유상할당을 통해 창출되는 수익의 상당 부분을 소비자 보호 및 기술 발전 지원에 배분하여 사용하도록 규정하고 있는데, 소비자와 근로자에게 영향을 끼칠 비용을 상쇄하고 청정에너지 기술 전환 관련 기업을 지원하며, 기후변화에 보다 탄력성을 갖는 커뮤니티 설립을 위한 활동 지침, 선진 자동차 기술 지원, 신재생 에너지와 에너지 효율 확대를 위한 프로그램에 사용할 예정이다. 또한 에너지 가격 인상으로부터 소비자를 보호하기 위하여 지방 전력, 천연가스 유통업체들에 제공되는 배출권 판매수익을 소비자 혜택 증진을 위해 사용하도록 명기하고 있으며, 저소득층 가구에 대해서는 환불 가능한 크레딧이나 리베이트를 제공하도록 하고 있다.

2009년부터 시행되고 있는 동부지역온실가스협정의 경우에는 100% 유상할당을 시행하고 있으며, 판매수입의 25%는 소비자를 지원하는 프로그램에 활용하고 있다.

4. 각 방식의 우리나라에의 시사점

이상 살펴본 바와 같이 배출권거래제의 초기할당방식에는 무상할당방식과 유상할당방식을 기본적인 유형으로 하여 각 유형을 변형한 형태 혹은 혼합한 형태 등 다양한 방식을 만들어낼 수 있다.

각 산업 부문에서 개별적으로 온실가스 감축목표를 달성하는 것보다 배출권거래제를 통하여 달성하는 것이 보다 비용효과적이며, 경매방식을 선택하는 경우보다 무상할당방식을 선택하는 경우에 공공부문 및 상업부문을 제외한 모든 부문에서 온실가스 배출량이 더 많이 증가하게 되는데, 이는 경매방식의 경우에 국내총생산 손실이 더 크게 나타나고 소득의 감소는 에너지의 소비감소로 이어지는 반면, 무상할당방식의 경우에는 정부의 재정지출의 증가 대신 경기침체로 인하여 정부의 세수입이 감소하기 때문에 공공부문 및 상업부문에서의 온실가스 배출이 감소하게 되기 때문이다.[79]

배출권거래제의 목표는 온실가스 배출을 감축하기 위한 것인데 무상할당의 경우 비용 없이 자산이 증가하는 결과를 가져와 생산량이 증가하고 생산량 증가는 에너지 소비증가로 이어지며, 에너지 소비증가는 다시 온실가스 배출증가의 결과를 가져오게 되므로, 무상할당방식보다는 경매방식이 배출권거래제의 취지에 가장 부합하는 것으로 오염 원인자부담의 원칙에 충실한 할당방식이라고 할 수 있다. 그러나 온실가스 감축 및 전면 유상할당에 따른 배출권 구매 비용이 18조 원를 상회할 것이며, 발전분야의 경우 5년간 약 27조 원의 전기요금 인상요인이 발생할 것이라는 전망이 나온 바 있듯이,[80] 제도 도입 초기에는 제도에 참여하는 기업의 부담을 경감하는 방안이 필요하므로, 초기할당방식을 선택함에 있어서는 효율성과 함께 제도의 수용성도 고려되어야 한다. 특히 우리나라처럼 에너지 다소비 구조의 경제에서는 더욱 그러한 고려가 필요하다. 그러므로 제도 도입 초기 기업의 반발을 최소화하고 궁극적으로 온실가스 감축이라는 목표를 달성하기 위하여 우리나라의 초기할당방식은 제도도입 초기에는 무상할당으로 시작하여 점차 경매의 비중을 늘려가는 방안을 선택하는 것이 바람직하다.

---

79) 조경엽 외, 「온실가스 배출권거래제 국내도입의 경제적 효과분석」, 『자원·환경경제연구』, 제10권 제2호, 한국자원경제학회, 2001. 6, 199~213면.
80) 김현석, 「국내 배출권거래제 추진 동향 및 과제」, 에너지경제연구원, 2011. 3. 18, 17면.

03

배출량의 측정·보고·검증

I. 측정·보고·검증 제도의 의의

발리행동계획에 의하면 국가별 온실가스 배출 완화 조치는 측정·보고·검증 가능한(Measurable, Reportable, Verifiable) 방식으로 이루어져야 한다(s.1(b)(i), (ii)).[81] 측정에 대하여 국제법적으로 합의된 개념정의는 존재하지 않는다. 다만 전형적으로 측정이란 부피나, 거리, 시간 등으로 정량화할 수 있는 속성과 연계된 개념으로 사용되고 있다. 측정절차는 기준을 설정하고 저감잠재력을 파악하여 행위자의 완화 조치를 용이하게 해준다. 보고는 다자간 환경협정에서 가장 흔하게 나타나는 약속의 형태이다. 한 국가의 상황, 정부의 정책 및 그 결과 등이 보고의 대상이다. 보고는 완화 조치를 국제적으로 인정받을 수 있게 해준다. 검증은 보고된 정보나 정보추출과정

---

81) Decision 1/CP.13, Bali Action Plan, FCCC/CP/2007/6/Add.1, 14 March 2008, p.3.

의 정확성과 신뢰도를 독립적으로 검토하는 절차이다. 검증은 개선 기회에 대한 전문가의 조언을 통하여 완화 조치를 증진시킬 수 있게 해준다.[82] 측정·보고·검증을 수행하는 방식과 범위에 대하여 선진국과 개발도상국 사이에 의견대립이 존재한다.

발리에서의 제13차 당사국총회에서 선진국은 개발도상국의 배출 완화 조치가 측정·보고·검증 가능한 방식으로 이루어져야 한다고 주장하였고, 개발도상국은 선진국의 기술 이전 및 능력 향상 조치도 측정·보고·검증 가능한 방식으로 이루어져야 한다고 주장하였다.[83] 이러한 의견의 차이는 선진국이 개발도상국에서의 측정·보고·검증을 엄격히 하는 한편 그 적용범위를 넓히는 것을 목표로 하고 있는 반면, 개발도상국이 선진국으로부터의 기술 및 재정 지원을 증대시키는 것을 목표로 하고 있는 데서 발생하는 것이다.[84]

이후 코펜하겐에서의 제15차 당사국총회에서는 측정·보고·검증에까지는 이르지 못하지만, 국제적 자문 및 분석(International Consult-ation and Analysis, ICA)을 행하여야 한다는 것에 당사국들이 합의하였다.[85][86] 주요 내용은 ① 선진국의 경제 전반의 감축 목표 제시

---

82) Clare Breidenich and Daniel Bodansky, "Measurement, Reporting and Verification in a Post-2012 Climate Agreement", Pew Center on Global Climate Change, April 2009, p.1~10.

83) 유엔기후변화기본협약에서 측정·보고·검증이라는 용어를 이때 처음으로 사용하였다. 손현·박찬호, 「온실가스 보고·검증제도(MRV)에 관한 법제 개선방안 연구: 국제 MRV 연계 방안을 중심으로」, 한국법제연구원, 2010. 12, 24~25면.

84) 위의 책, 27면.

85) 코펜하겐 총회에서 중국은 처음으로 온실가스 배출량의 증가를 억제하겠다는 약속을 하였으나, 여전히 중국의 경제성장이 보장되어야 한다는 주장으로 여지를 남긴 중국의 입장과 중국의 감축 약속이 증명될 수 있는 것이어야 한다는 미국의 입장이 서로 충돌하기도 하였다. The Guardian, "Copenhagen: The key players and how they rated", 20 December 2009.

와 개발도상국의 감축 행동 제시, ② 개발도상국의 감축조치 이행 및 제공된 자금은 지속적으로 엄격한 측정·보고·검증의 대상이 된다는 것, ③ 개발도상국은 2년에 한 번 인벤토리를 포함한 국가보고서를 제출하는 한편, 감축조치가 지원을 받는 경우에는 국제적인 측정·보고·검증의 대상이 되고, 지원을 받지 못하는 경우에는 국제적 자문 및 분석과 함께 국내적인 측정·보고·검증의 대상이 된다는 것 등이다.[87]

칸쿤에서의 제16차 당사국총회에서는 개발도상국의 2년마다 갱신 되는 보고서에 대한 국제적 자문 및 분석을 수행하기로 결정하였으 나 그 세부 사항이나 보고 내용에 대한 구체적인 사항에 대하여 여전 히 정해진 바는 없으며 따라서 이러한 규정의 이행방안에 대한 불확 실성은 계속 남아있는 상태이고 이를 해소하기 위한 논의가 여전히 진행 중이다.[88]

온실가스의 측정·보고·검증 제도는 전 세계적인 온실가스 배출 량 감축 상태를 확인하고, 지원에 대한 잠재적인 수요를 찾아내거나 이를 특정하는 데 반드시 필요하다. 이를 위해서 온실가스 인벤토리 와 국가보고서를 핵심요소로 잘 활용하는 것이 중요하다.[89]

---

86) 미국과 중국의 충돌은 오바마 대통령과 클린턴 국무장관이 중국, 인도, 브라질의 정상회담 에 전격적으로 참석하여 의견을 조율함으로써 극적으로 타결되었고, "역사상 유례없는 돌 파구(an unprecedented Breakthrough)"를 마련함으로써 기후변화에 대한 대응의 단초 를 마련하였다. The New York Times, "Many Goals Remain Unmet in 5 Nations' Climate Deal", December 19, 2009.

87) Hirofumi Aizawa, "MRV in International Negotiations", IGES, Measurable, Reportable and Verifiable(MRV): Trends and Developments in Climate Change Negotiations, Institute for Global Environmental Strategies, December 2010, p.8.

88) Gregory Briner, Nina Campbell and Jane Ellis, "Key Issues Relating to International Consultations and Analysis", Draft Discussion Document 2: CCXG seminar breakout session 2b, CCXG/Global Flrum on Environment Seminar on MRV and Carbon Markets, OECD and IEA, 28–29 March 2011, Paris.

이러한 논의에서 가장 중요하게 다뤄지는 것이 투명성 문제인데, 투명성이 제고되어 선진국은 완화행동 및 지원의 상황에 대한 정보를 보고하고, 개발도상국은 지원이 필요한 영역과 그 내용을 보고한다면, 전 세계에서 이루어지는 완화행동의 상황을 확인할 수 있고, 지원이 필요한 부분을 확인하여 특정하는 것이 가능해지는데, 이는 개발도상국의 입장에서도 단순히 배출량 공개라는 부담을 지게 되는 것만이 아니라, 선진국으로부터의 실질적인 지원을 이끌어낼 수 있는 방안이 되기 때문에 긍정적인 측면도 존재한다.[90]

이처럼 기후변화에 대응하기 위한 장치의 하나로 기능하는 측정·보고·검증 제도는 향후 보다 엄격하게 이루어질 필요가 있고, 형평성 및 투명성을 위하여 단일의 기준도 필요하다. 이를 위해 측정·보고·검증 제도의 보고, 검증 의무준수라는 측면에서, 그 방법론과 같이 국가 간 공동으로 적용될 수 있는 요소와 규제대상 범위나 보고주기 등과 같이 선진국과 개발도상국 간에 차별적으로 적용될 수 있는 요소들이 있음을 고려하여, 일관성을 유지하되 국가별 상대적인 책임 및 능력에 비추어 제도를 구축하여 시행하는 것이 중요하다.

---

89) Hirofumi Aizawa, op. cit., p.6.
90) Ibid, p.7.

Ⅱ. 온실가스 배출량의 측정

1. 배출량 산정 방법

온실가스 배출량 산정 가이드라인이 확정되면, 배출원 규명, 산정 방법론 선택, 데이터 수집, 산정방식 적용, 데이터 집계의 순서로 온실가스 배출량 측정이 이루어진다.

먼저 온실가스 배출원을 규명한다. 배출원에는 용광로나 소각로 등 고정장비에서 발생하는 고정연소, 자동차나 선박 등 운송수단에서 발생하는 유동연소, 시멘트 제조공정이나 석유화학 공정 등 물리적ㆍ화학적 공정에서 발생하는 공정처리 배출, 폐수처리나 포장 등 의도적ㆍ비의도적인 배출인 비산배출 등이 있다.

두 번째는 온실가스 배출량 산정방법론을 선택한다. 현재 가장 널리 사용되는 것이 IPCC 가이드라인에서 제공하는 문서화된 배출계수를 적용하는 것이다.

세 번째는 사업활동과 관련된 데이터를 수집하고 배출계수를 선택한다. 일반적으로 온실가스의 직접 배출까지만 측정하지만 경우에 따라 간접 배출까지 측정하는 경우도 있다.

네 번째는 산정방식을 적용한다. 산정방식에는 여러 분야에서 사용할 수 있는 다분야 산정방식과 알루미늄, 철강, 시멘트 등 특정 산업에서의 배출을 산정하기 위하여 고안된 특정분야 산정방식이 있다.

다섯 번째는 사업자 수준에서 온실가스 배출량 데이터를 집계하는 것이다. 데이터 집계방식에는 개별사업장에서 보고한 데이터를 조직의 중앙에서 취합하여 총배출량을 산정하는 집중식 접근방식과 개별 사업장이 직접 온실가스 배출량을 산정하여 중앙에 보고하는 분산식 접근방식이 있다.[91]

데이터를 취합하는 과정에서 발생할 수 있는 오류를 최소화하고 검증되고 일관성 있는 양식의 정보를 수집하며 보고비용을 최소화하는 것이 중요한데, 이를 위해 표준화된 양식을 사용하는 것이 효율적이다.

2. 온실가스 측정 방법론

(1) IPCC 가이드라인

IPCC는 국제적으로 인정받을 수 있는 온실가스의 배출량 및 제거량의 산정 방법론을 개발하여 유엔기후변화기본협약의 비준국들이 이를 널리 사용하도록 권장하고 있다.

IPCC 가이드라인은 1994년 처음으로 채택되어 1995년에 발간이 되었는데, 유엔기후변화기본협약 제3차 당사국총회에서는 교토의정서 제1차 의무이행기간 동안 법적으로 구속력 있는 목표를 산정하는 방법론으로 1996년에 개정된 '국가 온실가스 인벤토리 가이드라인(Guidelines for National Greenhouse Gas Inventories)'을 이용하도록 재차 확인하였다.[92] 1996 개정 가이드라인은 국가 온실가스 인벤토리를 평가할 수 있는 방법론적 기초를 마련했다는 데 의미가 있다. 이후 2006년에는 이를 개정하여 2006 가이드라인을 발표하여

---

91) 에너지관리공단, 「온실가스 인벤토리 검증 가이드라인」, 2008, 13면.
92) http://www.ipcc-nggip.iges.or.jp/public/gl/invs1.html.

가장 최신의 온실가스 배출 평가 방법론을 제공하고 있다.[93]

IPCC의 가이드라인은 국제적으로 완전히 통용되는 것은 아니지만 유엔기후변화기본협약에서 국제표준으로 인정한 유일한 가이드라인이다. IPCC 가이드라인의 특징은 국가 차원의 인벤토리 작성을 위하여 국가 주도적으로 산업 및 기업의 배출량을 측정하도록 권장하고 국제 배출계수를 제공함으로써 온실가스 배출량을 측정하여 데이터화할 수 있도록 하고 있다는 것이다. 현재 국가 간 온실가스 인벤토리의 측정 및 보고와 관련하여 가장 많이 이용되고 있는 방법론이다.[94]

(2) 온실가스 프로토콜

온실가스 프로토콜(Greenhouse Gas Protocol Initiative)은 정부와 기업이 온실가스의 배출에 대한 이해도를 높이고, 이를 정량화하여 관리하기 위한 국제적인 산정도구로 가장 널리 이용되고 있다. 세계자원연구소(World Resources Institute, WRI)와 세계지속가능발전기업협의회(World Business Council for Sustainable Development, WBCSD)는 기후변화에 제동을 걸기 위한 신뢰성 있고 효과적인 새로운 제도를 정립하기 위하여 전 세계의 기업, 정부, 환경단체들과 함께 온실가스 프로토콜을 제정하였다.[95]

온실가스 프로토콜은 산정과 보고 기준을 국제적으로 일치하도록 하여 서로 다른 배출권거래제와 기타 기후변화 관련 제도들이 온실

---

93) http://www.ipcc-nggip.iges.or.jp/public/2006gl/index.html.

94) IPCC(Simon Eggleston et al. ed.). 「2006 IPCC Guidelines for National Greenhouse Gas Inventories」, National Greenhouse Gas Inventories Programme, IGES, Japan, 2006, p.vi.

95) http://www.ghgprotocol.org/about-ghgp.

가스를 산정함에 있어 일관성 있는 접근법을 채택하도록 하는 것을 목표로 하고 있으며, 자발적 제도에서는 물론이고, 의무적인 보고나 위기관리, 배출권거래제 등 대부분의 온실가스 보고제도에서 사용할 수 있을 것으로 보인다.[96]

온실가스 프로토콜은 기업용과 사업용 두 부분으로 나누어지는데, 기업용(Corporate GHG Accounting and Reporting Standards)은 기업이나 기타 기관들이 전체 조직의 온실가스 배출량을 확인하고 계산 및 보고할 수 있도록 해주며, 사업용(Project Accounting Protocol and Guidelines)은 특정 온실가스 감축사업의 배출량 감축분을 계산하기 위한 것으로 기후변화 완화사업의 혜택을 정량화하기 위한 가장 포괄적인 산정도구이다.[97]

온실가스 프로토콜의 배출량 산정 및 보고의 원칙은 첫째 적합성(relevance)으로 온실가스 인벤토리가 기업의 온실가스 배출량을 적절히 반영하고 있고 기업의 내·외부의 이용자들이 의사결정을 하는 데 기여하는 것일 것, 둘째 완전성(completeness)으로 인벤토리 구축을 위해 선정된 범위에서 발생하는 모든 배출원과 활동을 계산하고 보고할 것, 셋째 일관성(consistency)으로 일관성 있는 방법론을 사용하여 시간의 경과에 따라 의미 있는 배출량의 비교가 가능하게 함으로써 데이터, 인벤토리 범위, 측정방법, 기타 요소들이 시간에 따라 변화하는 것이 투명하게 문서에 반영이 될 것, 넷째 투명성(transparency)으로 투명한 감사결과에 기초하여 사실적이고 일관

---

96) Tom Kerr(Michael B. Gerrard, ed.), "Voluntary Climate Change Efforts", In Global Climate Change and U.S. Law, American Bar Association, Chicago, 2008, pp.594~595.

97) http://www.ghgprotocol.org/standards.

성 있게 모든 관련 문제를 다룸으로써 사용한 산정 및 계산 방법론과 데이터에 대한 적절한 참고자료를 작성하고 관련된 추정을 모두 공개하도록 할 것, 다섯째 정확성(accuracy)으로 온실가스 배출량의 측정치는 판단이 가능한 범위 내에서 실제 배출량에 비하여 과부족이 없고 불확실성을 최대한 축소하였다는 것을 확실히 함으로써 보고된 정보의 진실성에 대하여 이용자가 합리적인 확신으로 의사결정을 할 수 있도록 충분한 정확성을 기할 것 등이다.[98]

(3) 국제표준화기구 산정기준

사업자를 위한 또 다른 가이드라인으로 국제표준화기구(International Organization for Standardization, ISO) 산정기준이 있다.

국제표준화기구는 2002년 자발적인 기업의 온실가스 산정기준인 ISO 14064를 개발하기 시작하여 2006년에 이를 발간하였다. 동 기준은 온실가스 감축과 배출권거래를 평가, 지원하는 도구를 제공한다. 동 기준은 산업계와 정부에 온실가스의 정량화, 측정, 보고, 검증을 위한 널리 받아들여질 수 있고, 투명하고 신뢰할 수 있는 규약을 제공하는 것을 목표로 개발되었다. ISO 14064는 세 개의 서로 다른 기준을 가지고 있는데, 첫째는 배출량과 제거량을 정량화하고 보고하기 위한 조직 차원의 지침, 둘째는 배출량 감축과 제거의 개선을 정량화, 측정, 보고하기 위한 감축사업 차원의 지침, 그리고 셋째는 기업과 감축사업 차원의 온실가스에 대한 주장의 검증과 인준을 위

---

98) WRI and WBCSD, "The Greenhouse Gas Protocol: A Corporate Accounting and Reporting Standard". Revised ed., World Resources Institute and World Business Council for Sustainable Development, 2004, pp.7~9.

한 지침이다. 이들 기준들은 이용자의 필요에 따라 별도로 혹은 병행하여 적용될 수 있다.[99]

ISO 14064는 2007년 ISO 14065로 보완되었는데, 여기에서는 ISO 14064나 기타 관련 기준 등을 이용하여 온실가스의 검증이나 인준업무를 수행하는 기관으로 인정되기 위한 요건을 명시하고 있다.[100]

또한 2011년에는 2007년 ISO 14065의 이행을 보완하기 위하여 ISO 14066이 개발되어 검증 및 인준업무를 수행하는 사람들의 숙련도에 대한 요건을 명시하였다.[101]

Ⅲ. 온실가스 배출량의 보고

1. 보고의 내용

일반적으로 보고 의무를 수행하기 위해서는 두 가지 요소가 충족되어야 한다. 첫째는 측정과 관련된 사항으로 보고된 정보가 얼마나 정확하고 신뢰성이 있는가의 문제이고, 둘째는 국가 간 보고의 비교가 가능한 명확하고 표준화된 보고 방법이냐의 문제이다.[102]

국가 차원에서 보고해야 할 정보는 ① 온실가스 배출에 관한 국가

---

99) http://www.iso.org/iso/pressrelease.htm?refid=Ref994.

100) http://www.iso.org/iso/iso_catalogue/catalogue_tc/catalogue_detail.htm?csnumber-=40685.

101) http://www.iso.org/iso/iso_catalogue/catalogue_tc/catalogue_detail.htm?csnumber-=43277.

102) Clare Breidenich and Daniel Bodansky, "Measurement, Reporting and Verification in a Post-2012 Climate Agreement", Pew Center on Global Climate Change, April 2009, p.5.

적인 배경과 전후 사정을 알려주기 위한 국가의 경제적 상황, ② 기술적인 요구조건, 회사 및 제품 관련 기술 표준, 허가제, 세금 정책, 보조금, 정부지원연구와 연구개발, 국제 보조 프로그램 등의 정부의 정책과 조치, ③ 환경의 질적 측면, 배출량 수준, 규제가 필요한 물질의 생산 및 소비 수준을 포함한 환경 관련 결과물, ④ 개인적인 배출, 활동 수준, 기술 투자에 관한 데이터 등이다.

사업자 차원에서 보고해야 할 내용은 ① 사업활동 범위의 개요와 보고 기간 등 사업자의 인벤토리 범위에 대한 설명, ② 기준연도 배출량, 측정방법, 온실가스 종류별 데이터, 간접 배출량 등 배출량에 관한 정보, ③ 선택적 보고사항으로 배출량과 감축 성과에 관련되는 정보 등이다.

2. 국가보고서 작성 및 제출

유엔기후변화기본협약은 당사국의 공통 의무로 국가보고서 제출 의무를 규정하고 있다(제4조 제1항). 부속서 I의 선진국과 비부속서 I의 개발도상국은 '공동의 차별화된 책임' 원칙에 의거하여 각각 다른 기준에 따라 제출하게 된다.[103)104]

---

103) 부속서 I 국가는 현재까지 다섯 차례에 걸쳐 국가보고서를 제출하여야 하였으며, 제5차 제출기한은 2010년 1월 1일이었다. Decision 10/CP.13, FCCC/CP/2007/6/Add.1, 14 March 2008.

104) http://unfccc.int/national_reports/annex_i_natcom/status_of_submission_of_natcom_under_-the_kp/items/4904.php.

(1) 부속서 I 국가의 국가보고서 작성 및 제출 의무

부속서 I 국가의 국가보고서는 다음의 사항들을 포함하여야 한다.[105] ① '온실가스 배출 및 흡수의 국가 현황'은 국내 현황이 온실가스의 배출 및 흡수에 미치는 영향에 관한 정보를 제공하고, 국가별 보고서 간의 비교를 통한 개선을 위하여 정부 조직, 인구, 지리, 기후, 경제, 에너지, 운수, 산업, 폐기물, 도시 구조, 농업, 삼림 등에 관한 정보의 제공을 권장하고 있다. ② '온실가스의 배출 및 흡수 목록'은 1990년부터 최근 연도까지의 온실가스 총 배출량에 관한 정보를 포함하여야 한다. ③ '정책 및 조치'는 온실가스의 배출량 및 흡수량에 영향을 미치는 중요 정책과 조치에 관한 정보로 부문별 및 온실가스별로 보고하도록 되어 있다. ④ '향후 전망과 정책·조치에 의한 효과'는 조치를 위한 경우와 조치를 취하지 않는 경우 및 추가적 조치를 행한 경우로 나누어 각 경우에 대한 예측을 하게 된다. ⑤ '취약성 평가, 기후변화 영향 및 대응 조치'는 기후변화의 영향에 관한 정보와 기후변화의 영향에 대한 대응 조치를 포함하여야 한다. ⑥ '재정 지원 및 기술 이전'은 유엔기후변화기본협약 제4조 제3항 내지 제5항에 근거한 재정 지원, 기술이전, 국제협력 등에 관한 정보를 포함하여야 한다. ⑦ '연구 및 조직적 예측'은 관련 조치에 대한 정보를 포함하여야 한다. ⑧ '교육·훈련 및 홍보' 역시 관련 조치에 관한 정보를 포함하여야 한다.

부속서 I 국가의 국가보고서는 유엔기후변화기본협약 사무국의 국제 전문가팀에 의한 세부심사를 받게 되는데, 당사국의 약속 이행에

---

105) Decision 4/CP.5, FCCC/CP/1999/6/Add.1, 2 February 2000.

관한 기술적 평가를 수행하는 세부심사는 문서 심사와 국가 방문 심사를 거치게 된다. 심사 항목을 살펴보면 ① '관련 규정 및 일관성 심사'는 해당 정보가 관련 규정에 따라 작성되어 제출되었는지를 심사한다. ② '국가보고서의 심사'는 위에 서술한 국가보고서 항목에 대한 세부사항을 심사한다. ③ '보충정보의 심사'는 신축성 메커니즘과 관련된 정보, 각종 정책과 법적 조치, 재정 지원 등에 관한 사항을 심사한다. ④ '잠재적 문제의 특정'은 국가보고서와 의무이행에 영향을 미치는 잠재적 문제 및 원인을 특정하여 심사한다.[106)]

(2) 비부속서 I 국가의 국가보고서 작성 및 제출 의무

비부속서 I 국가의 국가보고서에는 다음의 사항들이 포함되어야 한다.[107)] ① '국가 현황'은 지리, 기후, 경제 등의 측면에서 기후변화 완화 또는 적응 조치의 실시 영향에 미치는 정보를 포함한다. ② '국가 온실가스 인벤토리'는 제1차 국가보고서는 1990년 또는 1994년을 기준으로 하고, 제2차 국가보고서는 2000년을 기준으로 하여 작성한다. ③ '협약의 이행을 위한 일반적 단계 설명'은 해당 당사국이 시행 또는 계획하고 있는 유엔기후변화기본협약에의 대응 조치, 정책 또는 프로그램의 내용을 포함한다. ④ '그 밖에 협약의 목적을 달성하기 위하여 고려해야 할 정보'는 기술이전, 연구 및 조직적 예측, 교육 · 훈련 및 홍보, 능력개발, 정보 및 네트워크 등 관련 정보를 포함한다.

---

106) Takashi Morimoto and Takeshi Enoki(IGES), "National Communication", In Measurable, Reportable and Verifiable(MRV): Trends and Developments in Climate Change Negotiations, December 2010, pp.25~26.

107) 손현 · 박찬호, 앞의 책, 43~44면.

⑤ '제약과 한계, 관련 재정 및 기술 능력의 필요성'에 관한 정보를 포함한다.

비부속서 Ⅰ 국가의 국가보고서에 대한 심사는 이루어지지 않으며, 대신 국가보고서를 유엔기후변화기본협약 사무국이 취합하여 종합보고서로 편집하게 된다.[108]

비부속서 Ⅰ 국가는 유엔기후변화기본협약의 효력 발생 후 3년 이내에 국가보고서를 작성하여 제출할 의무를 지는데, 2012년 12월 현재 153개의 비부속서 Ⅰ 국가 중 141개 국가가 제1차 국가보고서를 제출하였고, 81개 국가가 제2차 국가보고서를 제출하였으며, 제3차 국가보고서를 제출한 국가는 3개국, 제4차 및 제5차 국가보고서를 제출한 국가는 멕시코 1개국이다. 우리나라는 2012년 제3차 국가보고서를 제출한 바 있다.[109]

Ⅳ. 온실가스 배출량의 검증

1. 검증의 내용

온실가스의 검증에서 가장 중요한 점은 전문성을 확보하고 국가로부터 인증을 받은 제3자가 검증을 한다는 것이다. 유엔기후변화기본협약의 청정개발체제하에서 행해지는 온실가스 감축사업과 관련된 정보는 청정개발체제 집행위원회가 승인한, 지정된 운영기관들이 검증을 수행한다. 국가로부터 인증받은 제3의 검증기구는 제품의 적합성

---

108) 위의 책, 46면.
109) http://unfccc.int/national_reports/non-annex_i_natcom/items/2979.php.

판정을 함에 있어 국제표준화기구 혹은 다른 국제기준에 의해 확립된 표준에 부합하는가를 검증하게 된다. 정부는 온실가스 검증을 통해 배출정책 및 국제적인 온실가스 감축 요구에 대한 대응, 국기의 온실가스 기준과 인벤토리에 대한 객관적인 증명을 할 수 있을 것이다.

이러한 국가적인 차원의 검증시스템은 실질적으로는 사업자에 대한 검증시스템으로 이어지게 되는데, 일반적으로 사업자가 측정하고 보고한 온실가스 배출량에 대해 정부가 인정하는 제3자의 인증을 거치게 되면서 사업자는 그 과정에서 기업의 환경관리 비용의 관리 및 절감, 투자자 및 이해당사자로부터의 객관적 신뢰를 얻을 수 있는 장점도 있다.

공정한 온실가스 검증자의 요건으로는 온실가스 검증 경험 및 능력, 측정방법과 온실가스 문제에 대한 이해도, 사업자의 사업과 업계에 관한 이해도, 회계 기관과 동일한 정도의 객관성, 신뢰성 및 독립성이 필요하다.

온실가스 검증을 실시하기 위하여 검증인이 요구하는 정보들은 ① 사업자의 주요활동 및 온실가스 배출에 관한 정보 그리고 담당자 목록, ② 온실가스 배출량 측정을 위한 데이터, ③ 온실가스 배출량 데이터의 측정방법, ④ 정보수집 절차 등이다.

검증인의 검증절차는 ① 검증대상업체에 대한 현황파악과 검증범위확정, ② 인벤토리에 대한 사전 리스크 분석과 현장검증, ③ 검증보고서 및 성명서 발행의 순서로 이루어진다.[110]

---

110) 에너지관리공단, 「온실가스 인벤토리 검증 가이드라인」, 2008, 23면.

2. 온실가스 인벤토리 구축

유엔기후변화기본협약은 당사국에 온실가스의 인벤토리를 작성 및 공표할 의무를 부과하고 있다(제4조, 제12조). 보고의 대상인 배출원과 흡수원은 에너지 분야, 공업 공정 분야, 농업 분야, 지리 이용·토지이용 변화 및 임업 분야, 폐기물 분야 등 광범위한 분야에 걸쳐 인위적으로 발생한 것으로 측정이 가능한 것은 모두 포함하고 있다.[111]

온실가스 인벤토리의 작성 및 보고의 원칙은 첫째, 투명성이다. 인벤토리에 사용된 추정과 방법론은 이용자에 의한 인벤토리 평가와 사용을 위해 명확히 설명되어야 한다. 둘째, 일관성이다. 배출량 및 흡수량의 증가 또는 감소 경향을 적절히 평가하여 대상이 되는 연도에 관해 일관적인 방법으로 작성되어야 한다. 셋째, 비교 가능성이다. 산정방법 등에 관한 국제적 합의에 따름으로써 산정결과가 다른 국가와 비교되도록 하여야 한다. 넷째, 완전성이다. 대상이 되는 모든 배출원과 흡수원이 산정 또는 보고에서 누락되지 않도록 하여야 한다. 다섯째, 정확성이다. 과대 혹은 과소평가가 이루어지지 않도록, 불확실성을 최소화하여 배출량과 흡수량을 계산해야 한다.[112]

부속서 I 국가는 매년 국가 온실가스 인벤토리 보고서를 제출하여야 하며, 비부속서 I 국가는 국가 온실가스 인벤토리를 별도로 작성할 의무는 없고, 다만 국가보고서의 일부로 보고하면 된다.

제출된 국가 온실가스 인벤토리는 부속서 I 국가의 경우 다른 국가

---

111) 손현·박찬호, 앞의 책, 46~57면.

112) Kiyoto Tanabe(IGES), "Greenhouse Gas Inventories", In Measurable, Reportable and Verifiable(MRV): Trends and Developments in Climate Change Negotiations, December 2010, p.28.

의 인벤토리 전문가에 의한 심사를 받게 되고, 비부속서 I 국가의 경우에는 심사 제도가 없어 심사가 이루어지지 않고 있다.

심사는 유엔기후변화기본협약에 따라 실시되는 기술심사와 교토의정서에 따라 실시되는 심사(제8조)가 있다.

유엔기후변화기본협약에 의한 심사[113]의 목적은 ① 인벤토리와 온실가스의 배출 경향에 관한 신뢰 가능한 정보를 당사국총회가 확실히 입수하도록 한다. ② 부속서 I 국가에 의한 유엔기후변화기본협약 제4조 제1항(a) 및 제12조 제1항(a)의 의무 이행 현황을 객관적으로, 일관성 있게, 투명성을 제고하여, 포괄적인 기술 평가를 당사국에 제공한다. ③ 보고된 인벤토리가 유엔기후변화기본협약 인벤토리 보고 가이드라인, IPCC 모범사례 가이드 보고서에 의해 보완된 1996년 개정판 IPCC 가이드라인에 부합하는 것인가를 조사한다. ④ 부속서 I 국가의 인벤토리 개선에 일조한다 등이다.

유엔기후변화기본협약에 의한 기술심사는 초기 심사, 종합 심사, 개별 심사 등 세 단계로 이루어진다. 먼저 초기 심사는 협약 사무국이 각국의 공통보고양식(Common Reporting Format, CRF) 입력 상황을 확인하고 확인 결과는 초기심사보고서에 공표한다. 다음 종합심사는 협약 사무국과 그 밖의 인벤토리 전문가가 각국의 배출 계수를 비교하고, 국제통계와 비교하며, 정보의 부정합 등을 조사하여 그 결과를 종합평가보고서로 제시한다. 이 보고서는 부속서 I 국가들이 보고한 데이터 정보를 단순히 비교하여 그 결과를 제1부로 하고, 특이 사항을 제2부로 하여 구성된다. 제1부는 일반에 공개되나 제2

---

113) 손현·박찬호, 앞의 책, 50~52면.

부는 개별적으로 비공개 문서로 하여 심사 대상 국가와 전문가 심사단만을 위하여 공개된다. 마지막으로 개별심사는 종합심사의 결과가 주어지면 인벤토리 전문가로 구성된 심사단[114]이 각국의 인벤토리를 개별적으로 심사한다. 심사결과는 개별심사보고서로 공표한다. 개별심사에는 탁상심사, 집중심사, 방문심사의 세 가지 유형이 있으며, 매년 각 당사국에 대하여 이 중 한 가지가 실시된다. 탁상심사는 전문가가 협약 사무국으로부터 송부받은 정보에 근거하여 실시한다. 그러나 이 형태의 심사는 지금까지 행해진 바 없다. 집중심사는 전문가가 협약 사무국에 모여 사무국이 입수한 각종 자료에 근거하여 실시한다. 방문심사는 전문가가 심사대상국을 방문하여 대상국의 인벤토리 작성자들과 필요한 문답을 나누며 실시한다.

교토의정서에 따른 심사[115]를 받는 경우에는 유엔기후변화기본협약에 따른 심사를 받을 필요가 없다. 교토의정서에 따른 심사의 목적은 ① 부속서 I 국가에 의한 교토의정서 실시에 있어 객관적이고 포괄적인 기술평가를 실시하기 위한 절차를 확립한다. ② 부속서 I 국가가 교토의정서 제7조에 따라 제출한 정보를 조사함에 있어 일관성과 투명성을 제고한다. ③ 부속서 I 국가가 교토의정서 제7조에 따른 정보의 보고 및 교토의정서에 따른 의무 이행을 개선하고자 하는 경우 이에 대한 지원을 행한다. ④ 교토의정서 협약 당사국총회(COP/MOP)와 준수위원회에 부속서 I 국가에 의한 교토의정서 실시에 대한 기술평가를 제시한다 등이다.

---

114) 심사단은 협약 사무국이 지리적 균형과 전문성을 고려하여 협약의 전문가명주에서 선발한다. 심사단에 참가한 전문가는 소정의 합의서에 서명하고 비밀 유지의무 등 각종 규정에 따른 의무를 부담하게 된다. 위의 책, 52면.

115) 위의 책, 52~54면.

교토의정서에 의한 심사는 초기심사, 연례심사, 주기적 심사로 이루어지는데, 초기심사는 초기 배출권 할당량을 결정하는 데 필요하고, 연례심사는 매년 행해지는 심사이며, 주기적 심사는 제7조 제2항과 관련된 정보에 대한 심사이다. 교토의정서에 의한 심사단은 일정한 요건을 갖춘 전문가로 유엔기후변화기본협약에 의한 심사단보다 엄격한 조건을 구비할 것이 요구된다.[116] 심사기준 및 심사결과의 영향력도 유엔기후변화기본협약에 의한 심사의 경우보다 엄격하고 강력하다. 만약 심사단이 온실가스 배출량이 부정한 방법으로 과소 측정되었다고 판단하는 경우, 심사단은 동 보고서를 강제적으로 수정하는 것이 가능하고, 이러한 조정을 받은 부속서 I 국가는 배출총량의 증가라는 결과뿐만 아니라 교토메커니즘의 참가자격을 잠정적으로 상실당하는 등 불이익을 감수하여야 한다.[117]

현재 인벤토리에 대한 논의는 2006년에 개정된 IPCC 가이드라인의 사용을 기본으로 하는 새로운 체제로 이행할 것인가의 여부에 대하여 진행이 되고 있으나, 비부속서 I 국가의 인벤토리에 대한 논의는 여전히 국가보고서에 관한 논의의 일부로 진행되고 있을 뿐이다.[118]

---

116) 위의 책, 54면.

117) Decision 19/CMP.1 and Decision 20/CMP.1, FCCC/KP/CMP/2005/8/Add.3, 30 March 2006.

118) 손현·박찬호, 앞의 책, 55~57면.

국내 기업의
대응방안 – 탄소경영

Ⅰ. 탄소경영의 의의

기후변화는 기상재해로 인한 피해 등 직접적이고 물리적인 영향뿐만 아니라 환경 관련 규제 등 제도적 영향, 환경문제에 대응하는 기업의 태도에 대한 평판적 영향 및 친환경 기술 및 제품 개발 등 사업적 영향까지 기업 활동의 거의 전 부문에 영향을 미치고 있다.[119] 유엔기후변화기본협약과 교토의정서 채택 이후 각 국가의 정부가 온실가스 감축을 위한 정책을 시행하면서 기후변화는 기업 경영의 중요한 요소가 되었고, 탄소경영이 핵심 이슈로 부상하였다.[120]

여기서 탄소경영이란 기후변화시대에 대응하여 생존하기 위한 기업전략의 일종으로서 기업 활동의 전 부문에 걸쳐 온실가스 배출과

---

119) 우태희, 앞의 보고서, 7면.

120) 환경부에서도 기업탄소경영 가이드라인을 발표하였다.
http://www.kosif.org/board/bbs/board.php? bo_table=interior&wr_id=390.

관련된 위험 요소를 최소화 혹은 제거시킬 수 있도록 하는 경영활동을 의미한다.[121] 탄소경영은 기업이 경영활동을 하는 과정에서 자원 및 에너지 절약과 효율적 이용을 강조하면서 탄소회계, 목표관리제 참여 등을 통하여 온실가스를 실질적으로 줄이려는 노력에 중점을 두고 있다.[122]

탄소경영은 ① 국가에서 할당된 감축목표에 따라 기업 내의 온실가스 발생량을 줄이기 위한 노력인 탄소감축(Carbon Reduction), ② 기후변화 문제에 대한 근본적 대처를 위한 과감한 투자를 통해 신재생에너지 등으로 연료 전환을 추진하는 탄소독립(Carbon Independence), ③ 탄소감축에 과도한 비용이 소요되는 경우 투자를 하는 대신 배출권을 구매하여 정부의 규제를 회피하는 탄소보상(Carbon Compensation) 등 세 가지 유형으로 이루어진다.

Ⅱ. 탄소경영의 유형

1. 탄소감축

국가에서 할당된 감축목표에 따라 기업 내의 온실가스 발생량을 줄이기 위한 노력을 탄소감축(Carbon Reduction)이라고 하는데, 이를 위해서는 온실가스 인벤토리를 구축하고 에너지 효율화를 이루는 것이 중요하다.

---

121) http://www.ecosian.com/doc.view?mcode=1114&cate=1114&PHPSESSID=-a4b05ff29ae6f009e04b989ffb047947.

122) 우태희, 앞의 보고서, 5면.

에너지 효율화는 온실가스의 배출량을 감축하는 가장 직접적인 방법이라고 할 수 있다. 최근 태양광이나 풍력 등 신재생에너지 분야에 많은 투자가 이루어지고는 있으나 이들 분야는 아직은 고비용 구조로, 현재 시점에서 기업이 온실가스를 저비용으로 감축할 수 있는 가장 좋은 방법은 에너지효율을 높이는 것이다.

듀퐁(Dupont)사는 1990년대 초반부터 온실가스 감축활동을 시작하였고 에너지 효율화 전략을 수립하여 본격적인 에너지 절약 정책을 추진한 결과 2003년까지 온실가스 배출량을 1990년 대비 72% 저감시키는 등 커다란 성과를 거두었고 저탄소 사업과 관련하여 새로운 성장전략을 추구하고 있다.[123) 한편 벨기에의 유통기업인 Colruyt 그룹은 1990년부터 생산, 폐기물 처리, 물류 등 제품판매의 전 과정에서 실질적으로 환경을 개선하는 것을 목적으로 "Green Line 프로그램"을 가동하여 에너지 절약을 최우선으로 고려하는 정책을 시행한 결과, 고효율 축전지를 이용한 상품 운반차량의 이용으로 연간 75만 KW의 전기를 절약하기도 하였는데, 이는 약 2,000가구의 연간 전력 소비량에 근접하는 수치였다. Colruyt 그룹은 이러한 노력의 결과 친환경경영의 모범 기업으로 선정되는 등 소비자들에게도 좋은 기업이라는 이미지를 갖도록 하는 긍정적 효과를 거두고 있다.[124) 국내 기업 중에는 포스코가 고효율 자동차 강판 등 에너지 절약형 소재를 공급하고 있고, 삼성전기는 기존방식보다 에너지 소비가 절반에 가까운 전원공급장치를 개발하는 등 기업들의 에너지 효율화 노력이

---

123) http://www2.dupont.com/Sustainability/en_US/Performance_Reporting/performance.html.
124) KOTRA, 앞의 보고서, 6~9면.

진행되고 있다.[125]

그런데 이러한 에너지 효율화를 이루기 위하여 기업은 먼저 온실가스 배출현황을 파악하여야 하는데, 온실가스 인벤토리는 기업의 온실가스 배출 현황을 파악할 수 있는 기초자료를 제공해 주고 이를 토대로 기업은 효과적인 온실가스 감축 전략을 수립할 수 있게 된다. 에너지관리공단에서는 2006년 온실가스 배출량 정보 시스템(Greenhouse Gas Emission Information System, GEIS)을 통하여 배출계수, 발열량, 산정방법 등의 전문적인 정보에 관한 '기업 온실가스 배출량 산정 지침서'를 제공하여 자발적 인벤토리 작성을 지원하였고, 2008년에는 '온실가스 인벤토리 검증 가이드라인'을 개발하여 기업이 온실가스 인벤토리를 구축하는 데 있어 배출량 산정방법 및 검증 등에 관한 상세한 지침을 제공하고 있다.[126]

그러나 탄소감축 활동은 기업의 에너지 효율화가 극대화된 시점에는 감축 효과를 나타낼 수 없게 되고, 이 경우 기업은 새로운 에너지원을 찾아 탄소독립 활동을 모색하게 된다.

2. 탄소독립

기후변화 문제에 대한 근본적 대처를 위한 과감한 투자를 통해 신재생에너지 등으로 연료 전환을 추진하는 노력을 탄소독립(Carbon Independence)이라고 하는데, 이를 위해서는 태양, 풍력 등 신재생에너지를 개발하는 것이 중요하다.[127]

---

125) 우태희, 앞의 보고서, 19면.
126) http://www.kemco.or.kr/.

화석연료는 온실가스를 다량 배출하여 지구온난화를 유발하는데
다 매장량이 한계에 도달하여 고갈될 가능성이 있다. 이에 따라 기업
들은 온실가스 감축과 화석연료의 고갈이라는 상황에 대비하기 위하
여 신재생에너지원을 개발할 필요가 있다. 신재생에너지원으로는 태
양 및 풍력, 바이오에너지, 지열, 수력 등이 있다.[128]

덴마크의 Vestas는 세계 최초의 풍력발전회사로서 세계 풍력시장
점유율이 32%로 1위를 점하고 있으며, 동 회사로 인하여 28,000명
의 일자리가 창출되고 풍력터빈의 수출액은 매년 70억 달러에 이르
고 있다.[129] 한편 러시아 국영전력회사인 Inter RAO는 발트해 연안
국가들의 신재생에너지 발전사업에 참여하기로 하고 2011년 7월 리
투아니아의 풍력발전소를 매입하는 등 발전사업 부문의 확대를 모색
하고 있으며, 스페인의 Abengoa는 태양열과 천연가스의 하이브리드
발전소를 건설하는 등 신재생에너지에 투자하는 외국의 기업들의 수
와 투자금액이 점점 증가하는 추세이다.[130] 또한 이탈리아의 청소용
역협동조합인 Formula Servizi사는 본사에 태양광 시설을 설치하고
자원을 재활용함으로써 연간 5,000 KW의 절전, 16,000 KW의 이산
화탄소 배출 저감, 약 1.5톤에 이르는 종이의 재활용 등의 성과를 거
두고 있다.[131]

---

127) 탄소독립은 기업의 활동이 온실가스 배출에서 자유로워진다는 의미이며, 온실가스를 배
출하고 이를 상쇄하기 위하여 하는 활동인 탄소중립과는 구별되는 개념이다.

128) http://www.knrec.or.kr/knrec/11/KNREC110000.asp.

129) 우태희, 앞의 보고서, 14면.

130) 에너지경제연구원, "세계 에너지시장 인사이트", 제11-20호, 에너지국제협력본부 국외
정보분석실, 2011. 7. 22, 25~34면.

131) KOTRA, 앞의 보고서, 10~11면.

국내에서는 태양광 발전사업에 대하여 발전차액지원제도를 비롯한 정부의 지원책이 마련되어 있고,[132] 2011년 7월에는 남동발전이 운영하는 인천의 영흥화력발전소 내에 영흥풍력 상용화단지가 준공되기도 하였다.[133] LG화학의 경우 폐열회수 설비를 설치하는 등으로 온실가스 저감효과를 거두고 있고, 웅진케미칼은 고농도 폐수에서 바이오가스를 생산하여 보일러 연료로 활용함으로써 연간 1,800톤의 온실가스를 감축하고 있다.[134]

신재생에너지 분야는 발전사업으로 인한 온실가스의 감축 못지않게 관련 기술분야도 새로운 시장으로 등장하고 있다. 따라서 기업들로서는 신재생에너지원을 개발하고 관련 기술을 확보하여 새로운 시장을 선점하는 기회로 삼을 수 있도록 하여야 할 것이다.

3. 탄소보상

온실가스 감축에 과도한 비용이 소요되는 경우 감축을 위한 투자를 하는 대신 배출권을 매수하여 정부의 규제를 회피하는 것을 탄소보상(Carbon Compensation)이라고 하는데, 이를 위해서는 배출권거래시장에 대한 이해, 청정개발체제 사업에의 참여 등으로 배출권

---

132) http://www.knrec.or.kr/knrec/12/KNREC120600.asp.

133) 국산풍력을 개발하여 세계 풍력시장으로 진입하기 위하여 풍력분야의 대표적인 기업과 연구기관이 다수 참여한 가운데 지식경제부의 지원으로 건설된 동 단지는 두산중공업, 삼성중공업, 유니슨 등 풍력발전기 제조업체의 발전기 9대가 설치되어 12,000 가구에 친환경 전기를 공급하고 연간 약 3천 톤에 해당하는 온실가스를 줄일 수 있을 것으로 전망된다. 지식경제부, "우리나라의 관문, 인천 앞바다에 토종 풍력단지 우뚝서다", 보도자료, 2011. 7. 20.

134) 우태희, 앞의 보고서, 19면.

을 확보하는 것이 중요하다.

기업이 탄소보상을 위하여 시장에서 배출권을 매수하는 경우 기업으로서는 가능한 낮은 가격에 배출권을 매수하는 것이 유리한데, 이를 위하여 배출권 관련 전문인력을 확보할 필요가 있다. 배출권의 시장가격은 앞에서 논의한 바대로 국제기후체제, 국가 내 정치·경제·사회적 상황 등 여러 가지 결정요인이 존재한다. 따라서 이에 대한 정보력과 분석능력을 가지면서 국제 및 국내 에너지 수급 시스템과 배출권 거래시장에 대한 이해도가 높은 전문인력을 확보하여 배출권을 유리한 상황에서 매수함으로써 기업의 비용을 최소화할 수 있도록 하여야 할 것이다.

기업은 청정개발체제 사업을 통하여 배출권을 확보할 수도 있는데, 프랑스의 다국적 기업인 로디아(Rhodia)는 교토의정서가 채택되기 이전인 1993년부터 지속가능한 개발에 관한 연례 보고서에서 온실가스에 대한 보고를 하기 시작하였고, 1998년에는 배출 감축 사업을 시작하였다. 그리고 교토의정서가 발효한 해인 2005년에 청정개발체제 사업 두 건을 등록하였고 2008년에는 프랑스에서 최초로 공동이행제도 프로젝트를 개발하였다. 또한 로디아는 세계 각국에서 온실가스 감축사업을 벌여 수익을 창출하고 있다. 2006년의 국내 최초 청정개발체제 사업이었던 온산 사업도 로디아가 시행한 것이다.[135]

국내 청정개발체제 사업으로는 에어컨용 냉매생산 과정에서 발생하는 온실가스를 감축하는 울산화학의 HFC 분해사업, 신재생에너

---

135) Phillippe Rosier, "Key Lessons on EU-ETS Cap & Trade", 탄소배출권거래제의 경제적 효과와 활성화 전략에 대한 국제 콘퍼런스, 삼성경제연구소 주최, 2010. 2. 17.

지 부문 최초의 청정개발체제 승인사업인 강원풍력발전사업, 기존의 벙커시유를 액화천연가스로 교체하는 산업부문 연료전환 사업 중 최초의 청정개발체제 승인사업인 LG화학의 청정연료전환사업 등이 있다.[136]

Ⅲ. 관련 문제

1. 배출권 관련 회계기준 확립

국제회계기준위원회(International Accounting Standards Board, IASB)의 국제회계보고해석위원회(International Financial Reporting Interpretations Committee, IFRIC)[137]는 2005년 1월부터 시행되는 유럽연합 배출권거래제를 위하여 2004년 12월 현재의 국제회계기준(IFRS)을 총량제한 배출권거래제에 적용하는 방안을 해설하도록 IFRIC 3를 개발하였다.[138]

그러나 주석자들은 유럽연합 배출권거래제가 제대로 기능을 하기 위하여 시장이 필요하다고 주장하였고, 일부 국가에서는 정부가 배출권을 기업에 할당조차 하지 않고 있던 상황에서 국제회계기준위원회는 이를 긴급하게 적용할 필요성에 의문을 갖게 되었다.

국제회계기준위원회는 IFRIC 3가 유럽연합 배출권거래제의 회계

---

136) 우태희, 앞의 보고서, 20면.

137) 현재는 국제회계보고기준 해석위원회(International Financial Reporting Standards Interpretations (IFRS) Committee)이다.

138) www.iasplus.com/pressrel/0507withdrawifric3.pdf.

에 기존의 국제회계기준을 적용하는 적절한 해설이라고 단언하면서도, 기존의 국제회계기준을 따르게 되면, 만족스럽지 못한 측정과 보고의 불합치가 발생할 것이라는 것 역시 인식하였다.

한편 당시 국제회계기준위원회는 정부가 발행한 배출권에 적용할 수 있는 또 다른 회계기준에 대한 연구를 진행 중이었고, 회계기준을 단기적으로 수정하는 것은 배출권의 회계처리기준을 수차례 변경하게 되어 재무제표를 준비하는 측과 이용하는 측이 모두 불편을 겪게 될 것이라는 사실을 고려하여, 할당된 배출권의 회계기준에 대한 연구가 종료된 이후에 이 문제를 다시 고려하기로 하였다. 그리고 해석이 긴급하지 않다는 측면에서, 국제회계기준위원회는 IFRIC 3를 즉시 폐기하기로 결정하였다.

이후 국제회계기준위원회(IASB)와 미국 재무회계기준위원회(Financial Accounting Standards Board, FASB)는 배출권거래제의 회계 문제에 대해서 지속적으로 논의하고 있는데, 가장 최근의 논의는 2010년 11월에 있었다.[139]

양 위원회가 특히 중점을 두고 있는 것은 초기할당을 초과한 배출에 대한 부채(liability)의 인식과 부채 및 구매한 할당량의 평가에 대한 것이었다. 또한 대차대조표에의 할당량과 부채의 표시에 대한 것도 논의사항이었다.

위원회의 위원들은 실무자들이 제시한 부채의 인식에 대한 세 가지 방안 중 할당에 대한 부채의 평가를 분배된 할당량의 수량으로 제한하는 두 가지 방안을 지지하였는데, 이 방안들은 초과 배출에 대한

---

139) http://www.ifrs.org/Current+Projects/IASB+Projects/Emission+Trading+Schemes-/Meeting+Su mmaries/IASB+FASB+Nov+10.htm.

채무인식 시점에 차이가 있었다. 그중 하나는 초과 부채를 의무이행기 전체에 걸쳐 인식하는 것이고, 다른 하나는 초과 부채를 기업의 배출이 할당에 대한 책임을 초과한 시점에서 인식하는 것이다.

실무자들은 또한 기한 만료되어 제출되어야 하는 할당량의 수량을 평가하는 모형과 구매한 할당량의 평가를 위한 모형도 제시하였다. 위원회는 구매한 할당량의 평가는 공정가격(적정가치)으로 이루어져야 한다고 잠정적으로 결정하였다.

실무자들은 재무제표에 배출권거래제의 자산과 부채를 표시하는 세 가지 방안을 제시하였는데, 국제회계기준위원회는 재무제표에 자산과 부채를 모두 표시하는 것을 선호하였으나, 이를 통합해서 표시하는 것을 반대한다는 의미는 아니라고 하였다. 또한 미국재무회계기준위원회는 통합표시 방식으로 대차대조표에 자산과 부채가 표시되어야 한다고 잠정적으로 결정하였다. 한편 미국재무회계기준위원회는 기업이 통합표시 방식을 이용함으로써 자산과 부채의 상황을 명확히 알리는 것을 피하는 이유가 있다고 여기는 건 아니라는 의사표시를 하기도 하였다.

동 위원회의 잠정적 결정에 대한 수행 평가는 2011년 하반기에 나올 예정이었다. 배출권거래제에 대한 회계기준은 동 수행 평가의 결과가 나온 이후에 다시 논의를 거쳐 결정될 전망이다.

한편 우리나라에서도 국제회계기준을 받아들이고 있는데, 이와 관련하여 원칙중심의 회계기준인 국제회계기준이 각국의 상황을 반영하지 못하고 있고, 공정가치를 산정하는 데 문제가 있으며, 특히 배출권 등에 대한 평가가 시작되면 기업마다 다른 기준을 적용하는 등 문제의 소지가 있다는 분석이 있는데,[140] 배출권거래제가 본격적으로 시행되는 경우에 대비하여 관련 규정을 마련하는 것이 필요하다.

2. 탄소금융의 활용

탄소금융은 유엔과 유럽연합의 주도하에 2000년 세계은행의 Prototype Carbon Fund를 시작으로 생겨나기 시작하였다. 탄소금융의 유형은 정부주도형, 민간주도형, 민관합동형이 있다. 세계은행에서 운용하고 있는 탄소금융의 규모는 2000년 1억 4,500만 달러로 시작하여 2005년을 지나면서 폭발적으로 성장하였고 2010년에는 23억 8,800만 달러에 이르렀다.[141] 세계은행은 각국 정부 및 민간기업과 공동으로 펀드를 운용하고 있고, 호주, 덴마크 등은 정부의 주도하에 개발도상국의 신재생에너지 등에 투자하는 펀드가 있는데, 민간주도형 펀드의 경우에는 유엔이나 정부주도형보다 만기가 짧고 위험이 적은 사업에 투자가 집중되는 경향이 있다.[142]

국내 기업으로는 에코프론티어가 국내외에서 개발 중인 신재생에너지 및 청정개발체제 사업을 주요 투자 대상으로 하는 Carbon

---

140) http://www.fnnews.com/view?ra=Sent0301m_View&corp=fnnews&arcid=-0922474143&cDateYear=2011&cDateMonth=11&cDateDay=23.

141) Carbon Finance, "Carbon Finance for Sustainable Development 2010", World Bank, 2011, p.11.

142) 세계은행과 국제배출권거래협회의 Community Development Carbon Fund(DCF), 캐나다, 이탈리아, 룩셈부르크, 스페인 정부와 민간기업이 공동으로 투자한 BioCarbon Fund, The Netherlands Clean Development Mechanism Facility(NDCMF), Italian Carbon Fund(ICF), Danish Carbon Fund(DCF), Spanish Carbon Fund(SCF) 등이 있다. 김필규, 앞의 논문, 35~37면.

Project Fund와 녹색사업 등에서 확보한 배출권을 전 세계 배출권 거래시장에 판매하는 Carbon Arbitrage Fund를 운영하고 있다.[143)

3. 배출권 관련 보험제도

배출권 관련 보험제도는 온실가스 감축사업인 청정개발체제와 관련하여 발달하고 있다. 청정개발체제에 의한 사업은 기술적 부분과 금융 부분 등 다양한 이해를 가진 주체들이 상호 협력하여 이루어내는 것인데 따른 불확실성이 상당히 크고 사업 진행 과정에서 정치위험, 경제위험, 계약위험, 시공위험, 운영위험, 청정개발체제 사업 고유의 위험 등 많은 위험이 존재한다. 일반적인 사업상 위험을 관리하기 위한 방안으로는 위험감소방안, 위험회피방안, 위험수용방안, 보험으로 관리하는 방안 등이 있을 수 있는데, 청정개발체제 사업을 보험으로 관리하는 경우에는 먼저 사업의 위험을 파악한 후, 파악된 사업의 위험 분석 단계를 거쳐 보험 포트폴리오를 최적화하도록 구체화시키는 단계로 위험의 관리가 이루어진다.[144)

청정개발체제의 탄소 저감 사업에 활용되는 보험들은 대부분 통상적인 건설공사 사업을 지원하던 보험들에 관련 녹색사업의 특성을 가미한 형태를 띠고 있는데, 해당 녹색사업이 국경 간 거래를 수반한다는 점을 고려해야 한다는 특징이 있다. 사업의 등록 및 인증,

---

143) http://www.ecofrontier.com/carbon/finance01.asp.

144) 서욱, 「해외 CDM사업과 보험」, 『Sustainability Issue Papers』, 제104호, (주)에코프론티어, 2009. 06, 1~3면.

배출권의 발행 및 인도 과정에서 정책변화, 자산억류, 면허취소, 전쟁, 테러 등 다양한 형태의 정부의 작위나 부작위로 온실가스 감축사업의 완성이 방해되는 등 정치적 위험요인이 존재한다. 또한 온실가스 감축사업의 실패로 정해진 크레딧의 수량을 인도하지 못할 수도 있으며, 온실가스 감축사업이나 투자유치국의 계약위반 등의 위험이 존재한다. 그리고 탄소 배출량 측정 오류 등 기술 관련 불확실성으로 인하여 배출권의 가격 변동이 발생할 수 있는 등 배출권이라는 새로운 유형의 자산을 거래하는 데 관련된 위험요인도 존재한다.[145][146]

현재 국경 간 거래에 따른 위험요인과 관련해서는 신용보험이, 배출권 발행에 따른 위험요인과 관련해서는 인도보증이 주로 활용되고 있다. 신용보험에서는 투자자가 비상위험이나 신용위험 등으로 인한 손실을 보전한다. 탄소저감 사업 관련 녹색보험의 사례는 주로 국외에서 찾아볼 수 있는데, 크게 재산종합보험, 신용보험, 양자를 결합한 유형의 종합보험 등으로 나누어 볼 수 있다.

첫째, 청정개발체제 사업에 수반되는 다양한 위험을 관리할 수 있는 재산종합보험으로 Munich Re의 'Kyoto Multi Risk Cover'가 있는데, 동 상품은 사업 자체적인 위험을 담보할 뿐 정책이나 유엔기후변화기본협약의 변화와 온실가스 배출 관련 배상책임 등에 대해서는

---

145) 진익 외, 「보험회사 녹색금융 참여방안」, 조사보고서 2011-3, 보험연구원, 2011, 49~50면.

146) Jessie S. Lotay, "Subprime Carbon: Fashioning an Appropriate Regulatory and Legislative Response to the Emerging U. S. Carbon Market to Avoid a Repeat of History in Carbon Structured Finance and Derivative Instruments", Houston Journal of International Law, Vol. 32, No.2, University of Houston Law Center, Spring 2010, pp.502~503.

담보하지 않고 있다.[147]

둘째, 정치적 위험과 거래상대방 위험에 집중하는 신용보험으로 Zurich의 'CER/VER Delivery Securitization'을 들 수 있다.[148] 또한 AIG의 Financial Products Corp.는 세계은행이 제공하는 'Umbrella Carbon Facility'에 신용보강 제공자로서 참여한 바 있다.

셋째, 재산종합보험에 신용보험까지 결합한 보다 포괄적인 종합보험이 있는데, Swiss Re의 'Kyoto-CDM risk insurance'가 대표적이다.[149] 동 보험은 승인 거부, 인증 실패, 유엔기후변화기본협약의 변화 등으로 인해 초래되는 손해의 보전까지 포괄하는데, 보험금 대신 다른 배출권의 인도로 보전받는 것도 가능하다. 또한 Carbon Re는 사업 관련 위험뿐만 아니라 정치적 위험까지 부보하는 보험을 제공하고 있다.[150]

우리나라의 경우 수출보험공사가 탄소종합보험을 개발하여 신용위험, 비상위험 외에 온실가스 배출권사업 고유의 위험을 담보하고 있는데, 고유위험으로는 청정개발체제 사업이 유엔에 등록되기 이전과 이후에 각 매도되는 배출권의 인도위험을 담보하고 있다.[151]

청정개발체제 사업을 포함한 배출권 거래시장은 여전히 변동 가능성이 크지만, 더반 당사국총회의 결과 교토의정서가 존속하고 선진국과 개발도상국을 망라하는 기후체제를 준비하기로 한 상황에서 앞

---

147) http://www.munichre.com/en/service/search.aspx.

148) http://www.zurich.com/riskengineering/global/home/home.htm.

149) Evan Mills, "Managing Climate Change Liability Risks: Examples from the Insurance Sector", Munich Re Workshop, Princeton, October 14, 2008, p.13.

150) 진익 외, 앞의 보고서, 51~52면.

151) 서욱, 앞의 보고서, 5~6면.

으로 배출권 거래시장의 규모는 더욱 커질 것이고, 그에 따른 위험
또한 커질 것을 예상할 수 있다. 보험 관련 산업의 상품 개발 노력과
배출권 관련 사업진행자의 보험을 활용한 위험관리에 대한 인식이
더욱 필요하다.

PART 04

배출권거래제의 운영과 규제방안

서설

우리나라는 기후변화에 대응하기 위하여, 국제적으로는 유엔기후변화기본협약에 가입하고 당사국총회에 적극적인 자세로 임하고 있으며, 국내적으로는 '저탄소 녹색성장'을 표방하고 관련 법과 제도를 정비하고 있다. 한편 최근 유엔기후변화기본협약 당사국총회에서는 교토의정서를 연장하기로 하면서 2020년 이후에는 전 세계의 모든 국가가 참여하는 기후체제를 마련하기로 하였는데, 우리나라도 2020년 이후에는 강제적인 온실가스 감축의무를 부담할 가능성이 높다.

배출권거래제를 도입함에 있어서는 환경적 측면에서는 온실가스 감축이라는 목표를 실질적으로 수행하는 것이어야 하고, 경제적 측면에서는 적은 비용으로 온실가스 감축 목표를 달성하는 것이어야 한다. 그리고 법제도적 측면에서는 헌법상 환경권(제35조 제1항) 및 환경 관련 행정법 규정들과 배출권거래제의 규정이 서로 충돌하지 않도록 하여야 한다.[1]

배출권거래제를 관장하는 행정청과 관련하여, 외국의 입법례는 배

출권거래제에 관한 사항은 단일기관에서 관장하는 것으로 되어 있
다. 예를 들어 영국은 기후변화부에서, 독일은 배출권거래청에서 배
출권거래제를 관할하고 있다. 모든 정책이 그러하듯이 배출권거래제
에 관한 사항도 가급적 통일적 규제가 필요하므로 관할도 일원화하
는 것이 필요하다. 그런데 배출권거래법은 할당위원장은 기획재정부
장관으로 하고, 구체적인 할당업무는 주무관청으로 하고 있다(제7
조, 제8조). 배출권거래제는 전 정부부처를 아우르는 통일적인 규율
이 필요한데 각 부문별로 관리를 하도록 하여 업무의 일관성 및 효율
성을 저해할 가능성이 있으므로 이를 총괄하는 부처를 지정하는 것
이 바람직하다. 그런데 동 시행령은 주무관청을 환경부장관으로 하
고 있어 향후 양 부처 간의 긴밀한 협조가 요구된다(제8조).

그리고 배출권이 유상할당되는 경우에, 유상할당으로 인한 수익금
은 다양한 방식으로 활용할 수 있다. 첫째, 가장 유력한 방안이 특정
한 정책적 목적을 위해서 사용하는 방안으로, 예를 들어, 유상할당방
식을 채택함으로 인하여 영향을 받는 기업이나 소비자들에 대한 일
종의 보상방안을 마련하기 위하여 사용하는 것이다. 둘째, 청정에너
지 관련 기술과 에너지 효율성 향상을 위한 연구개발에 이용할 수 있
다. 셋째, 기후변화 영향에 대한 대응 비용, 청정에너지 산업에서의
업무 훈련비용, 소비자 행동 유형의 저탄소 지향으로의 전환을 위한
홍보비용 등으로 이용할 수 있는데, 이는 대중교통체계에 대한 투자
및 에너지 효율성이 높은 건축물이나 차량 등에 대한 지원 등의 형식
으로 이용할 수 있다. 넷째, 배출권거래제 도입으로 저소득층에 미치

---

1) 조홍식(조홍식 외 편), 앞의 논문. 17~20면.

는 영향을 최소화하는 데 이용할 수 있는데, 세금 환불이나 개별 가구에 대한 직접적 보조금 지급 등의 방안이 있다. 다섯째, 기존의 세금을 줄이는 데 사용할 수 있다. 노동이나 자본 등 경제적 효율성을 저해하는 것으로 간주되던 생산적 요소에 대한 기존의 세금을 낮추게 되면, 무상할당방식에 비하여 총량제한 배출권거래제의 전체적 비용이 줄어들게 된다.[2]

배출권거래제법은 기업의 온실가스 감축활동에 대한 금융 및 세제상의 지원 또는 보조금의 지급 등을 할 수 있도록 하여 산업계에 대한 포괄적 지원근거를 마련하고 유상할당의 수익금을 이러한 지원활동에 사용할 수 있도록 하였다(제35조). 배출권이 무상할당을 거쳐 유상할당으로 전환되는 단계에서는 배출권거래제 관련 수익금이 산업계의 온실가스 감축노력에 사용되는 것도 바람직하다고 하겠으나, 배출권거래제로부터 소외되어 감축비용이 많이 드는 계층에 대한 지원도 절실할 것이므로 저탄소녹색기금을 조성하여 사용할 수 있도록 하는 방안도 고려해 보아야 할 것이다.

배출권거래제의 시행시기 역시 중요하다. 배출권거래제의 도입이 시급한 시점이기는 하나 이것이 준비 없이 시작되었을 경우에 치러야 하는 비용이 막대하기 때문에 본격적인 시행시기는 조절이 필요하다. 유럽연합 배출권거래제의 경우에 비추어 보아도 3년의 시범기간을 거쳐 현재 제2기가 진행되고 있지만 여전히 문제점이 생겨나고 있다. 유럽연합 배출권거래제의 사례를 참작하여 제도 설계 자체를 신중히 하더라도 우리나라의 특수상황에서 발생할 수 있는 문제점들

---

2) Pew Center on Global Climate Change, op. cit., p.6~8.

이 나타날 가능성이 있기 때문에 바로 본격적인 제도로 들어가기보다는 일정 기간의 시범기간을 거친 후에 입법의 공백을 최소화할 수 있는 시기에 제도가 시행되어야 한다.

배출권거래법에서는 당초 시행시기를 2013년으로 하고 제1차 계획기간을 2013부터 2015년까지의 3년으로 하였다가 이를 2015년에 시행하는 것으로 하여 기업이 충분한 준비기간을 가지고, 2012년부터 시행되는 목표관리제 운영을 통하여 경험을 축적할 수 있는 기간을 확보할 수 있도록 하였다(부칙 제2조).

배출권 발행시장에서의 제도도입

Ⅰ. 국가할당계획의 수립 및 변경

1. 배출권거래제의 기본계획

(1) 기본계획의 수립

정부는 시장기능을 활용하여 효율적으로 국가의 온실가스 감축 목표를 달성한다는 배출권거래제법의 목적(제1조)을 달성하기 위하여 배출권거래제에 관한 기본계획을 수립하여 배출권거래제에 관한 중·장기적 정책목표와 기본방향을 정하여야 한다(제4조 제1항). 동 기본계획은 관계 중앙행정기관, 지방자치단체 및 관련 이해관계인의 의견을 수렴하여, 녹색성장위원회와 국무회의의 심의를 거쳐 10년마다 수립하게 된다(제4조 제1항, 제4항, 제5항).

(2) 기본계획의 변경

기본계획의 변경은 ① 할당대상업체를 지정·고시하는 주무관청의 변경 요구가 있는 경우 ② 기후변화 관련 국제협상에 따라 변경 필요성이 인정되는 경우에 타당성 검토를 거쳐 이루어진다(제4조 제3항).

이 경우 관계 중앙행정기관, 지방자치단체 및 관련 이해관계인의 의견을 수렴하는 절차 및 녹색성장위원회 및 국무회의의 심의절차를 거쳐야 하는데, 일정한 경미한 사항의 경우에는 심의절차는 생략할 수 있다(동조 제4항, 제5항).

2. 국가할당계획

(1) 국가할당계획의 수립

할당위원회는 매 계획기간이 시작되기 6개월 전까지 국가배출권 할당계획을 수립하여야 하는데, 이 경우 미리 공청회를 개최하여 이해관계인의 의견을 들어야 하며, 이렇게 수립된 국가배출권 할당계획은 녹색성장위원회 및 국무회의의 심의를 거쳐 확정하게 된다(제5조 제1항, 제4항, 제5항, 제6조 제1호). 여기서 계획기간은 온실가스 배출업체에 배출권을 할당하고 그 이행실적을 관리하기 위하여 설정되는 기간으로 5년 단위로 결정된다(제2조 제4호). 다만 제1차 및 제2차 계획 기간은 2015년부터 2017년까지, 2018년부터 2020년까지로 각 3년씩으로 되어 있다(부칙 제2조 제2항). 제1차 계획기간은 일종의 시범기간의 성격으로 3년을 설정하고, 제2차 계획기간은 국제기후협상과 보조를 맞추기 위하여 2020년에 종료되는 것으로 설정한 것이다.

(2) 국가할당계획의 변경

국가배출권 할당계획의 변경은 국내외 경제상황의 급격한 변화, 기술 발전 등으로 할당계획을 변경할 필요가 인정되는 경우가 계획기간 중에 발생하는 경우에 타당성 검토를 거쳐 이루어지게 된다(제5조 제3항).

이 경우 할당계획의 변경에 관한 공청회를 거쳐 이해관계인의 의견을 들어야 하며, 일정한 경미한 사항을 제외하고는 녹색성장위원회 및 국무회의의 심의를 거쳐 할당계획의 변경이 확정된다(제5조 제4항, 제5항).

(3) 국가할당계획에서의 고려사항

국가할당계획은 먼저 국가 온실가스 배출허용총량을 결정하고, 국가경제전체를 각 부문별로 나누게 된다. 그리고 각 부문의 배출허용총량과 각 부문 중에서 배출권거래제에 포섭되는 부문을 결정한 다음, 마지막으로 각 부문 내에서 세부 업종 및 각 사업장의 배출량을 결정하게 된다.

이 과정에서 고려해야 할 요소는 경쟁의 왜곡이 일어나지 않게 하는 것이다. 즉, 배출권거래제 참여 부문 간, 배출권거래제 참여 부문과 비참여 부문 간, 기존 사업자와 신규진입자 간의 경쟁이 왜곡되지 않도록 주의하여야 한다.

먼저 배출권거래제 참여 부문 간 경쟁이 왜곡되지 않도록 하여야 한다. 성장잠재력과 기술개발의 가능성이 서로 다른 업체들 간에 동일한 부담이 주어진다면, 이는 각자의 한계저감비용이 제대로 반영되지 않게 되어 결국 시장의 공정성을 해치고 자원배분의 비효율성을 가져오게 된다.[3]

둘째, 배출권거래제 참여 부문과 비참여 부문 간의 경쟁이 왜곡되지 않아야 한다. 만약 서로 경쟁 관계에 있는 부문임에도 불구하고 일부만 배출권거래제에 참여하게 된다면, 배출권거래제에 참여한 업체들은 생산비용의 상승으로 인한 상대적 가격 경쟁력의 하락을 경험하게 되고 이는 경쟁 관계의 왜곡이 된다.[4]

마지막으로 특히 기존 사업자와 신규진입자 간의 경쟁이 왜곡되지 않도록 주의해야 하는데, 만약 국가할당계획이 신규진입자에게 기존 사업자에 비하여 상대적으로 적은 배출권이 할당되도록 이루어진다면 이는 신규진입자에게 시장에의 진입장벽이 만들어지는 결과로 나타난다. 따라서 신규진입자에게 적절한 할당이 이루어질 수 있도록 해당 산업에 대한 분석이 철저히 이루어져야 한다.

유럽연합 배출권거래제의 경우 입법지침 2003/87/EC는 할당계획을 함에 있어서 각 회원국에 재량권을 부여하면서 신규진입자에 대한 고려를 해야 한다고 규정하고 있으나(art.11(3), Annex III), 이것이 구체적인 경우에 국가별로 다르게 해석이 되고 있다. 예를 들어

---

3) Stefan Weishaar(Michael Faure and Marjan Peeters, ed.), "The EU greenhouse gas emissions trading and competition law", In Climate Change and European Emissions Trading: Lessons for Theory and Practice, Edward Elgar Publishing, Inc., Massachusetts, 2008, pp.169~170.

4) Ibid, p.168.

동 지침의 영어판에서는 신규진입자에 대한 고려를 의무사항(obligation)으로 하고 있으나, 네덜란드판에서는 필요사항(necessity)으로 하고 있다.5) 이는 동일한 배출권거래제하에서 동일한 규정에 대한 서로 다른 해석이 이루어지고 있다는 것을 의미하고 이러한 서로 다른 해석은 신규진입자에 대한 유보분이 동일하게 규정되지 않는다는 것을 의미하게 되는데, 이는 또한 신규진입자에 대한 진입장벽으로 작용할 수 있다.6)

유럽연합 배출권거래제에서 흥미로운 점은 유럽연합 집행위원회는 신규진입자가 배출권에 대한 접근권을 가지는 것이 중요하다는 점을 인식하고 있으면서 동시에 신규진입자의 이익은 배출권을 구매할 기회가 부여됨으로써 충분히 보호된다고 보고 있다는 것이다.7) 그러나 배출권의 구매비용은 생산비용의 상승으로 이어지고 이는 신규진입자에게 불리한 요소로 작용하게 된다.

네덜란드의 경우 기존의 사업자 중 배출량 감축을 잘 한 사업자에게는 배출권을 최대 10%까지 추가로 할당할 수 있도록 하고 있는데, 이는 곧바로 신규진입자에 대한 진입장벽으로 작용하게 된다. 그리고 이러한 진입장벽은 에너지 효율화 등 신기술의 개발로 인한 혜택만으로는 상쇄될 수 없는 것이기 때문에 이는 신규진입자로 하여금 시장에의 진입 자체에 대하여 재고하게 하는 조치가 될 수 있다.8)

---

5) Ibid, p.167.

6) 실제로 유럽연합 회원국들은 독일과 폴란드를 제외하고는 신규진입자에 대한 유보분이 적게 할당되었고, 그 결과 신규진입자의 배출권 할당에 대한 권리가 약화되었다. Ibid, p.167.

7) European Commission, "Communication from the Commission", COM(2003) 830 final, Brussels, 7.1.2004, p.12.

8) Stefan Weishaar, op. cit, "The EU greenhouse gas emissions trading and competition law", p.168.

3. 할당위원회의 설치 및 운영

(1) 할당위원회의 심의·조정 사항

할당위원회는 기획재정부 소속으로 ① 할당계획에 관한 사항, ② 배출권 거래시장의 안정화조치에 관한 사항, ③ 배출량의 인증 및 상쇄 관련 정책에 관한 사항, ④ 국제 탄소시장과의 연계 및 국제협력에 관한 사항, ⑤ 기타 위원장이 인정하는 사항 등에 대한 심의·조정을 하게 된다(제6조).

(2) 할당위원회의 구성 및 운영

할당위원회는 위원장 1명과 20명 이내의 위원으로 구성한다(제7조 제1항). 위원장은 기획재정부장관으로 위원회를 대표하고 위원회의 사무를 총괄하게 된다(동조 제2항, 제3항). 위원은 관계 중앙행정기관의 차관급 공무원으로 해당 기관의 장이 지명하는 사람과 저탄소 녹색성장에 관한 학식과 경험이 풍부한 사람으로 기획재정부장관이 위촉하는 사람들로 구성되며, 위촉된 위원의 경우 임기 2년에 한 차례 연임이 가능하다(동조 제2항, 제4항). 또한 위원장의 명을 받아 할당계획의 수립 준비 등 할당위원회의 사무를 처리할 간사위원을 1명 두게 된다(동조 제5항, 제6항).

(3) 할당계획의 주체에 대한 논의

배출권거래법은 초안에서 할당계획의 수립 및 변경의 주체를 정부로 하고 있었는데(제5조, 제9조) 이에 대하여 국가할당계획을 수립함에 있어서 정부는 부문별 계획수립만 담당하고, 세부적인 업종 및 각 사업장에 대한 할당은 국내 산업구조의 특성을 감안하여 감축잠재량을 분석하고 판단할 수 있는 부문별 관장기관이 담당하도록 하여 부문별 관장기관의 전문성과 인프라를 최대한 활용함으로써 정책의 효율성을 제고해야 하며, 총량제한방식보다는 사후조정방식을 통하여 계획기간 중 예상치 못한 신설이나 증설이 발생할 경우에 이를 고려하여 배출권 할당량을 변경할 수 있는 방법이 필요하다는 비판이 있었다.[9]

이후 할당위원회의 설립에 관한 규정이 법안에 추가되었는데, 관련 부처를 망라하여 국가할당계획에 대한 업무를 총괄하는 기관을 둔 것은 업무의 통일성을 위하여 바람직하다고 본다. 한편 할당위원회의 위원장은 배출권거래제 운영의 핵심사항인 할당계획, 거래시장 안정화 등 관련 사항을 관장하게 되는데, 경제 전반의 관점에서 제도가 운영될 수 있도록 기획재정부장관이 담당하도록 한 것이나[10] 환경을 고려하는 배출권거래제의 취지를 고려하였을 때 이것이 반드시 경제적인 관점에서만 고려되어야 하는 것인지는 의문이 있다.

---

9) 대한상공회의소 외, 앞의 자료, 8면.

10) 국무총리실 녹색성장정책과 보도자료, 「"온실가스 배출권거래제에 관한 법률안" 재입법예고 실시」, 2011년 2월 25일. http://www.pmo.go.kr/.

Ⅱ. 배출권의 할당[11)

1. 초기할당방식

배출권의 초기할당방식은 그 종류에 따라 각자 장단점을 가지고 있는바, 배출권거래제법은 배출권의 할당을 유상 또는 무상으로 하되, 무상으로 할당하는 경우에는 국내 산업의 국제경쟁력, 국제적 동향, 국민경제에 미치는 영향 등을 고려하여 결정하도록 하면서(제12조 제3항), 다만 1차 및 제2차 계획기간의 무상할당비율은 해당 계획기간에 할당되는 배출권 총수의 95% 이상으로 하도록 하고 있다(부칙 제2조 제2항).

현재 제2기가 진행 중인 유럽연합 배출권거래제의 경우 제1기의 무상할당비율은 95% 이상, 제2기의 무상할당비율은 90% 이상으로 되어 있다(입법지침 2003/87/EC art.10). 이는 배출권의 초기할당이 산업 부문에 미치는 영향을 최소화하고 기업이 온실가스 감축능력을 배양할 수 있는 적응기간을 두는 것으로 공익과 사익의 조화를 도모하고 있는 것이라고 할 수 있다. 우리나라 배출권거래제법도 이러한 유럽연합의 입법태도를 참고로 하여 초기할당에서 무상할당비율을 95% 이상으로 하도록 결정한 것이다.

---

11) 배출권의 할당과 발행 혹은 분배는 엄격히 구별해야 하는 개념이다. 할당은 기업에 대하여 정부가 인정해 주는 배출권의 양을 정하는 단계이고, 발행 혹은 분배는 할당 이후에 정해진 배출권을 정부가 실제로 기업에 이전하는 단계를 의미하기 때문이다. 독일의 경우 이러한 개념을 구별하고 있으나, 우리나라는 「온실가스 배출권거래제에 관한 법률(안)」에서 이를 구별하고 있지 않고 할당이라는 용어를 발행 단계에서도 혼용하고 있다. 개념의 명확화를 위하여 '할당 및 발행' 혹은 '할당 및 분배'로 용어를 구별하여 사용하는 것이 바람직하다.

배출권을 할당하는 기준으로 고려되는 사항은 ① 할당대상업체의 이행연도별 배출권 수요, ② 할당대상업체의 온실가스 조기감축실적, ③ 할당대상업체의 배출권 제출 실적, ④ 할당대상업체의 무역집약도 및 탄소집약도, ⑤ 할당대상업체 간 배출권 할당량의 형평성, ⑥ 부문별 및 업종별 온실가스 감축 기술 수준 및 국제경쟁력, ⑦ 할당대상업체의 시설투자 등이 국가 온실가스 감축목표 달성에 기여하는 정도, ⑧ 기본법 제42조 제6항에 따른 관리업체의 목표 준수 실적 등이다(제12조 제2항).

2. 할당대상업체의 지정

국가할당계획이 확정되면 주무관청은 일정 조건에 해당하는 온실가스 배출업체를 배출권 할당대상업체로 지정하여 고시한다(제8조 제1항).

할당대상업체는 국가할당계획에서 정하는 배출권의 할당대상이 되는 부문 및 업종에 속하는 온실가스 배출업체로서 ① 기본법에 따른 관리업체 중 온실가스 배출량이 기준량 이상인 업체이거나 ② 할당대상업체로 지정받기 위하여 신청한 업체인 경우에 지정이 가능하다(동조 제1항 제1호, 제2호, 기본법 제42조 제5항).[12]

계획기간 중에 시설의 신설·변경·확장 등으로 인하여 새롭게 할당대상업체의 요건에 해당하는 업체는 신규진입자로서 할당대상업

---

12) 여기서 기준량 이상의 업체에는 최근 3년간의 온실가스 배출량 연평균 총량이 125,000톤 이상인 업체 혹은 25,000톤 이상인 사업장이 속한 업체가 해당한다. 동법 제8조 제1항 제1호.

체로 지정될 수 있다(제9조).

할당대상업체로 지정된 관리업체에는 목표관리제의 적용이 배제되도록 함으로써 이중규제의 위험을 피하도록 하였다(제10조).

3. 할당 절차

(1) 할당대상업체의 할당 신청

배출권거래제의 대상이 되는 할당대상업체는 매 계획기간이 시작되기 4개월 전까지 배출권 할당신청서를 작성하여 주무관청에 제출하여야 한다. 할당신청서에는 ① 계획기간의 배출권 총신청수량, ② 이행연도별 배출권 신청수량, ③ 할당대상업체로 지정된 연도의 직전 3년간의 온실가스 총배출량, ④ 계획기간 내 시설 확장 및 변경 계획, ⑤ 계획기간 내 연료 및 원료 소비 계획, ⑥ 계획기간 내 온실가스 감축설비 및 기술 도입 계획, ⑦ 제4호부터 제6호까지에서 규정된 계획 실행 등에 따른 온실가스 배출량 증감 예상치, ⑧ 제24조(배출량의 보고 및 검증)에 따라 검증기관의 검증을 받은 직전 연도 명세서 등이 포함되어야 한다(제13조 제1항).

(2) 주무관청의 할당 결정 및 통보

배출권의 할당은 계획기간 단위로 설정된 할당계획에 따라 이루어지는데, 국가할당계획에 따라 해당 계획기간의 총배출권과 이행연도별 배출권이 결정되면 주무관청은 할당대상업체에 결정된 배출권의 할당을 하고(제12조 제1항), 이를 해당 할당대상업체에 통보하는 동

시에 배출권등록부의 각 업체별 계정에 그 할당 내역을 등록하여야
한다(제14조 제1항).

(3) 조기감축실적의 인정

조기감축실적은 배출권거래제의 시행 초기에 보다 많은 배출권을
할당받기 위하여 발생할 수 있는 기업의 제도 시행 전 배출량 증가노
력을 방지하고 기업 배출량 감축노력에 대한 보상으로 기후변화 완
화노력을 유인하기 위하여 인정되는 것이다.

배출권거래제법은 할당대상업체가 온실가스 배출량 감축을 위한
노력을 배출권거래제 시행 이전부터 하고 있었던 경우에는 이를 조
기감축실적으로 인정받아 이에 해당하는 배출권을 추가로 할당받을
수 있도록 하였다(제15조). 기업의 조기감축 행동이 실적으로 인정되
려면 외부 전문기관의 검증을 받아야 하며, 검증된 조기감축실적은
국가할당계획을 수립하는 시점에 반영이 되는 방법 혹은 할당대상업
체에 대한 할당이 이루어지는 시점에 추가할당의 형식으로 반영이
되는 방법으로 인정될 수 있다(동조 제1항). 다만 이 경우에 인정되
는 조기감축실적은 국가 온실가스 감축목표의 효과적인 달성과 배출
권 거래시장의 안정적 운영을 위하여 총배출권 수량 대비 일정 비율
이하로 제한될 수 있다(동조 제2항).

참고로 미국의 북동부지역온실가스협정(RGGI)도 조기감축실적을
인정하고 있다. 동 협정은 2009년을 기준연도로 정하면서 배출권을
다량 확보하기 위하여 배출량에 대한 정보가 인위적으로 부풀려질
가능성을 인식하고 2009년 이전에 행해진 조기감축 행동에 대하여

"조기감축크레딧(early reduction credits)"을 추가로 확보할 기회를 부여함으로써 동 제도의 시행 초기 단계이자 시장 안정화 단계인 기간 동안의 투기적 행위를 완화시키고, 가격의 변동성과 배출권 가격의 하락폭을 줄일 수 있게 되었다.13)

또한 배출량 정보의 인위적 확대 가능성은 시장에 배출권의 과다 공급을 가져와 가격의 하락을 이끌게 되는데, 이는 배출량 과다 기업의 의무준수비용을 줄여주게 되고 결국 오염 원인자부담의 원칙이라는 배출권거래제의 정신을 훼손하는 결과를 가져오게 되어 불합리한 측면이 존재한다는 점을 고려할 때, 조기감축실적의 인정은 이러한 부정적 측면을 방지할 수 있다는 점에서도 긍정적이다.14)

한편 배출권거래제법은 조기감축실적의 인정 비율을 제한할 수 있도록 하였는데, 이 경우 업체의 조기감축 행동에 대하여 형평성 차원에서 실질적인 보상이 이루어질 수 있도록 적정한 수준의 비율을 설정하는 데 주의하여야 할 것이다.

4. 배출권 할당의 사후조정 및 예비 배출권의 확보

(1) 배출권 할당의 조정

할당대상업체는 일정한 조건하에서 배출권을 추가로 할당받을 수 있는데, 먼저 정부가 계획기간 중 할당계획을 변경할 필요가 있다고

---

13) Andrew Aulisi et al., "WRI White Paper: Greenhouse Gas Emissions Trading in U. S. States: Observations and Lessons from the OTC NOx Budget Program", World Resources Institute, Washington DC, 2005, p.27.

14) Erik B. Bluemel, op. cit., p.243.

인정하여 배출허용총량이 증가한 경우에는 주무관청의 직권으로 배출권을 조정하고(제16조 제1항 제1호, 제5조 제3항), 할당대상업체가 계획기간 중 시설을 신설 혹은 증설하거나 생산품목이나 사업계획을 변경하여 추가배출권이 필요한 경우 등의 상황이 발생하면 신청에 의하여 배출권을 조정받을 수 있다(제16조 제1항 제2호).

배출권할당의 조정과 관련하여 유럽연합 배출권거래제에서는 불가항력의 경우에 거래가 불가능한 추가 배출권을 할당할 수 있음을 규정하고 있을 뿐 그 외의 경우에 대한 배출권의 사후조정을 인정하고 있지 아니한데(입법지침 2003/87/EC art.29), 배출권거래제법은 상황의 변경에 따른 배출권의 추가할당을 규정하고 있을 뿐만 아니라 동 배출권의 거래제한에 대한 어떠한 규정도 하고 있지 아니하다. 배출권 거래시장에서 유동성 못지않게 중요한 것이 불확실성의 제거인데, 계획기간 도중에 추가 배출권이 시장에 나올 수 있다는 가능성은 시장에 불확실성을 더해주는 결과가 될 수 있다. 5년이라는 계획기간 동안 배출량 전망의 오류로 인하여 초기에 할당받은 배출권이 부족할 가능성이 있고, 이를 업체의 과실로만 돌릴 수는 없는 상황이 발생할 여지가 있는 것은 사실이다. 따라서 예기치 않은 상황으로 인한 업체의 배출권 부족 사태 방지와 시장의 불확실성 제거라는 두 가지 목표를 모두 충족하기 위하여 유럽연합 배출권거래제의 경우와 마찬가지로 배출권의 추가 발행 가능성은 열어두되, 추가 발행된 배출권의 유통 가능성은 없애는 방향으로 입법을 하는 것이 바람직하다.

(2) 배출권 할당의 취소

초기할당 혹은 할당의 조정으로 배분된 배출권은 무상으로 할당된 경우에 한하여 일정한 조건에 따라 주무관청이 이를 전부 혹은 일부 취소할 수 있다. 배출권 할당이 취소되는 경우는 ① 계획기간 중 할당계획의 변경으로 배출허용총량이 감소한 경우, ② 할당대상업체가 전체 시설을 폐쇄한 경우, ③ 할당대상업체가 정당한 사유 없이 시설의 가동 예정일부터 3개월 이내에 시설을 가동하지 아니한 경우, ④ 할당대상업체의 시설 가동이 1년 이상 정지된 경우, ⑤ 거짓이나 부정한 방법으로 배출권을 할당받은 경우 등이다(제17조).

이와 관련하여 유럽연합 배출권거래제는 입법지침 2003/87/EC에서 배출권 보유자의 요청에 따라 배출권의 취소가 이루어질 수 있도록 하고 있다(art.12). 배출권이 취소되는 경우에 대한 구체적인 규정은 동 입법지침에 나타나 있지 않은데 이는 각 회원국의 재량에 위임한 것으로 보인다.

배출권거래제법과 유럽연합의 경우를 비교하여 볼 경우, 배출권거래제법의 경우에는 할당된 배출권을 할당 주체인 주무관청이 취소하는 것이고, 유럽연합의 경우에는 배출권 보유자의 요청에 따라 이루어지도록 하고 있다. 이는 유럽연합이 할당 주체에 의한 배출권 할당의 사후조정을 인정하고 있지 않은 것과 맥락을 같이하는 데, 이는 계획기간 중 할당계획의 변경가능성은 산업계에 불확실성을 초래하기 때문에, 계획기간 중의 할당에 대한 논의는 다음 계획기간의 초기할당으로 고려될 수 있을 뿐이라는 것이 유럽연합 집행위원회의 태도이기 때문이다.[15]

배출권거래제법상 배출권 할당의 취소 사유들이 일정 부분 설득력
이 있기는 하지만, 계획기간 도중에 사정변경으로 인한 배출권 할당
량의 취소가 이루어진다면, 이는 자칫 동 제도에 대한 신뢰성을 상실
할 위험이 있다고 본다. 배출권 할당의 취소가 이루어지는 경우에 엄
격한 심사를 거쳐 할당대상업체에 예기치 않은 피해가 발생하지 않
도록 하여야 할 것이다.

배출권거래제법상 배출권 보유자의 신청에 의한 배출권의 취소는
별도의 규정이 없으며, 이는 배출권의 조정(제16조)에 포섭될 것으로
보인다. 배출권 보유자의 신청에 의한 할당의 취소는 배출권 보유자
의 신뢰가 보호되는 상황에서 자발적으로 이루어지는 것이므로 이를
허용하는 것이 타당하다.

(3) 신규진입자를 위한 예비분 보유

배출권 거래시장에 신규로 진입하는 자에 대한 배출권의 할당은
해당 업체가 할당대상업체로 지정 및 고시된 다음 이행연도부터 남
은 계획기간에 대하여 이루어진다(제12조 제1항). 따라서 신규 할당
대상업체는 배출권을 할당받는 이행연도가 시작되기 4개월 전까지
할당신청서를 주무관청에 제출하여 배출권을 할당받아야 한다(제13
조 제1항).

여기서 신규진입자란 '계획기간 중에 시설의 신설, 변경, 확장 등

---

15) Chris Backes et al.(Michael Faure and Marjan Peeters, ed.), "The underestimated
possibility of ex post adjustments: some lessons from the initial greenhouse gas
emissions trading scheme", In Climate Change and European Emissions Trading:
Lessons for Theory and Practice, Edward Elgar Publishing, Inc., Massachusetts,
2008, p.182.

으로 인하여 새롭게 할당대상업체에 해당하게 된 업체'를 말하며(제9
조 제1항), 신규진입자에 대한 배출권의 할당을 위하여 주무관청은
계획기간 중 총배출권의 일정 비율을 신규진입자를 위한 예비분으로
보유하여야 한다(제18조).

(4) 시장안정화 조치를 위한 예비분 보유

주무관청은 일정한 경우 배출권 거래시장을 안정화시키기 위하여
시장안정화 조치를 취할 수 있다(제23조).

시장안정화 조치가 이루어지는 것은 ① 배출권 가격이 6개월 연속
으로 직전 2개 연도의 평균 가격보다 일정 비율 이상으로 높게 형성
될 경우, ② 배출권에 대한 수요의 급증 등으로 인하여 단기간에 거
래량이 크게 증가하는 일정한 경우, ③ 기타 배출권 거래시장의 질서
유지 혹은 공익을 위하여 필요한 경우 등의 사유가 발생하거나 발생
할 우려가 상당히 있는 경우 등이다(제23조 제1항).

시장안정화 조치의 방법은 ① 배출권 예비분의 100분의 25까지의
추가 할당, ② 배출권 최소 혹은 최대 보유한도의 설정, ③ 기타 국제
적으로 인정되는 일정한 방법 등의 형태로 이루어지게 되며(제23조
제2항), 이를 위해 주무관청은 계획기간 중의 총배출권의 일정 비율
을 배출권 예비분으로 보유하여야 한다(제18조).

시장안정화 조치를 위한 배출권의 추가할당 등에 대해서는 외국의
입법례에서는 찾아보기가 어려운데, 현재 배출권거래제법은 배출권
할당의 조정, 취소, 시장안정화 조치 등으로 배출권 할당의 변경 가
능성을 폭넓게 인정하고 있어, 오히려 시장을 불안정하게 하는 요소

로 작용할 가능성이 있다. 유럽연합의 경우에는 배출권의 추가발행을 불가항력의 경우에 한해서 시장에서 거래가 불가능한 배출권으로 하는데, 이는 시장의 불확실성을 줄여주기 위한 방안으로 보인다. 계획기간 도중에 결정된 배출권의 수량을 변경할 가능성은 최소한으로 줄이는 것이 오히려 시장을 안정화시키고 제도에 신뢰성을 부여하는 방안이 될 것이다.

Ⅲ. 기후변화 관련 정보의 공시

1. 공시의 필요성

기업의 공시는 투자자들에게 정보를 제공함으로써 투자자의 의사결정에 영향을 미치기 때문에 증권의 발행 및 유통단계에서 아주 중요한 문제로 다루어진다.

최근에는 그동안의 환경공시 문제와 더불어 기후변화와 관련한 정보를 공시대상으로 하는 것에 대한 논의가 이루어지고 있다. 이는 ① 포괄적인 환경정보의 공시보다는 기후변화를 공시대상으로 특정함으로써 공시의 범위를 축소하여 기업에 대한 공시의무 이행 준수 요구가 용이해진다는 점, ② 국제적으로 중요한 문제로 부각하고 있는 기후변화가 투자자들에게도 중요한 정보로 다가오고 있다는 점, ③ 기업의 공시에 대한 부담은 공시대상을 그 중요성 정도에 대한 요건 충족 여부에 따라 차별화함으로써 일정 정도 줄일 수 있다는 점 등에서 투자자들이 기후변화와 관련한 문제를 중요한 정보로서 공시의 대상

으로 할 것을 요구하고 있기 때문이다.[16)]

기업공시의 목적은 투자자의 보호이다. 기업의 조직 및 운영에 관한 사항으로서 투자자의 의사결정에 영향을 미칠 수 있을 정도의 중요한 사항이 정확한 내용으로 투명하게 공개되어야만 투자자의 의사결정이 왜곡되는 상황이 발생하지 않을 수 있다. 이러한 중요한 정보는 강제공시의 대상이 되는데, 기후변화 관련 정보는 기업의 미래의 전략 및 수익에 대하여 상당한 영향을 발휘하게 되므로 투자자에게 중요한 정보라고 볼 수 있다. 따라서 기후변화 관련 정보도 공시의 대상이 되어야 할 것이다.

2. 자본시장법상 공시

(1) 사업보고서에의 공시

자본시장법은 일정한 요건을 갖춘 경우 사업보고서 제출대상 법인으로서 예외사유에 해당하지 아니하는 한, 각 사업연도 경과 후 90일 이내에 사업보고서를 금융위원회와 거래소에 제출하도록 하고(제159조), 금융위원회와 한국거래소는 이를 3년간 공시하도록 하고 있다(제163조).

사업보고서의 기재 사항은 회사의 개요, 회사의 기관 및 계열회사에 관한 사항, 주주에 관한 사항, 임직원에 관한 사항, 회사의 대주주나 임직원과의 거래내용, 재무에 관한 사항과 그 부속명세, 회계감사인의 감사의견, 기타 투자자에게 알릴 필요가 있는 사항 등이다(동

---

16) 안수현(조홍식 외 편), 「기후변화와 기업공시」, 『기후변화와 법의 지배』, 박영사, 2010, 418~420면.

시행령 제168조 제2항).

현재 기후변화 관련 정보의 공시와 관련하여, 기본법은 관리업체에 온실가스 배출량 및 에너지 소비량에 대한 명세서를 작성하여 정부에 보고할 의무를 부과하고(제44조), 이렇게 작성된 명세서의 공개를 원칙으로 하면서, 온실가스 종합정보센터는 자본시장법상 주권상장법인의 사업보고서의 공시를 위하여 금융위원회 또는 한국거래소의 요청이 있으면 해당 관리업체의 명세서를 통보할 수 있도록 하고 있다(동시행령 제35조, 자본시장법 제163조).

기후변화 관련 정보를 사업보고서에 기재하게 할 경우 투자자는 기후변화에 대한 기업의 분석과 장래의 경영성과에 영향을 미치게 될 중요한 요소로 기업이 어떠한 사항을 고려하였는지를 알 수 있게 되어, 투자자에게 중요한 정보가 될 수 있다.[17] 그런데 위의 명세서를 공시하는 것은 금융위원회나 한국거래소의 공시를 목적으로 하는 요청이 있는 경우에 한하며, 그 경우에도 온실가스 종합정보센터의 판단으로 동 명세서는 통보되지 않을 수도 있게 되어 기후변화 관련 정보의 공시 요건은 여전히 충분하지 않은 상황이다.

향후 기후변화 관련 정보의 공시와 관련하여, 사업의 내용 중 기타 투자의사결정에 필요한 사항으로 기후변화 관련 규정 준수 비용, 온실가스 인벤토리 구축비용 등 정량화된 수치를 기재하게 할 필요가 있고, 지배구조와 관련한 사항으로 기업 내 기후변화 담당 조직이나 기후변화 관련 위험관리체계 등에 대하여 기재하게 할 필요가 있으며, 그 밖의 투자자보호를 위하여 필요한 사항에서 우발채무 혹은 제

---

17) 위의 논문, 437면.

재 현황에 기후변화 관련 법규 위반으로 인한 제재 등을 기재하게 할 필요가 있다.[18]

(2) 증권신고서 및 투자설명서에의 기재방안

자본시장법은 증권의 모집이나 매출을 하는 경우에 증권신고서를 제출하도록 하고, 이를 3년간 공시하도록 하고 있다(제119조, 제129조 제1호). 증권신고서에는 모집 또는 매출에 관한 일반사항과 증권의 권리내용 이외에 증권의 취득에 따른 투자위험요소와 파생결합증권인 경우에는 증권의 기초자산에 관한 사항을 기재하도록 하고 있다(동시행령 제125조).

온실가스의 배출에 대한 규제가 강화되고 있는 상황에서 기후변화 관련 정보는 투자위험요소가 될 뿐만 아니라 향후 배출권거래제가 시행되는 경우 기초자산에 관한 사항으로서도 중요한 의미를 가지게 될 것이므로 이를 증권신고서에 기재하도록 하는 것이 바람직하다.

한편 증권신고서에는 발행인의 미래의 재무상태나 영업실적 등에 대한 예측 또는 전망에 관한 사항을 예측정보로 기재할 수 있도록 하고 있다(제119조 제3항). 예측정보를 기재할 경우에는 ① 그 기재 또는 표시가 예측정보라는 사실이 밝혀져 있을 것, ② 예측 또는 전망과 관련된 가정이나 판단의 근거가 밝혀져 있을 것, ③ 그 기재 또는 표시가 합리적 근거나 가정에 기초하여 성실하게 행하여졌을 것, ④ 그 기재 또는 표시에 대하여 예측치와 실제 결과치가 다를 수 있다는 주의문구가 밝혀져 있을 것 등의 요건을 구비하여야 하며(제125조 제

---

18) 위의 논문. 438~440면.

2항), 이를 위반할 경우에는 손해배상책임을 부담한다(동조 제1항).

기후변화 관련 정보는 현재 보유하고 있는 정보보다는 기업의 미래에 현실화될 정보들이 단연 많다고 할 수 있다. 배출권거래제가 실시되는 경우에도 기업들은 현재까지는 이와 관련하여 직접적 투자나 대응책을 이미 이행한 경우보다는 제도의 시행에 따라 관련 투자나 대응책을 이행할 것이므로 이와 관련한 정보는 현재로서는 예측정보가 더 많을 수 있다. 따라서 기후변화 관련 정보를 증권신고서에 예측정보로 기재하게 하는 방안도 고려해 볼 수 있을 것이다.

또한 자본시장법은 투자설명서를 제출하여 공시하도록 하고 있는데(제123조, 제129조 제2호), 투자설명서는 증권신고서에의 기재사항이 동일한 내용으로 들어가게 된다(동시행령 제131조 제3항 제1호). 따라서 투자설명서에도 위의 증권신고서에의 기재사항으로 공시대상이 될 수 있는 투자위험요소 혹은 기초자산에 대한 정보로서 기후변화 관련 정보를 기재하도록 하는 것이 바람직하다.

(3) 유가증권시장 공시규정 시행세칙

개정 「유가증권시장 공시규정 시행세칙」(2010. 12. 3. 개정, 2011. 1. 1. 시행)은 기본법이 사업자의 책무로 녹색경영 및 환경에 관한 사회적·윤리적 책임을 규정한 것(제6조)과 관련하여 상장법인의 자율공시의 대상으로 녹색경영 관련 정보를 추가하였다.[19)20)]

---

19) 유가증권시장 공시규정 제28조(자율공시) 유가증권시장주권상장법인은 제7조에 따른 주요경영사항 외에 투자판단에 중대한 영향을 미칠 수 있거나 투자자에게 알릴 필요가 있다고 판단되는 사항으로서 세칙에서 정하는 사항의 발생 또는 결정이 있는 때에는 그 내용을 거래소에 신고할 수 있다. 이 경우 그 신고는 사유발생일 다음 날까지 하여야 한다. [전문개정 2009.1.28]

이상에서 본 바와 같이 현재 자본시장법 관련 공시규정상 기후변화 관련 정보가 강제공시의 대상으로 규정되어 있는 경우는 없고, 다만 기본법상 관리업체의 명세서의 공시 및 유가증권시장 공시규정 시행세칙상 녹색경영 관련 정보를 자율공시의 대상으로 하고 있을 뿐이다. 향후 배출권거래제가 본격적으로 시행되는 경우 기후변화 관련 정보는 기업의 정보 중 핵심사항이 될 것이므로, 이를 자본시장법상 공시의 대상으로 하는 것이 바람직하다.

3. 미국에서의 동향

(1) 기후 관련 정보에 대한 공시 요구의 증가

미국에서는 기후변화와 관련하여 공시문제가 상당한 정도로 논의되고 있는데, 이는 미국 내 온실가스에 대한 규제가 지역마다 개별적으로 이루어지고 있는 등 법과 시장의 일관성 없는 급격한 발전, 교토의정서 비준 국가와 그렇지 않은 국가 간의 괴리, 온실가스 배출권 거래시장의 급격한 팽창 등이 원인으로, 특히 공개된 미국의 다국적

---

20) 유가증권시장 공시규정 시행세칙 제8조(자율공시) 규정 제28조에서 "세칙에서 정하는 사항"이란 다음 각 호의 어느 하나에 해당하는 사항을 말한다. 〈개정 2006. 9. 11, 2009. 2. 3, 2010. 12. 3, 2011. 6. 16〉
　　7. 녹색경영정보와 관련한 다음 각 목의 어느 하나에 해당하는 사항
　가. 「저탄소 녹색성장 기본법」(이하 "녹색성장법"이라 한다) 제32조에 따른 녹색기술, 녹색사업에 대한 적합성 인증 또는 녹색전문기업의 확인 및 그에 대한 인증취소 또는 확인취소
　나. 녹색성장법 제42조에 따른 관리업체 지정 또는 취소
　다. 녹색성장법에 따른 개선명령, 시정이나 보완명령, 과태료 부과 등의 조치
　라. 「환경기술개발 및 지원에 관한 법률」 제16조의2 및 제16조의3에 따른 녹색기업 지정 또는 취소
　마. 온실가스 배출권의 취득 또는 처분
　　[본조신설 2005. 12. 27]

기업에서 문제가 되고 있다.[21]

　기업의 투명성을 요구하는 주주들은 의회에 계류 중인 입법안에 대한 기업의 입장과 기후변화의 부정적 영향으로 인하여 발생할 수 있는 결과에 대한 재무적 전망 등을 망라하여 최소한 자발적으로 상당한 공시를 할 것을 요구하고 있고 그 결과 기업의 경영진들이 이 문제에 주목하게 되고 온실가스 집약적인 산업의 공시를 이끌어낼 수 있는 다수의 소송이 제기되는 등 많은 성과가 있었다.[22]

　한편 증권거래위원회(SEC) 규정(Regulation)은 공개기업의 경영진이 중요한 영향을 미칠 수 있는 소송과 보다 폭넓은 공지의 사실에 대하여 언급하도록 하고 있기 때문에, 경영진은 기후변화 문제에 대한 공식적인 입장과 경제적 전망을 명시하는 방법을 고민하는 상황이 되었다. 특히 공개된 기업으로서, 석탄을 이용하는 에너지기업, 자동차 제조업체, 부품 공급업체들은 입법이나 소송 결과에 따라 수십억 달러의 자금을 지출해야 하고 기업의 미래의 전략의 방향을 설정해야 하며, 사르뱅-옥슬리법에 따른 공시의무를 준수하여 모든 공시에 지속성을 유지해야 하기 때문에 기후변화 공시문제가 경영진의 관심을 집중시키고 있다.[23]

---

21) Jeffrey A. Smith and Matthew Morreale(Michael B. Gerrard, ed.), "Disclosure Issues", In Global Climate Change and U.S. Law, American Bar Association, Chicago, 2008, p.453.

22) Ibid, p.453.

23) Ibid, pp.453~454.

(2) 증권법상의 환경공시 요건

미국의 1933년 증권법(Securities Act of 1933)은 증권의 등록 및 매매에 대한 규율과 함께 공시요건을 규정하고 있고, 1934년 증권거래법(Securities and Exchange Act of 1934)은 공개기업의 정기공시의무를 규정하고 있는데, 이는 투자자 혹은 잠재적 투자자들이 의사결정을 하는 데 필요한 중요한 정보의 완전 공시를 목표로 한다.

증권법에 따라 제정된 Regulation S-K는 1933년법과 1934년법에 따라 제출하는 등록설명서와 정기공시의 범위를 규정하면서 특히 환경 관련 정보는 분기별로 공시할 것을 요구하고 있다.[24]

먼저 Item 101(Description of business)에서는 회사의 사업 전반에 대한 정보의 공시를 규정하면서 환경 관련 비용이 기업의 수익, 자본지출, 경쟁적 지위에 미치는 중대한 영향을 모두 공시하도록 하고 있다(17 CFR §229.101).

다음으로 Item 103(Legal proceedings)에서는 발행기업 혹은 그 자회사가 당사자가 되었거나 그들의 재산이 관련되어 계류 중인 중요한 소송에 대하여 공시하도록 하고 있는데, 환경법에 따라 발생한 행정적 혹은 사법적 절차는 당해 절차가 사업수행이나 재정상황에 중요한 경우, 현재 자산의 10%를 초과하는 손실이나 비용이 소요될 것으로 주장하는 경우, 제재가 10만 달러 이상이 될 것으로 합리적으로 기대되는 경우에 정부기관이 당해 절차의 일방 당사자이면서 금전적 제재가 가해질 것으로 예상되는 경우에는 반드시 공시하여야 한다(17 CFR §229.103 Instruction No.5). 증권거래위원회의 해석

---

24) Ibid, pp.454~455.

에 의하면 환경 관련 소송은 반드시 공시해야 하는 사안에 해당한다.[25]

마지막으로 Item 303(Management's discussion and analysis of financial condition and results of operations)에서는 기업의 재무상태 및 그 변화, 경영성과 등에 대한 정보를 투자자에게 제공하도록 하고 있는데, 이는 실질적으로 회사에 중대한 영향을 미칠 것으로 합리적으로 기대되는 현재 알려진 경향, 사건, 불확실성을 공시하도록 기업에 대하여 요구하고 있는 것이다(CFR §229.303). 즉, 경영진은 불확실성이 현실화될 것인지를 합리적으로 결정해야 하고, 경영진이 어떠한 상황의 발생이 합리적으로 고려하였을 때 회사에 중대한 영향을 미치지 않을 것이라고 결정할 수 있는 경우가 아니라면 이러한 경향이나 사건은 공시해야만 한다.[26] 환경정보는 이러한 보고서에 포함되는 정보가 될 수 있다고 본다.[27]

기후변화 관련 정보는 불과 몇 년 전만 하더라도 과학적으로도 불확실성이 너무 커서 동 규정상의 공시대상에 포함시키지 않더라도 전혀 문제가 없었으나, 현재는 과학적으로 기후변화라는 사실의 확실성이 뚜렷해지고 배출권 거래시장의 확대로 기후변화 문제가 기업에 미치는 영향이 커지게 됨으로써 동 규정상의 공시대상이 된다는 해석이 가능하게 되었다.[28]

---

25) David Monsma and Timothy Olson, Muddling Through Counterfactual Materiality and Divergent Disclosure: The Necessary Search for a Duty to Disclose Material Non-Financial Information, 26 Stan. Envtl. L. J. 137, at 103.

26) Jeffrey A. Smith and Matthew Morreale, op. cit., p.465.

27) Cynthia A. Williams & Joh M. Conley, An Emerging Third Way? The Erosion of the Anglo-american Shareholder Value Construct, 38 Cornell Int'l L. J. 493, at 524.

28) Jeffrey A. Smith and Matthew Morreale, op. cit., pp.466~468.

(3) 사르뱅-옥슬리법상의 공시 요건

사르뱅-옥슬리법(Sarbanes-Oxley Act)은 엔론(Enron) 회계부정 사건으로 촉발된 기업정보공시의 투명성 및 정확성 확보에 대한 요구에 따라 제정된 것으로 기업회계제도개혁법 혹은 공시개혁법이라고 불린다.

동 법은 특별히 환경 관련 공시요건을 변경시킨 것은 아니지만, 기업의 환경 관련 공시규정과 관례에 전반적인 영향을 미치고 있고 특히 기후변화 문제에 대한 기업의 분석을 변화시키고 있어, 새로이 규정된 공시규제 및 절차에 따라 경영진은 내부통제제도를 이행하고 정기적으로 평가를 하며, 어떠한 흠결이 상당한 정도에 이르면 감사나 감사위원회에 반드시 보고하여야 한다.

또한 경영진은 물론이고 그 지시를 받는 자들도 회사의 재무감사를 수행하는 데에 부적절한 영향을 주는 것은 금지되는(17 CRF §240.13b2-1, 240.13b2-2) 한편, 경영진은 기후변화 관련 위험으로 중요한 것은 정량화할 수 있는 것이면 어떤 것이든 재무제표 등에 기재하고 공시하도록 되어 있어 투자자들은 기후변화 관련 위험이 반영된 기업의 재무상황을 알 수 있게 된다.[29]

따라서 비록 환경 관련 책임에 대한 부실공시와 관련하여 소송을 제기할 수 있다는 명문의 규정은 없다 하더라도 이에 대하여 소송을 제기할 수 있다고 해석된다.[30]

위에서 살펴본 바와 같이 미국의 경우 투자자들 차원에서 환경 관

---

29) Ibid, pp.468~470.

30) Lewis D. Lowenfels & Alan R. Bromberg, Implied Private Actions Under Sarbanes-Oxley, 34 Seton Hall L. Rev. 775, 776, 2004.

련 정보의 공시요건화에 대한 요구가 높아지고 있고, 증권거래위원회도 환경정보를 투자자의 의사결정에 중요한 요소로 파악하고 있다.[31] 우리나라의 경우에는 환경 관련 정보를 공시의 대상으로 하고 있지 않은바, 배출권거래제가 시행되는 경우, 환경 관련 정보는 우리나라에서도 투자자가 기업에의 투자 여부를 결정하는 중요한 정보가 될 것이므로, 자본시장법상 공시대상으로 관련 정보를 포함시키는 방안을 모색해야 할 것이다.

---

31) CERES는 2010년 증권거래위원회가 기업이 투자자들에게 제공하는 재무보고서에 기후변화 관련 공시를 하도록 하는 지침을 마련하는 계기를 제공하였다. http://www.ceres.org/about-us/our-history.

배출권 유통시장에서의 제도도입

Ⅰ. 배출권의 거래

1. 배출권 거래의 주체 및 객체

(1) 거래참가자의 범위

배출권의 거래는 온실가스 감축이라는 목표를 이행하는 보조수단으로서의 성격을 가지고 이루어지는 것이기 때문에 배출권 거래시장에서 참가자의 범위는 일반 금융상품시장의 경우와는 다소 다르게 설정될 수 있다. 따라서 시장참가자의 범위를 설정함에 있어서는 배출권 거래시장의 특성상 규제대상인 기업들만 참여하게 해야 한다는 견해와 시장의 활성화를 위하여 일반참가자도 거래에 참여할 수 있게 해야 한다는 견해가 있다.

온실가스 배출 규제대상인 기업의 경우, 배출권 거래시장에 이들 기업이 참여하는 것은 당연하다. 이들 기업에 온실가스 감축의 비용효과성을 최대한 달성할 수 있도록 온실가스의 거래를 할 수 있는 시장을 마련해 준 것이기 때문이다. 규제대상업체는 배출권을 할당받고 온실가스 감축활동을 하게 되는 데, 시설 운영 과정에서 감축활동을 하는 것과 시장에서 배출권을 구입하는 것과의 비교분석을 통하여 업체는 배출권을 구매하거나 자체 감축활동을 하는 등 선택을 할 수 있게 된다.

그러나 일반참가자의 참여 문제는 그리 단순한 문제가 아니다. 배출권거래제 자체가 온실가스의 배출을 비용효과적으로 감축하고자 하는 목적을 가지고 시작하는 것이기 때문에 이러한 목적을 가지지 않은 일반참가자가 거래에 참여할 경우 자칫 배출권 거래시장이 투기의 장으로 변모할 우려가 있기 때문이다. 이렇게 되면 배출권 거래시장의 존재 의미가 반감되게 되므로 이에 대하여 논란이 있다.

배출권거래제법은 할당대상업체는 물론이고 국내외의 일반참가자도 배출권을 거래할 수 있는 가능성을 열어놓고 있다. 법인인 경우에는 배출권등록부에 배출권 거래계정을 등록함으로써 배출권을 거래할 수 있도록 하고 있고(제20조 제1항) 외국 법인 또는 개인은 일정한 조건에 해당하는 경우에 배출권의 거래계정 등록을 할 수 있도록 함으로써 배출권 거래에 제한을 두고 있다(동조 제2항). 특히 2015년부터 6년 이내의 범위에서 일정 기간 원칙적으로 할당대상업체와 시장안정화를 목적으로 거래가 허용되는 경우 이외에는 배출권 거래계정 등록을 할 수 없도록 하여 배출권거래제 도입 초기에 배출권 거래시장이 온실가스 감축과 시장안정화라는 목적을 달성할 수 있는 방안을 마련하고 있다(부칙 제3조).

배출권 거래시장에서 출범 초기부터 일반참가자의 거래 참여를 제한 없이 허용하는 것은 그리 바람직하지 않은 것으로 보인다. 배출권 거래시장이 투기시장으로 변질되어 정작 배출권을 필요로 하는 기업이 배출권을 구매하기 위하여 보다 많은 비용을 들여야 한다면 배출권 거래시장이 제대로 운영될 수 없을 뿐만 아니라 온실가스 감축 목표를 달성하는 것도 어려워지게 되기 때문이다.

배출권거래제법은 그 초안에서 배출권 거래시장에의 참여자에 대한 제한을 두지 않아 제3자의 거래참여가 투기적 거래 등으로 인해 시장 불안정을 유발하여 할당대상업체의 부담을 가중시킬 소지가 있다는 것을 이유로 배출권 거래에 참여하는 것은 해당 관리업체로 한정하여야 한다는 비판을 받은 바 있었다.[32] 거래참가자와 관련하여 배출권 거래시장에 일반참가자가 참여하도록 하는 것은 일정 기간 시장을 운영해 본 이후에 결정을 하는 것이 바람직하며 배출권거래제법에서 거래참가자의 범위에 제한을 둔 것은 타당하나, 제도가 안정이 된 후에는 일반참가자의 참여범위를 점차 확대해 나가는 방안도 고려해 보아야 할 것이다.

(2) 배출권 거래의 대상

배출권거래제의 거래대상은 배출권의 현물 및 배출권을 기초자산으로 하는 파생상품이 될 수 있다.

현재 전 세계적으로 배출권의 현물보다는 파생상품의 거래 비율이 압도적으로 높은데, 이는 배출권의 특성상 배출량 감축의무 이행시

---

32) 대한상공회의소 외, 앞의 자료, 14면.

점인 연말에 배출권이 필요하다는 것이 주된 이유이다.

배출권 거래시장에서 거래할 수 있는 대상으로는 기본적으로 각 업체에 할당된 배출권 이외에 현재 유럽연합 배출권 거래시장에서 거래되고 있는 교토할당량이나 유럽할당량, 인증저감권, 배출저감권 등도 거래대상으로 할 수 있을 것이다.

배출권거래제법은 이산화탄소 환산톤으로 계산된 배출권을 거래대상으로 하고(제19조), 국외에서 발행된 배출권의 거래가능성을 규정함으로써 향후 배출권 거래시장에서 다른 종류의 배출권을 거래할 수 있는 가능성을 열어두었다(제30조). 이는 전 세계적인 배출권 거래시장의 형성에 대비하기 위한 규정이다.

한편 할당업체가 시설을 폐쇄하거나 가동 중단한 경우 등 일정한 경우에 해당 시설에 할당된 배출권은 그 할당을 취소하도록 되어 있다(제17조). 그런데 할당 취소 결정 이전에 폐쇄시설의 배출권이 거래되는 경우가 발생할 가능성이 있다. 따라서 할당 취소 여부에 대한 심사가 시작되면 이러한 배출권의 거래를 금지하는 방안과 고의 및 중과실로 취소 예정인 배출권을 거래한 경우에 대한 제재 조치에 관한 규정이 필요하다.

2. 배출권 이전 절차

(1) 배출권 거래계정의 등록

배출권을 거래하기 위하여 시장참가자는 배출권등록부에 배출권의 거래계정을 등록하여야 한다(제20조 제1항).

배출권등록부는 배출권의 거래에 관한 정보, 즉 배출권의 할당 및 거래, 할당대상업체의 온실가스 배출량 등에 관한 사항을 등록하고 관리하기 위한 목적으로 설치하는데, 관리 및 운영의 주체는 주무관청이다(제11조 제1항, 제2항).

배출권등록부에는 ① 계획기간 및 이행연도별 배출권의 총 수량, ② 할당대상업체, 그 밖의 개인 또는 법인 명의의 배출권 계정 및 그 보유량, ③ 신규진입자와 시장안정화 조치를 위한 배출권 예비분 관리를 위한 계정 및 그 보유량, ④ 주무관청이 인증한 온실가스 배출량, ⑤ 그 밖에 효율적이고 안정적인 배출권의 할당 및 거래를 위하여 필요한 사항 등에 대한 기록이 등록되어 관리되는데, 기본법 제45조에 따른 온실가스 종합정보관리체계와 유기적으로 연계될 수 있도록 전자적 방식으로 관리되어야 한다(제11조 제3항, 제4항, 기본법 제45조).

(2) 배출권 이전 사실의 신고의무

배출권의 거래사실은 신고대상이다. 배출권의 거래에 관한 사항이 모두 배출권등록부에 기록되어야 하기 때문에 배출권을 거래한 자는 이를 주무관청에 신고하여 그 내용을 배출권등록부에 지체 없이 등록하도록 하여야 한다(제21조 제1항, 제2항). 또한 거래에 의하지 않은 배출권의 이전, 즉 상속이나 기업합병 등의 경우에도 각 당사자들은 이를 주무관청에 신고하여 배출권등록부의 내용을 변경하도록 하여야 한다(동조 제4항).

배출권의 소유권 이전의 효력발생시기는 외국의 대부분의 입법례와 마찬가지로 주무관청이 신고의 내용에 따라 배출권등록부에 배출권의 이전 내용을 등록한 때이다(동조 제3항).

3. 배출권 거래소

(1) 거래소거래와 장외거래

배출권의 이전 방법에는 배출권 거래소 내에서의 양도·양수를 통하여 이전하는 방안과 거래소 외부에서 거래당사자 간의 직접적인 계약을 통하여 이전하는 방안 등이 있다.

배출권 거래소에서 거래를 하는 경우에는 거래상대방을 물색하고 협상하는 시간과 비용을 절감할 수 있고, 청산서비스를 통한 지불불이행 위험이 감소하며, 정보의 투명성과 이러한 정보에의 접근성 및 취득이 용이한 반면, 거래의 최소단위가 존재하고 거래수수료 이외에도 가입비나 연회비 등 거래소 이용에 따른 부대비용이 발생하게 된다.

장외시장에서 거래를 하는 경우에는 배출권 거래망을 형성하고 있는 브로커를 통하여 배출권을 매매하게 되므로, 직접 거래와 비교할 때 거래상대방을 물색하는 것이 용이하고 매매 물량 및 조건을 설정하는 것이 배출권 거래소를 이용하는 경우에 비하여 용이하다. 장외시장에서의 거래는 별도의 가입비나 연회비 등의 부대비용이 발생하지 않아 비용부담이 없는 반면에 거래상대방의 신용에 대한 안정성을 확보해야 하는 점이 거래당사자에게 부담으로 작용할 수 있다.

배출권거래제법은 "매매나 그 밖의 방법으로 거래할 수 있다"(제19조 제1항)고만 규정하고 있을 뿐, 거래의 장소를 배출권 거래소로 한정하고 있지 아니하므로 거래소거래와 장외거래 모두 가능하다.

(2) 배출권 거래소의 설치 혹은 지정

배출권의 공정가격 형성 및 거래의 안정성과 효율성을 도모하기 위하여 주무관청은 배출권 거래소를 지정하거나 설치 및 운영할 수 있다(제22조 제1항). 주무관청이 배출권 거래소를 지정하는 경우에는 동 배출권 거래소는 운영규정을 정하여 주무관청의 승인을 받아야 하는데, 이때 운영규정에는 ① 배출권 거래소의 회원에 관한 사항, ② 배출권거래의 방법에 관한 사항, ③ 배출권거래의 청산 및 결제에 관한 사항, ④ 배출권거래의 정보공개에 관한 사항, ⑤ 배출권 거래시장의 감시에 관한 사항, ⑥ 배출권거래에 관한 분쟁조정에 관한 사항, ⑦ 기타 배출권 거래시장의 운영에 관한 사항 등이 포함되어야 한다(동조 제2항).

배출권 거래소의 지정과 관련하여 지식경제부와 환경부가 각각 전력거래소와 한국거래소와의 제휴를 통하여 배출권거래제 도입의 주도권을 놓고 경쟁을 한 바 있다.[33] 배출권거래제법에 의하면 할당위원회의 위원장은 기획재정부장관이 되는 데 반해(제7조 제2항), 동시행령에 의하면 배출권거래제의 주무관청은 환경부장관이 되어(제6조), 향후 양 기관의 상호협력이 중요하게 되었다.

배출권 거래소는 아직 결정된 것은 아니지만, 주무관청이 환경부장관이 되면서 한국거래소가 좀 더 유리한 상황이 되었다. 만약 전력거래소가 배출권 거래소로 기능하게 된다면, 현재 전력거래소의 회원들이 실제 배출권과의 관련성이 많은 기업들이기 때문에 거래회원을 확보하는 데 용이한 반면, 시장의 유동성을 제고하기 위하여 시장

---

33) 강희찬, 「금융위기 이후의 배출권 거래시장 동향과 대응방향」, 저탄소녹색성장국민포럼 · 녹색성장정책분과, 2009. 07. 15, 26면.

참가자로 금융기관을 포함하는 데 한계를 가지게 된다. 한편 한국거래소가 배출권 거래소로 기능하게 된다면, 시장참가자의 범위가 다양하여 거래의 활성화 및 시장감시, 효율적 가격발견기능 등에서 용이한 반면 배출권의 실수요자로서의 회원확보에서 곤란을 겪을 가능성이 있다.[34]

외국의 경우 배출권거래제 도입 초기에는 거래소의 수적인 측면에서는 전력거래소에서 배출권을 취급하는 경우가 더 많았으나, 배출권 거래 실적 측면에서는 배출권 전문거래소인 유럽기후거래소가 90% 이상의 시장점유율을 기록하고 있었고, 현재는 기존에 전력거래소에서 거래되던 배출권 거래 관련 부분을 분리하거나 별도의 환경거래소를 설립하여 배출권 관련 상품을 전문으로 취급하는 배출권 거래소의 형태가 점점 더 많아지고 있다. 예를 들어 블루넥스트는 파워넥스트[35]의 배출권 부문이 분리되어 배출권 전문거래소로 독립한 경우이고, 노르드풀 역시 전력거래소에서 배출권 부문이 분리된 경우이다. 또한 최근 점유율을 높여가고 있는 Green Exchange LLC도 환경전문거래소이다.[36]

우리나라의 경우에도 초기에는 비용절감 및 거래경험 축적 등을 목적으로 기존의 거래소에서 배출권 관련 상품을 취급하더라도 점차 세계적인 시장이 형성되어 그 규모가 확장되는 경우에는 배출권 전

---

34) 김필규, 앞의 논문, 43면.

35) 동 거래소는 2005년 6월 유럽할당량 현물을 위한 Powernext Carbon을 출범시켰으나, 2007년 12월 Powernext Carbon을 NYSE Euronext에 매각하였고 이로 인해 블루넥스트가 출범하게 되었다. http://www.powernext.com/#sk;tp=app;n=page;f==getPage;t=page;fp=system_name:History;lang=en_US;m=Powernext_Group.

36) 각 거래소 홈페이지 참조.

문거래소로 분리하는 방안을 고려해 보는 것이 바람직하다.

한편 배출권거래제법은 배출권 거래소에서의 거래와 관련된 정보 이용금지에 관하여 자본시장법상 거래소 임직원 및 임직원이었던 자의 정보이용금지 규정을 준용하도록 하고 있다(제22조 제3항, 자본시장법 제383조 제1항, 제2항). 따라서 거래소의 임직원 및 임직원이었던 자는 그 직무에 관하여 알게 된 비밀을 누설하거나 이용하여서는 아니 되며, 거래소의 상근 임직원은 배출권 거래소 회원과 자금의 공여, 손익의 분배, 그 밖에 영업에 관하여 채무보증, 담보제공, 정상적인 거래활동을 수행하는 과정에서 필요한 행위에 해당하는 것으로 볼 수 없는 이해관계 등 특별한 이해관계를 가져서는 아니 된다(자본시장법 제383조 제1항, 제2항, 동시행령 제357조). 배출권 거래소의 전·현직 임직원이 거래소의 임직원이라는 지위에서 얻게 된 정보를 개인의 이익을 위하여 이용하여 관계기관과 특별한 이해관계를 갖게 된다면 투명하고 공정한 거래에 따른 건전한 시장질서의 유지가 곤란하게 되므로 이를 금지하는 것이 타당하다. 동 규정을 위반한 경우에는 1년 이하의 징역이나 3천만 원 이하의 벌금에 처해진다(제41조 제2항).

Ⅱ. 배출권거래제의 의무이행방안

1. 의무이행을 위한 배출권의 제출의무

배출권거래제에서는 일정 기간 동안 시설이나 업체에 일정량의 온실가스를 배출할 수 있도록 하는 것이기 때문에 해당 기간이 지난 시점에서는 할당된 배출권 중에서 기간 중 배출량에 해당하는 배출권을 정부에 반납해서 이를 소멸시킬 수 있도록 해야 한다. 이 경우 해당 업체의 시설 운영만으로 의무를 이행할 수 없는 경우에 기업의 부담을 줄여주는 방안으로 인정되는 것이 상쇄(offset)인데, 그 인정범위도 당연히 무제한일 수는 없다.

배출권거래제법은 할당대상업체로 하여금 종료된 이행연도의 배출권을 주무관청에 제출하도록 하고 있다(제27조 제1항). 이때 배출권은 주무관청이 인증한 온실가스 배출량에 상응하는 것을 말하며, 제출기한은 이행연도 종료일부터 6개월 이내이다. 주무관청은 할당대상업체가 제출한 배출권의 내용을 지체 없이 배출권등록부에 등록해야 하며(제27조 제2항), 이렇게 제출된 배출권은 각 이행연도 종료일로부터 6개월이 경과하면 그 효력을 잃고 소멸한다(제32조).

2. 배출권의 이월 및 차입

(1) 배출권의 이월

배출권은 초기할당 시에 상당한 주의를 기울이는 경우에도 업체의 실제 온실가스 배출량과 할당량의 수를 정확히 일치시키는 것은 현실적으로 매우 어려운 일이다. 그리고 기업의 경우에는 장기경영계획에 따라 배출권의 필요수량이 시기별로 다를 수 있다. 그런데 이를 과거 실적기준으로 할당을 하다 보면 적절한 시기에 적절한 양의 배출권을 보유하기가 곤란해진다. 이런 경우를 대비하여 배출권의 이월 및 차입이 필요하다.[37]

배출권거래법안은 계획기간 내 및 계획기간 간 이월을 허용하고
(안 제28조 제1항), 다만 제1차 계획기간과 제2차 계획기간 간 이월
은 허용하지 아니하였다(안 부칙 제4조). 그러나 확정된 법은 해당
부칙을 삭제하여 계획기간 간 이월에 제한을 두지 않고 있다.

배출권의 이월은 계획기간이 종료되면서 의무를 이행하고 남은 배
출권 보유량의 유효기간을 결정하는 문제인데, 온실가스 감축이라는
목표와의 관계상 무기한의 이월을 인정할 수는 없게 된다. 이는 화폐
나 일반상품, 혹은 보통의 금융상품과 배출권이 다른 점인데, 산업
시설의 공동화 방지 및 자원의 효율적 활용이라는 측면에서 배출권
의 이월에는 일정 정도의 제한이 필요하다.

또한 배출권의 무제한 이월을 허용하는 경우, 할당대상업체들은
무상할당이 시행되는 배출권거래제 도입 초기에 가능한 한 많은 양
의 배출권을 확보하기 위하여 노후시설의 방치, 기술개발의 지연 등
의 행위를 할 가능성이 높다. 이는 온실가스 감축을 위하여 도입하는
배출권거래제가 오히려 온실가스 배출을 증가시키는 부정적인 결과
를 가져오게 되는 것이다. 그리고 배출권의 무제한 이월을 허용하는
경우, 과다하게 누적된 배출권은 시장에 공급초과 현상을 가져와 배
출권 가격의 폭락으로 이어질 수 있어 이 또한 유의해야 한다.

반면 배출권의 이월을 전면 금지하는 경우에는 시장참가자들에게 불
확실성과 위기대응 비용을 추가로 발생시킬 수 있고, 가능한 최저 비용
으로 배출을 감축하겠다는 배출권거래제의 기본 목표도 달성할 수 없

---

37) 온실가스 배출의 환경적 영향이 장기적인 것을 감안하여 이월 및 차입을 허용하는 것은
경제적 효율성 향상을 촉진하는 긍정적 효과를 나타내게 될 것이다. 김용건, 「온실가스
배출권거래제 도입 방향」, 한국환경정책・평가연구원, 2010. 12. 22, 15면.

으므로, 배출권거래제 해당 기업과 투자자들이 충분한 물량을 유지하고 시장의 효율성을 확보하려면 배출권의 이월을 허용해야 한다.[38]

이와 관련하여 유럽연합의 입법지침 2003/87/EC는 배출권의 이월은 인정하고 있으나, 배출권의 차입에 대해서는 규정하고 있지 아니하다. 동 입법지침은 배출권의 유효기간을 계획기간 내로 규정하고 계획기간을 경과한 배출권으로 의무이행을 위하여 제출되어 말소되지 않은 배출권의 효력을 실효시키면서, 동 규정에 따라 계획기간의 경과로 실효된 배출권에 대신하는 현행 계획기간의 배출권을 발행하도록 함으로써 배출권의 이월을 허용하고 있다(art.13).

유럽연합의 배출권 이월의 특징은 계획기간이 만료된 후 기업이 의무이행을 위하여 국가에 배출권을 제출하고 남은 배출권을 보유하고 있는 경우에 이를 모두 소멸시키고, 현재의 계획기간에 해당하는 배출권을 소멸된 배출권에 해당하는 수만큼 추가로 발행하도록 하고 있다는 것이다(art.13). 이는 기업이 의무이행 이후 잉여 배출권을 보유하는 경우, 과거 계획기간의 배출권은 소멸되고 이를 현행 계획기간의 배출권으로 대체하여 준다는 의미이다. 배출권은 개별적으로 고유번호를 가지게 되기 때문에, 기업이 보유하는 배출권은 항상 현행 계획기간의 고유번호를 가진 배출권이 되는 것이다.

미국의 「왁스만-마키 법안」도 배출권을 해당 연도 및 그 이후까지 의무이행을 위하여 사용할 수 있다고 규정하여 배출권의 이월을 허용하고 있다(s.725(a)). 그러나 동 법안은 유럽연합과는 달리 배출권

---

38) George Daskalakis et al., "Modeling CO_2 emission allowance prices and derivatives: Evidence from the European trading scheme", Journal of Banking & Finance, Vol. 33, Elsevier B.V., 2009, pp.1230~1241.

의 효력에 대하여 행정청에 위임을 하고 있어(s.725(b)) 배출권의 이월방식이 유럽연합의 방식과는 다르다.

한편 배출권의 이월과 관련하여, 조기감축에 대한 인센티브와 가격 안정성 도모, 그리고 경영계획에 따른 신규투자 시기 결정의 유연성 등을 고려하여 계획기간 간에 이월이 허용되어야 하며, 이를 불허할 경우에는 배출권의 가격이 폭락하고 초과 감축노력이 저조하게 되는 결과를 유발할 수 있다고 하면서, 유럽연합 배출권거래제의 경우 제1기와 제2기 간에 배출권의 이월을 허용하지 않은 결과 제1기 말에 배출권의 가격이 폭락하였다는 주장이 있다.[39]

그러나 유럽연합 배출권거래제 제1기 말에 배출권의 가격이 폭락한 것은 이월을 허용하지 않은 것도 일정 부분 기인하지만 그보다는 과다할당이 더 크게 기인한다고 보는 것이 타당하다. 또한 할당대상 업체의 온실가스 배출허용량은 시간의 경과에 따라 점차 축소될 예정이므로 기업으로서는 궁극적으로 감축노력을 기울일 수밖에 없게 된다. 이월을 전혀 허용하지 아니할 경우에는 초과감축 노력이 저조하게 될 수 있는 가능성이 있으므로 배출권의 이월을 허용하는 것이 바람직하다. 다만 경기활동저조로 인한 잉여배출권이나 적정 수준에 이르지 못하는 조기행동 크레딧의 대량 이월로 인한 배출권 가격의 폭락 사태 등을 대비하기 위하여, 시범기간에 해당하는 제1단계 계획기간의 잉여배출권의 이월문제는 전면 금지 혹은 일정 비율 이하로 이월을 허용하는 것이 바람직하다.[40]

---

39) 대한상공회의소 외, 앞의 자료, 15면.
40) 김용건, 앞의 「온실가스 배출권거래제 도입 방향」, 15면.

(2) 배출권의 차입

배출권거래제법은 차입에 대하여 동일한 계획기간 내 차입만 허용하고 있으며, 차입을 하는 경우에도 차입 비율에 제한을 두도록 하고 있다(제28조 제2항, 제3항).

이와 관련하여 유럽연합 배출권거래제는 차입을 허용하지 않고 있는 데 비해, 미국의 「왁스만-마키 법안」은 차입을 허용하되, 직후 이행연도의 배출권을 차입하는 경우에는 무상차입을 인정하고, 그 이후의 이행연도의 배출권을 차입하는 경우에는 유상차입을 인정하여 차입하는 이행연도가 멀수록 기업에 더 많은 비용부담을 지우고 있다(s. 725(c)).

배출권의 차입을 무제한으로 허용하는 경우 배출량 감축의무의 이행을 무제한 연기하게 되는 결과가 되어 배출권거래제 도입의 의미가 상실되므로 배출권의 차입을 인정하는 것에는 엄격한 제한이 필요하다.[41] 온실가스 배출 감축이라는 목표를 고려할 때 배출권의 차입을 허용하는 것은 불합리한 것으로 보인다. 한편 예상치 못한 변수의 발생으로 배출량이 급격히 늘어나는 경우 기업으로서는 사업에 심각한 타격을 입을 가능성이 있다. 따라서 배출권거래제법에서 배출권의 차입을 허용하되 그 계획기간 내에서 차입 비율에 제한을 두도록 한 것은 사정이 변경되는 경우 기업에 적응할 수 있는 여유를 주는 동시에 무분별한 차입을 할 수 없도록 제한을 가한 것이어서 타당한 방안이다.

---

41) 위의 논문, 15면.

3. 의무이행을 위한 배출권의 상쇄

배출권의 상쇄는 배출권거래제로 인한 온실가스 감축비용이 기업의 부담으로 작용하는 경우 기업의 비용부담을 경감시켜 주기 위하여 인정되는 제도이다.

배출권거래제법은 기업의 사업장 이외의 장소에서 이루어진 온실가스 감축실적을 일정한 조건하에서 기업의 온실가스 감축의무이행으로 인정하고 있다(제29조). 이에 따라 할당대상업체가 국제적 기준에 부합하는 방식으로 외부사업에서 발생한 온실가스 감축량을 보유 혹은 취득한 경우에 이를 주무관청에 배출권으로 전환해 줄 것을 신청하면, 주무관청은 이를 그에 상응하는 배출권으로 전환하고 상쇄등록부에 그 내용을 등록한다(제29조 제1항, 제2항). 외부사업에서 발생한 온실가스 감축량은 ① 국내외를 불문하고 동법의 적용대상이 아닌 부분에서 온실가스 감축사업을 통하여 발생한 온실가스 감축량, ② 유엔기후변화기본협약과 관련 의정서에 따른 온실가스 감축사업 등 기타 사업을 통한 온실가스 감축량을 의미한다. 여기서 온실가스 감축사업은 국제적 기준에 부합하는 측정·보고·검증이 가능한 방식으로 실시되었을 것을 요한다(제30조 제1항).

동 규정에 의하여 국내 기업은 사업장 자체의 온실가스 감축노력 이외에 교토의정서상의 청정개발체제에 따른 온실가스 감축사업을 사업장 이외의 장소에서 수행함으로써 획득하는 크레딧을 의무이행에 이용할 수 있게 되었다.

할당대상업체의 신청에 따라 주무관청이 인증하여 상쇄등록부에 등록된 배출권은 '상쇄배출권'이라고 하는데, 이러한 상쇄배출권은 의무이행을 위한 배출권의 제출에 이용할 수 있으며, 그 제출 한도 및 유효기간은 주무관청이 국가 온실가스 감축목표와 배출권 거래가격에 미치는 영향 등을 고려하여 제한할 수 있다(제29조 내지 제31조).

상쇄와 관련하여, 국내 주요업종의 에너지 효율이 세계 최고 수준이기 때문에 온실가스 감축 여력이 상당히 낮고 이로 인해 배출권의 공급부족이 대규모로 발생할 수 있으므로 관리업체가 국내외에서 다양한 분야에 투자하여 획득한 배출권을 제한 없이 상쇄에 이용할 수 있게 해야 한다는 주장이 있었으나,[42] 상쇄를 제한 없이 인정하게 되면 국내에서의 온실가스 감축 노력이 실질적으로 전혀 이루어지지 않을 수 있는 위험이 있다.

유럽연합 배출권거래제의 경우에도 입법지침 2003/87/EC에서 교토의정서상의 공동이행제도와 청정개발체제의 이용 가능성을 인정하면서도 동 메커니즘의 이용은 국내적 조치에 대하여 보충적이어야 한다고 규정하고 있다(preamble(19)). 미국의 「왁스만-마키 법안」도 배출권의 상쇄를 인정하면서 상쇄의 이용에 대한 제한 가능성을 규정하고 있다(s.722(d)(2), 728(d)).

상쇄를 무제한으로 인정하지 않는 것은 전 지구적인 온실가스의 감축 못지않게 국내 온실가스 배출량 감축과 이에 따른 국내 대기의 청정도 유지 또한 중요하기 때문이다. 따라서 기업의 편의를 도모하여 상쇄를 인정하더라도 이를 무제한으로 인정해 줄 수는 없으며 일정 범위에서 제한을 하는 것이 타당하다.

---

42) 대한상공회의소 외, 앞의 자료, 16면.

Ⅲ. 배출권의 불공정거래 규제

1. 시세조종행위의 금지

(1) 시세조종의 의의

시세조종이란 시장에서 수요와 공급의 원칙에 따라 정해지는 증권의 가격을 인위적인 조작에 의하여 조정하는 행위를 말한다.[43] 시세조종은 보유 중이거나 매집 중인 증권의 가격을 인위적으로 상승시킨 후 이를 매도하여 차익을 얻기 위한 경우, 신주발행 시 발행가격을 높이거나 발행을 원활하게 하기 위한 경우, 담보로 제공된 증권에 대한 담보권 실행을 방지하기 위한 경우, 합병반대주주의 주식매수청구권 행사를 억제하기 위한 경우 등에 행해지는데,[44] 합리적인 가격결정과 자유로운 수급을 통한 공정한 시장질서를 유지하기 위하여 금지되는 행위이다.[45]

배출권거래제법은 배출권 거래소에서의 거래와 관련된 시세조종행위에 대하여 자본시장법상 시세조종행위 금지 및 배상책임 규정을 준용하도록 하고 있다(제22조 제3항, 자본시장법 제176조 제1항 내지 제3항 각 호 외의 부분 본문).

따라서 배출권 거래소에서 배출권을 거래하는 경우, 위장매매, 매매유인목적행위, 시세의 고정 및 안정행위 등이 금지되며, 자본시장법상 예외적으로 인정되는 안정조작과 시장조성행위 역시 허용되지

---

43) 임재연, 앞의 책, 774면.
44) 위의 책, 775~776면.
45) 김정수, 앞의 책, 1091면.

아니한다. 특히 일반참가자의 시장참가가 허용되는 경우, 배출권 거래시장이 환경규제수단으로서의 기능보다는 자본시장으로서의 기능에만 치우칠 염려가 있다. 이 경우 할당대상업체에 심각한 타격을 줄 수 있으므로 엄격한 시장통제가 필요하다.

(2) 위장매매행위의 금지

위장매매와 관련하여 누구든지 배출권의 매매에 관하여 그 매매가 성황을 이루고 있는 듯이 잘못 알게 하거나 그 밖에 타인에게 그릇된 판단을 하게 할 목적으로 통정매매, 가장매매, 그 위탁 또는 수탁행위를 하여서는 아니 된다(제22조 제3항, 자본시장법 제176조 제1항).[46]

통정매매는 당사자 간에 미리 매매의 가격을 정하고 상호 매도와 매수를 하는 것으로, 명시적인 경우뿐만 아니라 묵시적인 경우를 포함하고, 가장매매는 실제 권리의 이전을 목적으로 하지 아니하고 외관상 권리의 이전이 있는 매매인 것으로 보이게 하는 것을 말하며, 위탁 혹은 수탁행위는 증권회사를 통하여 통정매매나 가장매매를 시도하는 행위를 의미한다.

위장매매가 성립하기 위한 요건은 ① 배출권일 것, ② 거래소의 거래일 것, ③ 매매성황에 대한 오인 또는 오판 유발의 목적이 있을 것, ④ 통정매매의 경우에는 같은 시기와 같은 가격일 것 등이다. 규제대상이 배출권이며 장외거래는 규제대상이 아니고, 매매가 아닌 증여나 담보권의 설정 등은 규제대상이 아니며, 위탁 후 매매의 성립 여부는 문제되지 아니한다. 또한 오인을 유발할 목적은 시장상황에 대

---

46) 김정수, 위의 책, 1102～1108면; 임재연, 앞의 책, 782～789면.

하여 평균적 수준의 합리적인 투자자의 매매에 관한 의사결정에 실질적인 영향을 끼칠 정도이면 족하고 실제적인 투자자의 오해 유발 여부 혹은 타인의 손해발생 여부 등은 문제되지 아니한다. 그리고 통정매매에서 같은 시기와 같은 가격은 반드시 동시에 동일한 가격일 것을 요하지 아니하고, 쌍방의 주문이 대응하여 성립할 가능성이 있는 정도이면 족하다.

(3) 매매유인목적행위의 금지

매매유인목적행위와 관련하여 누구든지 배출권의 매매를 유인할 목적으로 매매성황오인유발행위 혹은 시세변동행위, 시세조작유포행위, 허위표시 혹은 오해유발표시행위를 하여서는 아니 된다(제22조 제3항, 자본시장법 제176조 제2항).[47]

매매성황오인유발행위 혹은 시세변동행위는 현실의 매매를 통한 시세조종을 의미하고, 시세조작유포행위와 허위표시 혹은 오해유발표시행위는 현실의 매매가 아닌 표시에 의한 시세조종행위를 의미한다.

매매유인목적행위가 성립하기 위한 요건은 ① 배출권일 것, ② 거래소에서의 거래일 것, ③ 매매유인의 목적이 있을 것 등이다. 매매유인의 목적은 인위적인 조작에 의한 시세 변동임에도 이를 투자자들이 자연적인 수요 공급의 원칙에 따라 이루어진 것으로 오인하게 함으로써 이들을 매매에 끌어들이려는 목적이 있어야 하며, 투자자의 오해 유발 혹은 타인의 손해발생 등은 요구하지 아니한다. 매매성황오인유발행위 혹은 시세변동행위는 단일매매라도 족하고 매매가

---

47) 김정수, 앞의 책, 1108~129면; 임재연, 앞의 책, 790~801면.

현실적으로 이루어질 필요는 없으므로 매매의사 없이 하는 허수주문
도 여기에 해당한다. 시세조작유포행위는 공개적인 경우뿐만 아니라
개별적인 경우도 포함되고, 유포의 내용은 상당히 구체적인 내용일
것을 요구하며, 동 행위가 매매에 수반될 필요는 없고 행위자에게 시
장조작의 의도가 있을 것을 요하지 아니한다. 허위표시 혹은 오해유
발표시행위는 그 상대방이 매매의 상대방일 필요는 없고, 표시내용
은 해당 기업의 내외부적 정보를 모두 포함한다.

(4) 시세의 고정·안정행위의 금지

시세의 고정 및 안정행위와 관련하여 누구든지 배출권의 시세를
고정시키거나 안정시킬 목적으로 그 배출권에 관한 일련의 매매 또
는 그 위탁이나 수탁을 하는 행위를 하여서는 아니 된다(제22조 제3
항, 자본시장법 제176조 제3항 각 호 외의 부분 본문).[48) 이는 경쟁
매매와 정상적인 수요 공급에 의한 가격결정을 왜곡하는 한 유형인
안정조작과 시장조성을 금지하는 것이다.

시세의 고정 및 안정행위가 성립하기 위한 요건은 ① 배출권일 것,
② 거래소에서의 거래일 것, ③ 일련의 매매 또는 그 위탁이나 수탁일
것, ④ 시세 고정 혹은 안정 목적이 있을 것 등이다. 일련의 매매여야
하므로 단일 거래는 규제대상이 아니며, 시세 고정 혹은 안정 목적은
현재의 시장가격을 고정 혹은 안정시키는 경우는 물론이고 행위자가
형성한 시장가격을 고정 혹은 안정시키는 경우도 포함한다.

배출권 거래시장에서 의무이행을 위하여 배출권을 구입하여야 하

---

48) 김정수, 앞의 책, 1130~1136면; 임재연, 앞의 책, 801~807면.

는 할당대상업체로서는 배출권의 시장가격이 낮을수록 유리하다. 따라서 일반참가자가 아닌 의무이행을 위한 참가자들의 경우 배출권의 시장가격이 상승하는 것을 방해하고자 하는 유인이 존재한다. 하지만 이는 오염 원인자부담의 원칙에 부합하지 아니한다. 따라서 배출권의 시세를 고정시키거나 안정시키는 행위는 엄격하게 금지되어야 한다.

(5) 연계시세조종행위의 금지

한편 법안의 규정상 연계시세조종행위는 준용대상에서 제외되어 있는데 이는 자본시장법상 규정을 직접 적용하여 규율하는 것을 예정하고 있는 듯하다.

연계시세조종와 관련하여 자본시장법은 누구든지 상장증권 또는 장내파생상품의 매매와 관련하여 장내파생상품과 기초자산 간의 연계시세조종행위 혹은 상장증권 간의 연계시세조종행위를 할 수 없다고 규정하고 있다(제176조 제4항).[49]

장내파생상품과 기초자산 간의 연계시세조종행위는 선물이나 옵션 등의 매매에서 부당한 이익을 얻을 목적으로 기초자산의 시세를 변동 또는 고정시키는 행위와 그 반대방향으로 이루어지는 행위를 의미하고, 상장증권 간의 연계시세조종행위는 증권의 매매에서 부당한 이익을 얻을 목적으로 연계된 증권의 시세를 변동 또는 고정시키는 행위를 의미한다. 따라서 배출권의 매매와 관련하여 배출권이 기초자산인 장내파생상품과 배출권 간의 연계시세조종행위 및 배출권

---

49) 김정수, 앞의 책, 1136~1141면; 임재연, 앞의 책, 808~813면.

간의 연계시세조종행위는 허용되지 아니한다. 한편 자본시장법은 파생상품 간의 연계시세조종행위에 대하여 규정하고 있는 바가 없는데, 이미 배출권거래제를 시행하고 있는 유럽연합의 경우에서 보듯이, 배출권의 거래에 있어서 파생상품의 거래를 금지하는 취지의 규정도 없는 이상, 배출권 거래에 있어서는 배출권을 제출하는 시기와 맞물리는 파생상품의 거래규모가 현물거래의 규모보다는 압도적으로 많을 것으로 예상된다. 그럴 경우 배출권의 거래에서 시세조종과 관련하여 가장 문제가 많을 수 있는 유형 중 하나가 파생상품 간의 연계시세조종행위일 가능성이 있는데, 이에 대하여 별도의 규정을 마련하여 시장의 건전성을 도모하는 것이 바람직하다.

시세조종금지 규정을 위반한 경우, 위반행위를 한 자는 그 위반행위로 인하여 형성된 가격에 의하여 해당 배출권의 매매를 하거나 위탁을 한 자가 그 매매 또는 위탁으로 인하여 입은 손해를 배상할 책임을 지며, 이 경우 손해배상청구권의 소멸시효기간은 청구권자가 동 규정 위반행위가 있었던 사실을 안 때부터 1년, 그 행위가 있었던 때부터 3년이다(제22조 제3항, 자본시장법 제177조). 또한 위반 행위를 한 자는 3년 이하의 징역 또는 1억 원 이하의 벌금에 처해지며, 위반 행위로 얻은 이익 또는 회피한 손실액의 3배에 해당하는 금액이 1억 원을 초과하는 경우에는 그 이익 또는 회피한 손실액의 3배에 해당하는 금액 이하의 벌금에 처해진다(제41조 제1항 제1호 내지 제3호).

2. 부정거래행위의 금지

(1) 부정거래행위의 의의

증권거래와 관련하여 행해지는 부정거래는 다수인에게 영향을 미치는 동시에 증권시장 전체의 건전성을 해할 수 있기 때문에, 개별 투자자의 이익 보호와 동시에 투자자 일반의 증권시장에 대한 신뢰를 보호하기 위하여 사기적 부정거래행위가 금지된다.

배출권거래제법은 배출권 거래에 있어서의 부정거래행위 등의 금지 및 배상책임과 관련하여 자본시장법상 부정거래행위 금지규정을 준용하도록 하고 있다(제22조 제3항, 자본시장법 제178조, 제179조).

따라서 누구든지 배출권의 매매, 그 밖의 거래와 관련하여 부정거래행위를 하여서는 아니 된다.

(2) 부정거래행위의 금지

누구든지 배출권의 매매 기타 거래와 관련된 부정한 수단, 계획 또는 기교의 사용, 부실표시 사용, 거짓의 시세를 이용하는 행위를 하여서는 아니 되며, 배출권의 매매나 기타 거래 혹은 시세변동을 목적으로 하는 풍문의 유포, 위계사용 등의 행위를 하여서는 아니 된다(제22조 제3항, 자본시장법 제178조).[50]

자본시장법상 부정거래행위는 상장 여부는 불문하고, 장외거래나 대면거래도 규제대상이지만, 배출권 거래와 관련하여서는 법안의 규정상 배출권 거래소에서의 거래만이 규제대상이며, 행위자가 실제로

---

50) 김정수, 앞의 책, 1150~1157면; 임재연, 앞의 책, 814~833면.

매매나 위탁행위를 할 것이 요구되는 것은 아니다.

부정한 수단, 계획 또는 기교는 사회통념상 부정하다고 인정되어 허용이 되지 않는 경우를 의미한다. 부실표시 사용은 중요한 사항에 대한 거짓의 기재나 표시 혹은 오해유발을 피하기 위하여 필요한 중요한 사항에 대한 누락이 있어야 하는데, 중요성에 대한 판단은 기업 내외의 정보로서 합리적인 투자자의 입장에서 객관적으로 판단하며, 특히 기후변화 및 환경 관련 정보는 배출권의 거래와 관련하여 중요한 정보가 될 개연성이 높다. 행위의 결과 추구하는 것은 금전이나 재산상 이익으로 소극적 이익이나 현실화되지 않은 장래의 이득도 모두 포함하는 것으로 본다.[51] 거짓의 시세 이용은 매매유인목적이 요구된다. 풍문의 유포는 그 내용이 허위일 것을 요건으로 하지 아니하고 유포의 수단이나 방법도 제한이 없으며, 상대방도 불특정다수인일 것을 요구하는 것은 아니다. 궁극적으로 투자자의 판단에 영향을 끼칠 수 있는 것으로 족하다.[52] 위계는 거래상대방이나 불특정투자자를 기망하여 일정한 행위를 유인할 목적으로 하는 행위로 금지되는 행위에 해당한다.

유럽연합의 경우에는 재활용 크레딧, 부가가치세와 관련한 탈세, 인터넷을 이용한 배출권의 피싱 등의 문제점이 발생한 바 있다.[53] 이들 행위도 포괄적 사기행위를 금지하기 위한 동 규정상의 부정한 수단에 해당하는 것으로 보아 제재가 가능하다.

동 규정을 위반한 자는 그 위반행위로 인하여 배출권의 매매 기타

---

51) 임재연, 위의 책, 829면.
52) 김정수, 앞의 책, 1155면.
53) http://ec.europa.eu/environment/climat/emission/index/en.htm.

거래를 한 자가 이와 관련하여 입은 손해를 배상하여야 하며, 이 경우 손해배상청구권의 소멸시효는 청구권자가 동 위반행위가 있었던 사실을 안 때부터 1년, 동 행위가 있었던 때부터 3년이다(제22조 제3항, 자본시장법 제179조). 또한 위반 행위를 한 자는 3년 이하의 징역 또는 1억 원 이하의 벌금에 처해지며, 위반 행위로 얻은 이익 또는 회피한 손실액의 3배에 해당하는 금액이 1억 원을 초과하는 경우에는 그 이익 또는 회피한 손실액의 3배에 해당하는 금액 이하의 벌금에 처해진다(제41조 제1항 제4호 내지 제5호).

배출권의 감독 및 위법행위에 대한 제재

Ⅰ. 배출권 거래시장의 감독

1. 배출권의 배분 및 등록부의 운영

배출권거래제법은 배출권거래제의 적용대상이 되는 업체는 에너지 목표관리제의 적용대상에서 제외되도록 하고 있다(제10조). 온실가스 및 에너지 목표관리제를 총괄하는 정부부처가 환경부장관인데(기본법 제42조, 동시행령 제26조), 배출권거래제의 주무관청 역시 환경부장관으로 되어(배출권거래법 시행령 제6조) 목표관리제에서 배출권거래제로의 원활한 이행이 이루어질 수 있게 되었다.

또한 기본법상 목표관리제를 위한 등록부는 환경부 산하의 온실가스 종합정보센터에서 통합하여 관리 및 운영을 하도록 되어있는데(기본법 제25조, 동시행령 제31조, 제36조), 배출권등록부 역시 환경부장관이 주무관청으로서 그 관리 및 운영을 하도록 되어 있어 통일적인 업무 수행이 가능하게 되었다(시행령 제6조).

2. 기업의 배출 관련 자료 보고의무 및 검증

측정·보고·검증은 배출권거래제의 존립기반에 관한 문제이다. 정확한 배출량의 측정, 면밀한 데이터의 분석에 기초를 두는 보고 및 엄격한 검증을 거쳐 배출권 할당의 기초 데이터에 대한 신뢰성을 확보하는 것이 중요하기 때문이다.

이와 관련하여 유럽연합 입법지침 2003/87/EC는 유럽연합 집행위원회에게 배출량의 측정 및 보고를 위한 가이드라인을 채택하도록 하고(art.14), 각 회원국에 일정한 절차에 따라 시설운영자가 제출한 보고서를 검증하도록 하고 있다(art.15). 유럽연합 집행위원회는 동 입법지침에 따라 2004년 유럽연합 배출권거래제를 위한 'Monitoring and Reporting Guideline(MRG) 2004'를 마련하였다.[54]

배출권거래제법의 경우에는 할당대상업체가 검증기관의 검증을 거쳐 측정·보고·검증 가능한 방식으로 이행연도별 온실가스 배출량을 주무관청에 보고하면, 주무관청은 그 내용의 적절성 평가 작업을 거쳐 실제 온실가스 배출량을 인증하고, 인증된 배출량을 배출권 등록부에 기재하도록 하고 있다(제24조, 제25조). 또한 검증기관은 환경부장관이 지정하는 업체로 전문성을 인정받은 외부기관이 되도

---

[54] Commission Decision of 29 January 2004 establishing guidelines for the monitoring and reporting of greenhouse gas emissions pursuant to Directive 2003/87/EC of the European Parliament and of the Council(2004/156/EC).

록 하고 있다(제24조 제2항, 기본법 제44조 제2항, 동시행령 제32조).

그 밖에 측정·보고·검증의 세부사항은 시행령 및 시행규칙으로 구체화될 것인데 정확성과 신뢰성을 담보할 수 있도록 정치한 규정이 필요하며, 기업의 회계감독과 관련하여 회계사의 회사로부터의 독립성이 문제 되는 것과 마찬가지로, 검증기관의 경우에도 유사한 문제가 발생할 가능성이 있으므로 검증기관의 독립성을 보장할 수 있는 규정이 필요하다.

3. 감독기관의 배출 관련 정보요구 및 조사권

배출권거래제에서 감독기관은 감독 업무의 실효성을 담보하기 위하여 관련 정보에 대한 접근권을 확보할 필요가 있다.

배출권거래제법은 ① 할당대상업체가 배출권의 할당을 신청하는 경우, ② 할당대상업체의 조기감축실적을 인정하는 경우, ③ 배출권 할당의 조정을 하는 경우, ④ 배출권 할당의 취소를 하는 경우, ⑤ 배출권 제출 시의 보고 및 검증을 하는 경우, ⑥ 배출량의 인증을 하는 경우, ⑦ 외부사업 온실가스 감축량의 인증을 하는 경우 등에는 각 사안의 적정성을 확인하기 위하여 필요한 경우에는 실태조사를 할 수 있도록 하고, 실태조사의 방법으로 할당대상업체에 대하여 보고 및 자료 제출을 요구하거나 현장조사 등을 할 수 있도록 하고 있는데, 이 경우 할당대상업체는 특별한 사유가 없는 한 이에 따르도록 되어 있을 뿐(제37조) 이를 강제할 규정이 없어 그 실효성이 문제가 된다.

감독기관의 정보요구 및 조사권에 따르지는 않는 경우에 감독기관이 이에 대한 제재를 할 수 있고 그로 인해 원하는 정보에 접근할 수 있는 권한을 인정하는 방안을 강구하는 것이 바람직하다.

Ⅱ. 법 위반 시 제재 방안

1. 배출권 할당과정에서의 부정행위

배출권을 할당하는 과정에서 대상업체가 배출량을 과다 산정하는 등의 경우에는 온실가스 배출량 감축이라는 결과 대신 기업이 부당이득을 할 수 있는 기회만 제공해주는 문제가 생길 가능성이 있다. 따라서 배출권 할당과정에 부정행위가 개입한다면 이에 대한 제재가 뒤따라야 하는 것은 당연할 것이다.

배출권거래제법은 거짓이나 부정한 방법으로 할당을 받은 업체에 대하여 정부가 배출권의 할당을 취소할 수 있도록 규정하고 있는 한편(제17조 제1항 제5호), 1억 원 이하의 벌금에 처하도록 하고, 위반행위로 얻은 이익이나 회피한 손실액의 3배에 해당하는 금액이 1억 원을 초과하는 경우에는 그 이익 또는 회피한 손실액의 3배에 해당하는 금액 이하를 벌금으로 부과할 수 있도록 하고 있다(제41조 제3항 제1호).

배출권 할당 시의 부정행위에 대한 제재와 관련하여, 배출권 관련 자료를 집적하는 데 높은 전문성이 요구되기 때문에 배출권 신청과 관련된 자료에 의도하지 않은 기술적 오류가 발생할 수 있고 이것이 '거짓이나 부정한 방법'으로 오인될 우려가 있으며, 정부의 배출권 할당 취소는 공장이나 시설의 운영 중단을 의미하는 것으로 사업취소와 동일한 결과를 가져오게 되므로, 할당을 취소하는 대신 과태료를 부과하는 것이 합리적이라는 주장이 제기되었다.[55]

그러나 배출권거래제법에 의하면 배출권의 할당이 취소된 경우에도 정부가 실태조사 등의 방법을 통하여 배출권을 조정할 수 있는 방안을 마련해두고 있으므로(제37조) 기술적 오류의 오인 가능성을 이유로 할당취소라는 방안을 제외하는 것은 바람직하지 아니하다. 기술적 오류인 경우에 업체는 이를 증명할 수 있는 방법을 보유하고 있을 것이고 기술적 오류를 증명하지 못한다면 그건 기술적 오류가 아닐 개연성이 클 것이기 때문이다. 또한 할당취소는 사업중단을 의미한다고 하나 할당이 취소되더라도 이를 금전으로 구입하면 될 것이고, 금액의 다과는 있으나 과태료 납부와 배출권 구입 모두 금전적 제재에 해당하는 것은 동일한데, 할당취소를 바로 사업중단으로 연결시키는 것은 지나친 것으로 보인다.

2. 배출권 거래과정에서의 부당행위

배출권의 거래과정에서 발생하는 부당한 행위와 관련하여 배출권거래제법은 시세조종행위의 금지와 배상책임, 부정거래행위의 금지와 배상책임 및 정보이용금지 규정을 준용하고, 위반 행위를 한 자에 대하여 3년 이하의 징역 또는 1억 원 이하의 벌금, 위반 행위로 얻은 이익 또는 회피한 손실액의 3배에 해당하는 금액이 1억 원을 초과하는 경우에는 그 이익 또는 회피한 손실액의 3배에 해당하는 금액 이하의

---

55) 대한상공회의소 외, 앞의 자료, 13면.

벌금에 처하도록 하였다(제22조 제3항, 제41조 제1항 내지 제2항).

한편 배출권거래제법에는 배출권을 거래하는 과정에서 제출된 배출권의 재활용 문제, 부가가치세 등 세금 문제, 회계기준 위반 등과 관련된 규정은 없으나 등록부를 관리하는 과정에서 유사한 사례가 발생하지 않도록 할당된 배출권에 일련번호를 부여하는 등 이에 대한 철저한 관리 시스템을 구축하여야 할 것이다.

그중에서도 특히 부가가치세 문제는 유럽공동체의 특수성에서 발생한 것이기는 하나, 배출권거래제법에서도 국제적인 거래시장과의 연계 가능성을 열어두고 있어(제36조), 차후 국제 시장과 국내 시장이 연계되는 시점에서 우리나라에서도 유사한 문제가 발생할 가능성이 있다. 이 부분에 대한 관련법의 규정을 정비하는 것이 필요하며, 거래 과정에서 부당행위가 발생하는 경우에도 해당 업체에 거래중지 명령을 발하거나 과태료를 부과하는 등의 조치를 마련할 필요가 있다.

3. 이행연도 종료 시 배출권의 제출의무를 위반한 경우

배출권의 제출의무는 이행연도 혹은 계획기간이 만료된 시점에서 배출허용량보다 실제로 배출한 온실가스의 양이 더 많은 경우에 발생하는 의무이다. 배출권거래제에서 온실가스의 실질적인 배출 감축을 담보하는 장치로서 기능하는 것이다.

배출권거래제법은 기한 만료 시 배출권을 제출하지 않은 경우에는 1천만 원 이하의 과태료를 부과하고(제43조 제4호), 배출권을 과소 제출한 경우에는 배출권 부족분의 이산화탄소 1톤당 10만 원의 범위에서 해당 이행연도의 배출권 평균 시장가격의 3배 이하의 과징금을 부과할 수 있게 하였다(제33조).

이는 당초 법안에서는 과징금은 '부족분의 이산화탄소 1톤당 100만 원의 범위 내에서 당해 배출권 평균 시장 가격의 5배 이하'로 규정하고(제31조), 과태료는 '5,000만 원 이하'로 규정하고 있었으나(제33조), 산업계의 부담이 지나치고 유럽연합 배출권거래제 등 국외 사례와 비교해 보아도 부당하다는 비판이 제기되었고,[56] 이에 따라 산업계의 부담을 완화하는 방향으로 의견을 수렴하여 금액을 하향조정한 것이다.

배출권 제출의무와 관련된 경우 이외에도 배출권거래제법은 측정·보고·검증 과정에서의 부정행위에 대하여 역시 1천만 원 이하의 과태료를 부과하도록 하고 있다(제43조 제2호 내지 제3호).

배출권 제출의무를 위반한 경우에는 위의 과징금 및 과태료 이외에도 해당 업체에 대한 정보공개, 미제출분 추가제출 의무 부과 등을 고려해 볼 수 있다.

참고로 유럽연합 배출권거래제는 배출권의 제출의무를 위반한 경우 제1기에는 초과배출단위당 40유로, 제2기에는 100유로의 벌금을 부과하고 있다(입법지침 2003/87/EC art.16). 이러한 벌금 금액의 단계적 증가는 온실가스 배출권거래제를 시행함으로 인한 사회적·경제적 반발을 완화시키기 위한 것이다.[57] 한편 초과배출량에 해당하는 벌금 이외에 다음 해에 초과배출량에 해당하는 배출권을 제출하도록 하고 있어 벌금의 납부로 배출권 제출의무를 면제할 수 없도록 하고 있는데(art.16), 배출권 부족분에 대한 벌금은 초과 배출에 대

---

56) 대한상공회의소 외, 앞의 자료, 18면.
57) 최승필, 앞의 논문, 180면.

한 제재적 성격을 지니는 것이므로 초과 배출량에 대한 배출권의 제출의무는 여전히 남아있는 것으로 하는 것이 온실가스 감축이라는 배출권거래제의 취지에 부합한다 할 것이다.

배출권거래제는 환경과 시장이 결합한 새로운 영역이다. 기존에 날씨파생상품 등 환경과 관련한 금융상품이 있었으나, 배출권거래제는 자본시장을 통하여 환경적 목적을 달성하고자 하는 방안으로 선택된 것이기 때문에, 배출권을 금융상품으로 거래할 뿐만 아니라, 배출권의 거래를 통하여 온실가스 배출량 감축이라는 목표를 보다 적은 비용으로 달성할 수 있어야 한다.

배출권거래제의 과학적 근거인 기후변화의 부작용은 현재까지 완벽히 이해가 되고 있는 것은 아니다. 그러나 기후변화는 인류가 의존하고 있는 대기에 전례 없는 위험을 초래할 것으로 전망되고 있다. 이에 따라 국제사회가 기후변화에 대한 공동의 위기의식에서 고안한 대응방안 중 하나가 배출권거래제이다.

유럽연합의 경우 지속적으로 관련 법규를 제·개정하여 변화하는 시대적 요구를 반영하면서 일관성 있는 기후변화 정책에 따라 배출권거래제를 안정적으로 운영하고 있고, 교토의정서의 연장과는 별개로 유럽연합 배출권거래제를 존속시키기로 하면서 제도의 불확실성을 제거하기도 하였다.

미국의 경우에는 교토의정서에 가입하지는 않았으나, 주 정부나 지역 차원의 배출권거래제가 시행 중이거나 준비 중이다. 심지어는 현재 가장 많은 온실가스를 배출하고 있다는 비난을 받고 있는 중국조차도 전국적인 제도시행을 전제로 현재 각 성 단위로 시범적인 배출권거래제의 시행을 준비하고 있다.

우리나라는 해수면 높이 상승이나 연평균 기온상승 등의 지표가 세계 수준의 2배에 달하는 것으로 나타나 기후변화에 대한 대응이 심각한 상황이다. 최근에는 우리나라에서도 기후변화에 대한 관심이 높아지고 관련 정책이 활발하게 시행되고 있고, 2012년 「온실가스 배출권의 할당 및 거래에 관한 법률」이 국회를 통과하여 배출권거래제의 법적 근거를 정비하였다.

그동안 기후변화에 관한 국제적인 논의의 핵심은 교토의정서의 유지 및 연장 여부였다. 그런데 2011년 남아공 더반 당사국총회에서는 교토의정서의 연장과 국제적으로 단일한 새로운 기후체제에 대한 논의를 하기로 결정하였다. 그리고 2012년 카타르 도하 당사국총회에서도 관련 논의가 이어졌다.

이에 대하여 국내 배출권거래제 도입반대론자들은 2020년까지 배출권거래제를 도입할 이유가 없어졌다고 주장하였다. 기존의 반대론자들의 주된 논거는 첫째, 교토의정서의 불확실성, 둘째, 미국, 중국, 일본 등 주요국가의 배출권거래제 미도입, 셋째, 산업계 부담증가 및 국가경쟁력 약화 등이었다.

먼저 교토의정서의 불확실성과 관련하여 살펴보면, 더반 당사국총회 이전에 이미 유럽연합은 자체 배출권거래제를 교토의정서의 유지 여부와 무관하게 존속시키기로 결정하였다. 또한 유엔 청정개발체제 집행위원회는 교토의정서의 유지 여부와 무관하게 청정개발체제를 존속시키고 크레딧을 계속하여 발행하기로 결정한 바 있다. 이는 배출권 거래시장의 선도자들이 기후변화에 대한 국제조약과는 관계없이 배출권과 관련한 자본시장의 존립 기반을 마련해 놓았다는 것을 의미한다.

다음으로 주요국가의 배출권거래제 미도입과 관련하여 살펴보면, 교토의정서에 반대하는 미국도 이미 주정부 차원의 배출권거래제가 시행 중인 가운데, 연방정부 차원의 배출권 거래시장을 형성하기 위한 노력을 기울이고 있다. 중국은 국가 배출권거래제의 시행을 전제로 시범 제도를 7개의 성에서 시행하기 위하여 준비하고 있는 상황이다. 일본은 교토의정서의 유지를 반대하는 한편에서는 별도의 양자간 상쇄 메커니즘이라는 제도를 아시아 국가들의 지지 속에서 추진하고 있었다. 또한 일본의 지방정부 차원에서는 배출권거래제를 시행하면서 국가 배출권거래제의 시행을 준비하고 있는데 이 역시 국제적 배출권 거래시장의 연계를 염두에 두고 있다. 따라서 기후변화 당사국총회의 결과에 관계없이 배출권 거래시장은 유지될 것이라는 전망이 가능하였으며, 교토의정서가 폐기되는 결과가 나왔다 하더라도 세계 각국에서 배출권거래제는 지속되었을 것이다. 한편 유럽연합을 비롯하여 배출권거래제를 시행하거나 준비 중인 국가들은 전 세계 단일의 배출권 거래시장을 구상하고 있다. 이러한 사실들을 종합해 볼 때, 교토의정서가 유지되기로 결정된 현 상황에서 배출권 거

래시장이 유지되고 확대되는 것은 당연히 예상할 수 있고, 이는 궁극
적으로 하나의 시장으로 통합되는 과정을 거치게 될 것이다.

　마지막으로 산업계 부담증가 및 국가경쟁력 약화와 관련하여 살펴
보면, 배출권거래제가 산업계에 부담으로 작용하고 국가경쟁력에 일
정 부분 손상을 줄 가능성은 분명히 존재한다. 그러나 기후변화 문제
에서 시작된 배출권거래제는 여타 환경 관련 규제의 일부분일 뿐이
다. 우리나라는 에너지의 대부분을 수입하고 제조업 중심의 산업구
조로 무역의존도가 높은 국가이다. 기업의 입장에서는 무역상대국의
환경장벽을 극복하기 위하여 에너지 효율화를 이루고 환경친화적인
기술을 개발해야 하는 것이 당면과제이다. 이러한 상황에서 배출권
거래제가 반드시 기업에 부담으로만 작용하는 것은 아니다. 이는 오
히려 기업의 경쟁력을 강화시킬 수 있는 방안으로 작용할 수 있다.

　위의 논거들과 함께 그동안 산업계의 가장 큰 반대 논거가 되었던
우리나라가 교토의정서상 의무부담국가가 아니라는 사실도 2020년
이후가 되면 반대논거가 되지 못할 가능성이 아주 높다. 단일의 국제
기후체제가 성립하면 우리나라도 예외가 될 수 없기 때문이다. 교토
의정서상 의무부담국가가 아니라는 사실과 국가경쟁력 약화, 교토의
정서의 유지 여부의 불확실성 등을 이유로 더 이상 배출권거래제의
도입을 미루게 된다면, 이는 결국 세계 최대의 자본시장 중 하나인
배출권 거래시장과 온실가스 감축이라는 국제적 과제를 도외시하는
결론이 된다. 무역의존도가 높은 우리나라로서는 국제경쟁력을 위하
여 온실가스 감축노력이 절실하고 이를 지원하기 위하여 오히려 배
출권거래제가 필요한 상황인 것이다.

　배출권거래제가 도입되는 경우 이에 해당되는 기업들에 대한 조사

를 실시한 결과, 동 기업들이 배출권거래제에 불참하는 이유 중 하나가 배출권거래제에 대한 정확한 정보가 부족하기 때문인 것으로 나타났다. 배출권거래제의 수범예정자들의 동 제도에 대한 이해는 동 제도의 성패를 가르는 문제이다. 그런데 배출권거래제에 대한 논의가 많이 진행되어 있는 시점에서도 이에 대한 기업들의 정보가 부족하다는 것은 제도에 대한 홍보가 부족하다는 것을 의미한다. 배출권거래제의 내용과 제도의 도입으로 인한 효과 등에 대한 정보의 전달로 배출권거래제에 대한 이해도를 높이도록 하는 것이 중요하다.

한편 배출권거래제에 대한 정확한 이해와 외국의 시행착오를 참고로 한 정치한 제도의 설계가 있더라도 우리나라만의 특수상황에서 발생하는 오류가 분명히 발생할 수 있다 따라서 2020년까지의 시간은 우리나라에 더할 수 없이 좋은 기회이므로 충분한 시범기간을 거친 이후에 본격적으로 제도를 시행하는 등으로 오류를 최소화할 수 있도록 하여야 한다. 2015년에 시행 예정인「온실가스 배출권의 할당 및 거래에 관한 법률」과 시행령에 대하여 비판적인 시각이 있다. 그러나 제도 운영 과정에서 배출권 거래시장을 환경시장으로서 안정적으로 기능할 수 있게 한다면, 국가와 기업에 신성장동력을 부여하는 동시에 온실가스 감축이라는 전 세계적인 목표를 달성할 수 있는 좋은 계기로 작용할 수 있을 것이다.

[참고문헌]

≪국내문헌≫

〈단행본〉

기획재정부 외 관계부처합동,『저탄소 녹색성장 기본법 시행에 따른 국가 기후변화 적응
　　　대책』, 2010. 10.

기후변화협약대책위원회,『기후변화협약 대응 제3차 종합대책』, 2005. 2.

김건식·정순섭,『자본시장법』, 두성사, 2009.

김성훈·신도철·김인성,『코즈의 경제이론과 한국경제』, 경제해설자료 15, 국민경제제
　　　도연구원, 1991. 11.

김용건·전지영,『온실가스 배출권 초기할당방식에 관한 연구』, 한국환경정책·평가연
　　　구원, 2010.

김정수,『자본시장법원론』, 서울파이낸스앤로그룹, 2011.

김홍균,『환경법』, 홍문사, 2010.

박균성·함태성,『환경법』, 제4판, 박영사, 2010.

부기덕·이원희·김희락,『배출권 거래와 탄소 금융』, 한국금융연수원, 2010.

손현·박찬호,「온실가스 보고·검증제도(MRV)에 관한 법제 개선방안 연구: 국제 MRV
　　　연계 방안을 중심으로」, 한국법제연구원, 2010.

신의순·김호석,『기후변화협약과 기후정책』, 집문당, 2005.

에너지관리공단,『온실가스 인벤토리 검증 가이드라인』, 2008.

유엔환경계획 한국위원회,『교토의정서』, 유넵프레스, 2002.

윤승한,『자본시장법 강의』, 개정증보판, 삼일인포마인, 2011.

이순자,『환경법』, 개정판, 법원사, 2010.

이철송, 『회사법강의』, 제17판, 박영사, 2009.

임재연, 『자본시장법』, 박영사, 2010.

자본시장통합법 연구회 편, 『자본시장통합법 해설서』, 한국증권업협회, 2007.

조현재·임상균·전병득·현경식·김기철, 『CO_2 전쟁』, 매일경제신문, 2006.

조홍식·이재협·허성욱 편, 『기후변화와 법의 지배』, 박영사, 2010.

최봉석, 『환경법』, 청목출판사, 2010.

홍복기, 『회사법강의』, 제2판, 법문사, 2011.

환경부, 『환경통계연감』, 제23호, 2010. 12.

______ 등 13개 부처, 『국가 기후변화 적응 종합계획』, 2008. 12.

〈논문〉

구연한, 「우리나라 탄소배출권시장 도입과제」, 『KIF 금융논단 모음집』, 제17권 10호,
　　　한국금융연구원, 2008. 3. 17, 201~205면.

김성수, 「'온실가스 배출권 거래제도표에 관한 법률안'상의 온실가스 배출권의 법적 성
　　　격과 할당의 법적 과제」, 『토지공법연구』, 제52집, 한국토지공법학회, 2011. 2,
　　　215~237면.

김승래, 「녹색성장과 조세」, 『녹색성장과 한국경제: 이슈와 정책적 시사점』, 정책심포지
　　　엄 자료집, 한국경제연구학회, 2009. 10.

김연주·채여라, 「기후변화 영향평가 및 적응 관련 동향」, 『Green-tech Research』
　　　2010-03호, 한국환경정책·평가연구원 녹색기술전략센터, 2010, 101~124면.

김종호·김호석·조우영·조일현, 「녹색성장 평가를 위한 지표체계 개발 및 활용방안
　　　연구」, 한국환경정책·평가연구원, 2010.

김필규, 「탄소배출권 관련 금융상품화를 위한 법적 과제」, 『환경법연구』, 제31권 제2호,
　　　한국환경법학회, 2009, 23~48면.

김홍균, 「수도권대기질 개선을 위한 총량관리제: 배출권 거래제도를 중심으로」, 『저스
　　　티스』, 통권 제91호, 한국법학원, 2006. 6, 151~165면.

박광수, 「EU-ETS하에서 독일의 배출권거래제에 관한 연구」, 『한독사회과학논총』, 제
　　　20권 제3호, 한독사회과학회, 2010. 9, 37~64면.

신동호, 「날씨위험을 활용한 보험시장과 자본시장의 제휴: 대재해체권과 날씨파생상품

을 중심으로」, 제9차 한국경제학회 국제학술대회 발표논문, 『한국경제학회』, 2000. 7.

안창남, 「기후변화협약의 국제적인 논의동향과 우리나라에 미치는 영향」, 『계간 세무사』, 2010년 가을호, 통권 126호, 한국세무사회, 2010, 8~16면.

_____ · 길병학, 「우리나라 탄소세 도입방안 연구: 과세제도 및 체계를 중심으로」, 『조세연구』, 제10권 제2집, 한국조세연구포럼, 2010, 221~239.

야마무라 츠네토시, 이순태 역, 「일본의 온난화대책법제의 문제점과 그 과제」, 『환경법연구』, 제30권 제2호, 한국환경법학회, 2008, 233~245면.

이경미 · 권원태 · 이승호, 「한국 식물계절 시기의 변화 경향에 과한 연구」, 『한국지역지리학회지』, 제15권 제3호, 한국지역지리학회, 2009.

이광윤, 「프랑스 배출권거래제의 현황과 시사점」, 『환경법탄소소식』, 1호, 한국환경법학회, 2010.

이두령, 「일본 "환경배려계약법(環境配慮契約法)"의 개요」, 『최신외국법제정보』, 2007-7, 한국법제연구원, 2007. 12, 82~90면.

이수철, 「일본의 기후변화 정책과 배출권 거래제도: 특징과 시사점」, 『환경정책연구』, 제9권 제3호(통권 26호), 한국환경정책 · 평가연구원, 2010년 가을, 77~102면.

이재협, 「기후변화입법의 성공적 요소: 미국의 연방법률안을 중심으로」, 『한양대학교 법학논총』, 제26집, 제4호, 한양대학교 법학연구소, 2009. 175~200면.

전종익, 「탄소배출권의 헌법적 성격과 거래제도」, 『법조』 제59권 5호, 법조협회, 2010, 5~34면.

정순섭, 「환경친화적 녹색금융을 위한 법적 과제」, 『환경법연구』, 제31권 1호, 한국환경법학회, 2009, 87~113면.

정창화, 「초국가공동체로서 유럽연합(EU) 형성에 관한 연구: 유럽연합(EU)법의 수용에 대한 이론과 실제」, 『행정논총』, 제42권 제1호, 서울대학교 행정대학원, 2004, 53~80면.

조경엽 · 조용성 · 장현준, 「온실가스 배출권 거래제도 국내도입의 경제적 효과분석」, 『자원 · 환경경제연구』, 제10권 제2호, 한국자원경제학회, 2001. 6, 173~216면.

차주완 · 장기호 · 정진임 · 정재원 · 염성수 · 최영진, 「한반도 강수량 및 강수강도의 장기변화특성 분석」, 2010년 한국기상학회 가을 학술대회 논문집, 한국기상학회,

2010. 10, 72~73면.

최경진, 「배출권의 법적 성질」, 『비교사법』, 제17권 1호(통권 48호), 한국비교사법학회,
　　　2010, 415~456면.

최문희, 「온실가스 排出權 去來의 금융법상 논점」, 『비교사법』, 제15권 3호(통권42호),
　　　한국비교사법학회, 2008, 83~131면.

최승필, 「탄소배출권 제도설계에 대한 법제도적 검토: 유럽의 탄소배출권제도를 통한 고
　　　찰을 중심으로」, 『환경법연구』, 제31권 2호, 한국환경법학회, 2009, 171~208면.

허인혜·권원태, 「한국의 최근 10년간 기온 변화」, 『기후연구』, 제2권 제2호(통권3호),
　　　2007, 건국대학교 기후연구소, 79~93면.

현준원, 「재생가능에너지와 관련한 유럽연합의 새로운 규율」, 『한국법제연구원 법령정
　　　보』, 한국법제연구원, 2009.12, 33~39면.

〈보고서 및 기타 자료〉

강희찬, 「금융위기 이후의 배출권 거래시장 동향과 대응방향」, 저탄소녹색성장국민포
　　　럼·녹색성장정책분과, 2009. 7. 15.

＿＿＿, 「기후변화에 대응한 농업의 진화: 식물공장」, 『SERI 경제 포커스』, 제255호, 삼
　　　성경제연구소, 2009. 8. 11.

＿＿＿·김화년·강성원·박준·최홍, 「기후변화협약, 한국기업에 위기인가 기회인가」,
　　　『CEO Information』, 제715호, 삼성경제연구소, 2009. 7. 29.

국무총리실 공고 제2010-60호, 2010.

＿＿＿＿＿＿ 녹색성장정책과, 「2015년부터 온실가스 배출권거래제 도입」, 2011년 4월 12
　　　일 보도자료.

＿＿＿＿＿, "온실가스 배출권 거래제도에 관한 법률안" 재입법예고 실시」, 2011년 2월
　　　25일 보도자료.

국회, 「저탄소 녹색성장 기본법안」, 의안번호 3967, 2009. 2. 27.

그린데일리, 「목표관리제 업종계수 일괄 적용… 업계 반발」, 2011년 8월 21일.

＿＿＿＿＿, 「배출권거래제-조기시행 VS 점진적 도입 '타이밍'이 문제로다」, 2011년 1월
　　　10일.

＿＿＿＿＿, 「배출권거래제 도입 놓고 '세 목소리' 팽팽」, 2011년 11월 8일.

_________, 「日, RPS 폐지하고 FIT 전격 도입」, 2011년 8월 22일.

김승도, 「'저탄소 녹색성장 기본법' 기업체는 어떻게 대응해야 하는가?」, 제6회 그린에너지 포럼, 서울신문·(사)그린에너지포럼, 2010. 4. 27.

김원곤, 「제15차 기후변화협약 당사국총회 결과」, 뉴스레터 212호, 대한상공회의소 지속가능경영원, 2009년 12월 24일.

김용건, 「온실가스 배출권 거래제도 도입 방향」, 한국환경정책·평가연구원, 2010. 12. 22.

김창길·박현태·이상민·주현정·권오상·로버트멘델존, 「기후변화에 따른 농업부문 영향분석」, 한국농촌경제연구원, 2008. 11.

김현석, 「국내 배출권거래제 추진 동향 및 과제」, 에너지경제연구원, 2011. 3. 18.

김현진·강희찬·박준, 「탄소시장의 부상과 비즈니스 모델」, CEO Informa- tion, 제630호, 삼성경제연구소, 2007. 11. 21.

김화년·박환일·신창목·이은미·이종규·정호성, 「글로벌 식량 공급불안, 한국경제를 위협하는가?」, 『CEO Information, 제770호, 삼성경제연구소, 2010. 9. 1.

노동운, 「2011년 당사국총회 결과: 교토의정서 연장과 새로운 기후변화 체제」, 제17차 기후변화협약 당사국총회 결과 설명회, 지식경제부, 2011년 12월 21일.

노희진, 「탄소배출권 거래제도 도입 방안」, 금융투자협회, 2009. 11.

녹색성장연구실, 「칸쿤 기후변화협약 당사국총회의 협상 결과 및 시사점」, POSRI CEO REPORT, 포스코경영연구소, 2011. 1. 25.

대한상공회의소 외 17개 경제단체, 「"온실가스 배출권 거래제도에 관한 법률 제정안"에 대한 산업계 의견」, 2011. 2.

대한상공회의소 지속가능경영원, 「배출권거래제관련 국제동향(미국, 일본사례) 보고」, 2011. 1.

도건우·박환일, 「녹색보호주의의 대두와 대응방안」, 『Issue Paper』, 삼성경제연구소, 2010. 10.

메디컬투데이, 「뜨거운 감자 '총량제한 온실가스 배출권거래제' 논란 가열」, 2009년 6월 15일.

박성배·박찬수·이성호, 「한국 에너지多消費산업의 에너지효율 분석」, 『Issue Paper』, 삼성경제연구소, 2009. 1. 29.

박철호, 「날씨파생상품 도입에 대한 소고」, 『자본시장 Weekly』, 2011-01호, 자본시장연구원, 2010. 12.

박태준, 「아시아-태평양 지역의 탄소배출권거래제 착수」, 『자본시장 Weekly』, 2011-20호, 자본시장연구원, 2011. 5.

박환일, 「불편한 진실 Revisited」, 『Issue Paper』, 삼성경제연구소, 2010. 8. 27.

______·강희찬·김화년·임수호·문외솔, 「글로벌 식량위기시대와 新식량안보 전략」, 삼성경제연구소, 2011. 2. 14.

서울신문, 「배출권 할당량 변경 신청 허용… 과태료도 완화」, 2011년 2월 26일.

서욱, 「해외 CDM사업과 보험」, 『Sustainability Issue Papers』, 제104호, (주)에코프론티어, 2009. 06.

서정민·이형근, 「일본의 양자 간 온실가스 감축 메커니즘: 내용과 시사점」, 『KIEP 오늘의 세계경제』, Vol. 4, No. 25, 대외경제정책연구원, 2010. 9. 29.

세계일보, 「기후변화 적응·에너지 자립 OECD 꼴찌」, 2011년 5월 18일.

소병천, 「기후변화 대응 캐나다의 최근 입법 동향: 기후변화책임법안을 중심으로」, 『최신외국법제정보』, 2010-08호, 한국법제연구원, 2010. 11, 60~70면.

에너지경제연구원, 「새로운 기후체제에 대한 주요국의 입장」, 2009. 10.

연합뉴스, 「2100년까지 한반도 기후변화 피해 2천800조」, 2011년 5월 19일.

우기종, 「녹색성장과 신재생에너지」, 제6회 그린에너지 포럼, 서울신문·(사)그린에너지포럼, 2010. 4. 27.

우태희, 「최근 선진국의 탄소경영 동향 및 전망」, 『주력산업연구』 10-10, 지식경제부 주력산업정책관실, 2010. 11. 3.

이선화, 「배출권거래제의 제도적 문제점과 제조업 매출파급효과」, 국내 온실가스 배출권거래제 도입에 관한 대토론회, 2010. 11. 26, 15~22면.

이시형, 「중국의 기후변화 대응 정책」, 뉴스레터 265호, 대한상공회의소 지속가능경영원, 2011. 1. 7.

______, 「Phase 3 of the EU emissions trading scheme」, 뉴스레터 247호, 대한상공회의소 지속가능경영원, 2010. 8. 27.

이지훈, 「온실가스 배출권거래제의 경제적 효과」, 『SERI 경제 포커스』, 제266호, 삼성경제연구소, 2009. 11. 3.

______, 「탄소배출권거래제의 경제적 효과 및 촉진방안」, 탄소배출권거래제의 경제적

효과와 활성화 전략에 관한 국제 콘퍼런스, 삼성경제연구소, 2010. 2. 17.

임경진, 「코펜하겐 기후변화회의 전망 및 쟁점」, 뉴스레터 209호, 대한상공회의소 지속가능경영원, 2009년 12월 11일.

임동순·최광림·김원곤, 「탄소세 도입에 따른 산업부문별 영향과 대응 방안」, 지속가능경영원, 2010.

임재규, 「기후변화협약에 따른 대한민국 국가보고서 초안 작성」, 에너지경제연구원, 2002. 12.

자본시장연구원, 「자본시장 제도동향」, 2011년 1월호, 2011. 1.

정성춘, 「발리 로드맵의 주요 내용과 향후 전망」, 『KIEP 오늘의 세계경제』, 제07-52호, 대외경제정책연구원, 2007. 12. 24.

조은진, 「주요국 탄소세 논의 동향 및 시사점」, Kotra Executive Brief 09-028, KOTRA, 2009. 11.

지승헌, 「CDM 사업의 이해」, 한국탄소금융(주), 2011. 2.

지식경제부, 「우리나라의 관문, 인천 앞바다에 토종 풍력단지 우뚝서다」, 보도자료, 2011. 7. 20.

진익·김해식·김혜란, 「보험회사 녹색금융 참여방안」, 조사보고서 2011-3, 보험연구원, 2011.

최원석·김민정, 「호주의 기후변화 대응동향」, 『Global Issue Report』, 09-013, KOTRA, 2009. 8.

한국거래소, 「국외 탄소배출권 거래소의 현황과 국내 탄소배출권거래제 도입논의」, 국립농업과학원 세미나 자료, 2010. 12. 17.

한승민, 「영국, 온실가스 배출권 경매수익 10억 유로에 달해」, 뉴스레터 270호, 대한상공회의소 지속가능경영원, 2011. 2. 25.

환경부 기후대기정책과, 「온실가스 배출권거래제 관련 Q&A」, 2011. 1.

____________________, 「온실가스 배출권거래제 개요 및 주요 쟁점 검토」, 2011. 2. 7.

Heimdal, Carina, "Changes in the carbon market", 제1회 KOTRA Carbon Forum 설명회자료 09-024, KOTRA, 2009. 10.

KOTRA, 『Global Issue Report』, 09-013, 2009. 8.

______, 『Green Report』, Vol. 2, 2008. 11.

______, 『Green Report』, Vol. 11, 2011. 5.

Rosier, Phillippe, 「Key Lessons on EU-ETS Cap & Trade」, 탄소배출권거래제의 경제
    적 효과와 활성화 전략에 대한 국제 콘퍼런스, 삼성경제연구소 주최, 2010. 2. 17.

Yamamoto, Keisuke, 「Emissions Trading Scheme in Japan」, 한일 저탄소 녹색성장을
    위한 Green Business 세미나, 대한상공회의소 지속가능경영원, 2009. 10. 21.

〈인터넷 사이트〉

국가기록원 나라기록, http://contents.archives.go.kr/.

국가기후변화적응센터, http://kaccc.kei.re.kr/kor/.

국무총리실, http://www.pmo.go.kr/.

그린데일리, http://www.greendaily.co.kr/news/.

기상청 기후변화정보센터, http://www.climate.go.kr/index.html.

기획재정부, http://www.mosf.go.kr/.

기후변화홍보포털, http://www.gihoo.or.kr/.

녹색성장위원회, http://www.greengrowth.go.kr.

농림수산식품부, http://www.mifaff.go.kr/.

뉴시스, http://www.newsis.com/.

대외경제정책연구원, http://www.kiep.go.kr.

대한상공회의소 지속가능경영원, http://www.bisd.or.kr/.

메디컬투데이, http://www.mdtoday.co.kr/.

법제처, http://www.moleg.go.kr/.

사이언스올, http://scienceall.com/issue/.

삼성경제연구소, http://www.seri.org.

서울신문, http://img.seoul.co.kr/.

세계일보, http://www.segye.com/.

에너지경제연구원, http://www.keei.re.kr/.

에너지관리공단, http://www.kemco.or.kr/.

연합뉴스, http://www.yonhapnews.co.kr/.

한국베어링공업협회, http://www.kobema.or.kr/.

한국세무사회, http://www.kacpta.or.kr/.

환경부, http://www.me.go.kr/.

환경통계포털, http://stat.me.go.kr/.

≪외국 문헌≫

〈Books〉

Carbon Finance, Carbon Finance for Sustainable Development 2010, World Bank, Washington DC, 2011.

_______________ (Alexandre Kossoy and Philippe Ambrosi), State and Trends of the Carbon Market 2010, World Bank, Washington DC, May 2010.

_______________ (Nicolas Linacre, Alexandre Kossoy and Phillippe Ambrosi), State and Trends of the Carbon Market 2011, World Bank, Washington DC, June 2011.

Carson, Rachel, Silent Spring, Houghton Mifflin, Boston, 1962.

Commonwealth of Australia, Securing a clean energy future, CanPrint Communications Pty Ltd, 2011.

Faure, Michael and Marjan Peeters, Climate Change and European Emissions Trading: Lessons for Theory and Practice, Edward Elgar Publishing, Inc., Massachusetts, 2008.

Freestone, David and Charlotte Streck, ed, Legal Aspects of Carbon Trading: Kyoto, Copenhagen, and beyond, Oxford University Press, New York, 2009.

Gerrard, Michael B, ed, Global Climate Change and U.S. Law, American Bar Association, Chicago, 2008.

Harrison Jr., David, and Radov, Daniel B, Evaluation of Alternative Initial Allocation Mechanisms in a European Union Greenhouse Gas Emissions Allowance Trading Scheme, National Economic Research Associates, March 2002.

IGES, Measurable, Reportable and Verifiable (MRV): Trends and Developments in Climate Change Negotiations, December 2010.

IEA, CO2 Emissions from Fuel Combustion, 2010 Edition, 2010.

___, World Energy Outlook 2010, 2011.

IPCC(Simon Eggleston et al. ed.), 2006 IPCC Guidelines for National Greenhouse Gas Inventories, National Greenhouse Gas Inventories Programme, IGES, Japan, 2006.

___, Climate Change 1995: IPCC Second Assessment, Geneva, 1995.

___, Climate Change 2007: Synthesis Report, Geneva, 2007.

Levin, Robert H, Land Conservation Case Law Summaries, Land Trust Alliance, 2011.

Masson, Jean-Francois, ed, Climate Change Litigation and Law, Nova Science Publishers, Inc, New York, 2010.

Meadows, Donella H, Dennis L. Meadows, Jørgen Randers and William W. Behrens Ⅲ, The Limits to Growth, Universe Books, New York, 1972.

O'Kelley, Charles R.T. and Robert B. Thompson, Corporations and Other Business Associations: Cases and Materials, 3rd ed., Aspen Law and Business, New York, 1999.

Pearce, David W. and R. Kerry Turner, Economics of natural resources and the environment, Harvester Wheatsheaf, New York, 1990.

Sands, Philippe, ed., Greening International Law, The New Press, New York, 1994.

Schwarze, Reimund, Law and Economics of International Climate Change Policy, Kluwer Academic Publishers, Amsterdam, 2010.

Steinberg, Marc I., Understanding Securities Law, 3rd ed, Lexis Publishing, New York, 2001.

〈Journals〉

Aizawa, Hirofumi(IGES), "MRV in International Negotiations", In Measurable, Reportable and Verifiable (MRV): Trends and Developments in Climate

Change Negotiations, Institute for Global Environmental Strategies, December 2010, pp.6~12.

Arrhenius, Svante, "On the Influence of Carbonic Acid in the Air upon the Temperature of the Ground", Philosophical Magazine and Journal of Science, Series 5, Vol. 41, No. 251, April 1896, pp.237~276.

Backes, Chris, Kurt Deketelaere, Marjan Peeters and Marijke Schurmans(Michael Faure and Marjan Peeters, ed.), "The underestimated possibility of ex post adjustments: some lessons from the initial greenhouse gas emissions trading scheme", In Climate Change and European Emissions Trading: Lessons for Theory and Practice, Edward Elgar Publishing, Inc., Massachusetts, 2008, pp.178~207.

Bluemel, Erik B.(Michael Faure and Marjan Peeters, ed.), "Regional regulatory initiatives addressing GHG leakage in the USA", In Climate Change and European Emissions Trading: Lessons for Theory and Practice, Edward Elgar Publishing, Inc., Massachusetts, 2008, pp.225~256.

Burtraw, Dallas, Karen Palmer and Danny Kahn, "Allocation of CO2 Emissions Allowances in the Regional Greenhouse Gas Cap-and-Trade Program", Discussion Paper 05-25, Resources for the Future, June 2005.

Button, Jillian, "Carbon: Commodity or Currency? The Case for an International Carbon Market Based on the Currency Model", Harvard Environmental Law Review, Vol. 32, Harvard Law School Publication, 2008, pp.571~596.

Chevallier, Julien "Carbon Price Drivers: An Updated Literature Review", Social Science Electronic Publishing, Inc., Paris, 16 April 2011.

Cramton, Peter and Suzi Kerr, "Tradeable Carbon Permit Auctions: How and why to auction not grandfather" Energy Policy, Vol. 30, Issue 4, 2002, pp.333~345.

Daskalakis, George, Dimitris Psychoyios and Raphael N. Markellos, "Modeling CO_2emission allowance prices and derivatives: Evidence from the European trading scheme", Journal of Banking & Finance, Vol. 33, Elsevier B. V., 2009, pp.1230~1241.

Embree, Cecilia and Madeleine M. L. Tan, "Carbon Credit Trading: The U. S. Voluntary Market, U. S. Regulated Market, EU-ETS and the Kyoto Protocol", In Green Technology Law and Business 2010: Legislation, Financing, Carbon Trading and Sustainability, Practising Law Institute, 2010, pp.355~389.

Eyckmans, Johan, Jan Cornillie and Denise Van Regemorter, "Efficiency and Equity in the EU Burden Sharing Agreement", Working Paper Series No.2000-02, Revised, Energy Transport and Environment, Leuven, Belgium, June 2002.

Feller, Rober H., "Environmental Disclosure and the Securities Laws", Boston College Environmental Affairs Law Review, Vol. 22, Issue 2, 1995, pp.225~265.

Freestone, David(David Freestone and Charlotte Streck, ed.), "The International Climate Change Legal and Institutional Framework: An Overview", In Legal Aspects of Carbon Trading: Kyoto, Copenhagen, and beyond, Oxford University Press, New York, 2009, pp.3~32.

Grubb, Michael, "The Economics of the Kyoto Protocol", World Economics, Vol. 4, No. 3, Economic and Financial Publishing Ltd., July-September 2003.

Hepburn, Cameron, Michael Grubb, Karsten Neuhoff, Felix Matthes and Maximilien Tse, "Auctioning of EU ETS phase II allowances: how and why?", Climate Policy, Vol. 6, Earthscan, 2006, pp.137~160.

Johnston, Angus, "Free allocation of allowances under the EU emissions trading scheme: legal issues", Climate Policy, Vol. 6, Earthscan, 2006, pp.115~136.

Kerr, Tom(Michael B. Gerrard, ed.), "Voluntary Climate Change Efforts", In Global Climate Change and U. S. Law, American Bar Association, Chicago, 2008, pp.591~626.

Lobell, David B., Wolf Schlenker and Justin Costa-Roberts, "Climate Trends and Global Crop Production Since 1980", Science, Washington DC, 29 July 2011, pp.616~620.

Lotay, Jessie S., "Subprime Carbon: Fashioning an Appropriate Regulatory and Legislative Response to the Emerging U. S. Carbon Market to Avoid a Repeat of History in Carbon Structured Finance and Derivative Instruments", Houston Journal of International Law, Vol. 32, No. 2, University of Houston Law Center, Spring 2010, pp.459~504.

Morimoto, Takashi and Takeshi Enoki(IGES), "National Communication", In Measurable, Reportable and Verifiable(MRV): Trends and Developments in Climate Change Negotiations, December 2010, pp.19~26.

Murray, Iain and Sterling Burnett, "10 Cool Global Warming Policies", Policy Report No. 321, National Center for Policy Analysis, June 2009.

Palmer, Karen L. and Dallas Burtraw, "The Electricity Sector and Climate Policy", Assessing U. S. Climate Policy Options, Issue Brief CPF-11, Resources for the Future, November 2007, pp.146~159.

Passer, Herbert and Stafan Altenschmidt, "European Union Emissions Trading Directive", Journal of Energy & Natural Resources Law, Vol. 23, No. 1, International Bar Association, February 2005, pp.60~90.

Pohlmann, Markus(David Freestone and Charlotte Streck, ed.), "The European Union Emissions Trading Scheme", In Legal Aspects of Carbon Trading: Kyoto, Copenhagen, and beyond, Oxford University Press, New York, 2009, pp.337~366.

Rose, M Carol M., "Expanding the Choices for the Global Commons: Comparing Newfangled Tradable Allowance Schemes to Old-Fashioned Common Property Regimes", Duke Environmental Law Review and Policy Forum, Vol. 10, Duke Law, 1999, pp.45~72.

Rothkopf, Michael H. and Ronald M. Harstad, "Modeling Competitive Bidding: A Critical Essay", Management Science, Vol. 40, No. 3, Institute for Operations Research and the Management Science, March 1994, pp.364~384.

Schwartz, Tessa, William Sloan and Adam Young, "Legal Issues for Carbon-Related Transactions: Regulations, Markets, Technology & Enhancing Value", In

Green Technology Law and Business 2009: Strategies for Finance, Carbon Trading, IT, and Carbon Neutral Policies, Practising Law Institute, 2009, pp.71~108.

Smith, Jeffrey A. and Matthew Morreale(Michael B. Gerrard, ed.), "Disclosure Issues", In Global Climate Change and U. S. Law, American Bar Association, Chicago, 2008, pp.453~496.

_____, (Michael B. Gerrard, ed.), "The Fiduciary Duties of Officers and Directors", In Global Climate Change and U. S. Law, American Bar Association, Chicago, 2008, pp.497~540.

Soroos, Marvin S(Regina S. Axelrod, Stacy D. Vandeveer, and David Leonard Downie, ed.), "Global Institutions and the Environment: An Evolutionary Perspective", In The Global Environment: Institutions, Law, and Policy, 3rd ed., CQ Press, Washington DC, 2011.

Stavins, Robert, "Experience with market-Based Environmental Policy Instruments", Discussion Paper 01-58, Resources for the Future, Washington, DC, November 2001.

Tanabe, Kiyoto(IGES), "Greenhouse Gas Inventories", In Measurable, Reportable and Verifiable(MRV): Trends and Developments in Climate Change Negotiations, December 2010, pp.28~35.

Torres, Gerald, "Who Owns the Sky? Seventh Annual Lloyd K, Garrison Lecture on Environmental Law", Pace Environmental Law Review, Vol. 18, No. 2, 2001, pp.227~286.

Weishaar, Stefan(Michael Faure and Marjan Peeters, ed.), "The EU greenhouse gas emissions trading and competition law", In Climate Change and European Emissions Trading: Lessons for Theory and Practice, Edward Elgar Publishing, Inc., Massachusetts, 2008, pp.151~177.

_______________(Michael Faure and Marjan Peeters, ed.), "The European emissions trading system: auctions and their challenges", In Climate Change and European Emissions Trading: Lessons for Theory and Practice,

Edward Elgar Publishing, Inc., Massachusetts, 2008, pp.343~362.

Woerdmann, Edwin, Stefano Clò and Alessandra Arcuri(Michael Faure and Marjan Peeters, ed.), "European emissions trading and the polluter-pays principle: assessing grandfathering and over-allocation", In Climate Change and European Emissions Trading: Lessons for Theory and Practice, Edward Elgar Publishing, Inc., Massachusetts, 2008, pp.128~150.

Yacobucci, Brent D. and Larry Parker(Jean-Francois Masson, ed.), "Climate Change: Federal Laws and Policies Related to Greenhouse Gas Reductions", In Climate Change Litigation and Law, Nova Science Publishers, Inc, New York, 2010.

〈Reports and Miscellaneous〉

Aulisi, Andrew, Alexander E. Farrel, Jonathan Pershing and Stacy Vandeveer, "WRI White Paper: Greenhouse Gas Emissions Trading in U. S. States: Observations and Lessons from the OTC NOx Budget Program", World Resources Institute, Washington DC, 2005.

Breidenich, Clare and Daniel Bodansky, "Measurement, Reporting and Verification in a Post-2012 Climate Agreement", Pew Center on Global Climate Change, April 2009.

Briner, Gregory, Nina Campbell and Jane Ellis, "Key Issues Relating to International Consultations and Analysis", Draft Discussion Document 2: CCXG seminar breakout session 2b, CCXG/Global Flrum on Environment Seminar on MRV and Carbon Markets, OECD and IEA, 28-29 March 2011, Paris.

Burniaux, Jean-Marc, Jean Chateau, Rob Dellink, Romain Duval and Stephanie Jamet, "The Economics of Climate Change Mitigation: How to Build the Necessary Global Action in a Cost-Effective Manner", Economics Department Working Papers No.701, OECD, 26 June 2009.

Carbon Retirement, "Government should earmark carbon allowance money for green projects", 10 February 2011.

Commission of the European Communities, "Proposal for a Directive of the European Parliament and of the Council amending Directive 2003/87/EC so as to improve and extend the greenhouse gas emission allowance trading system of the Community", COM(2008) 16 final, Brussels, 23. 1. 2008.

__________________________________, "Proposal for a Directive of the European Parliament and of the Council establishing a scheme for greenhouse gas emission allowance trading within the Community and amending Council Directive 96/61/EC, COM(2001) 581 final, 2001/0245(COD), dated on 23 October, 2001", Official Journal of the European Communities, Vol. 24, 2002/C 75 E/04, Brussels, 26 March 2002, pp.33~44.

DECC, "Government's Response to Consultation on Commission's proposals to amend the EU Emissions Trading Scheme from 2013", November 2008.

EC Monitoring Mechanism Committee, "The EU Emission Trading Scheme: How to develop a National Allocation Plan", European Commission, April 1, 2003.

EEA, "Annual European Community greenhouse gas inventory 1990–2009 and inventory report 2011", Submission to the UNFCCC Secretariat, Copenhagen, 2011.

Enviros Consulting Limited, "Appraisal of Years 1–4 of the UK Emissions Trading Scheme", defra, December 2006.

EurActive, "Climate change has spurred food prices: Study", 11 May 2011.

__________, "OECD, UN predict 40% rise in food prices by 2020", 16 June 2010.

__________, "UN lists post-Kyoto options if no climate deal", 23 July 2010.

European Climate Exchange, "ICE ECX Carbon Contracts: Opportunities in European Emissions Market", 2010. 07.

European Commission, "Communication from the Commission on guidance to assist Member States in the implementation of the criteria listed in

Annex Ⅲ to Directive 2003/87/EC establishing a scheme for greenhouse gas emission allowance trading withing the Community and amending Council Directive 96/61/EC, and on the circumstances under which force majeure is demonstrated", COM(2003) 830 final, Brussels, 7. 1. 2004.

European Union, "Directive 2003/87/EC of the European parliament and of the Council of 13 October 2003 establishing a scheme for greenhouse gas emission allowance trading withing the Community and amending Council Directive 96/61/EC", Official Journal of the European Union, L 275, Brussels, 25 October 2003, pp.32~46.

The Guardian, "Copenhagen: The key players and how they rated", 20 December 2009.

__________, "ExxonMobil continuing to fund climate sceptic group, records show", 1 July 2009.

__________, "Oil firms fund climate change 'denial'", 27 January 2005.

ICE, "The Emissions Market: ICE Futures Europe", Nov. 2011.

The Independent, "Global warming: passing the 'tipping point'", 11 February 2006.

__________, "Scientists identify 'tipping points' of climate change", 5 February 2008.

IPCC, "2007: Summary for Policymakers", Climate Change 2007: Mitigation, Contribution of Working Group Ⅲ to the Fourth Assessment Report of the Intergovernmental Panel on Climate Change, Cambridge University Press, Cambridge, UK, 2007.

JETRO Overseas Research Department, "2010 JETRO Global Trade and Investment Report", Japan External Trade Organization, August 24, 2010.

Klepper, Gernot and Sonja Peterson, "The European Emissions Trading Scheme and the Future of Kyoto", Yale Center for the Study of Globalization, October 21-22, 2005.

Kopp, Raymond J., "Allowance Allocation", Issue Brief 6, Resources for the

Future, November 2007, pp.87~93.

Marshall Institute and The Scientific Alliance, "Climate Issues & Questions", Nov. 2004.

Mero, Rose, "Market and CER pricing", Special CDM Capacity Building Workshop, 21-22 Dicc-Dar Es Salaam, Tanzania, January 2008.

Mikesic, Ivana and Boris Strauch, "Emission Trading in Europe", Salans, 12 October 2009.

Mills, Evan, "Managing Climate Change Liability Risks: Examples from the Insurance Sector", Munich Re Workshop, Princeton, October 14, 2008.

Müller, Christoph, Alberte Bondeau, Alexander Popp, Katharina Waha and Marianela Fader, "Development and Climate Change: Climate Change Impacts on Agricultural Yields", Background Note to the World Development Report 2010, Potsdam Institute for Climate Impact Research, Germany, 2010.

The New York Times, "Many Goals Remain Unmet in 5 Nations' Climate Deal", December 19, 2009.

Oboulo.com Inc, "Comparison: Council of State, February 8, 2007 and Court of European Communities, December 16, 2008 - Steel sector and reduction of the greenhouse gas emissions", February 03, 2011.

Pew Center on Global Climate Change, "Greenhouse Gas Emissions Allowance Allocation", Congressional Policy Brief, Fall 2008.

Point Carbon, "Northeast U. S. carbon market a boon for regional economy: report", November 15, 2011.

Sudo, Tomonori, "Japanese Voluntary Emissions Trading Schems (JVETS): Overview and Analysis", US-Japan Workshop on Climate actions and Co-benefit, March 22-23, 2006.

T&E, "Including Aviation in the EU's Emissions Trading Scheme(EU ETS)", Background Briefing, European Federation for Transport and Environment, Brussels, Updated June 2008.

The Times, "Traders with a permit to save the planet", October 20, 2007.

Tokyo Metropolitan Government, "Tokyo Cap-and-Trade Program (Tokyo-ETS)", March 2010.

UNEP, "Impacts of Summer 2003 Heat Wave in Europe", Environment Alert Bulletin, March 2004.

UNFCCC Decision 26/CP.7, FCCC/CP/2001/13/Add.4, 21 January 2002.

U. S. Energy Information Administration, "International Energy Outlook 2010", U. S. Department of Energy, Washington, DC, July 2010.

Vos, Femke, Jose Rodriguez, Regina Below and D. Guha-Sapir, "Annual Disaster Statistical Review 2009: The Numbers and Trends", Centre for Research on the Epidemiology of Disasters, Brussels, 2010.

Wall Street Journal, "What Global Warming?", December 6, 2009.

The World Bank, "World Development Report 2010: Development and Climate Change", Washington, DC, 2010.

WMO, "Greenhouse Gas Bulletin 2009", No. 6, Geneva, 24 November 2010.

WRI and WBCSD, "The Greenhouse Gas Protocol: A Corporate Accounting and Reporting Standard", Revised ed, World Resources Institute and World Business Council for Sustainable Development, 2004.

⟨Web Sites⟩

도쿄도 환경국, http://www.kankyo.metro.tokyo.jp/en.

Air Quality Management District, http://www.aqmd.gov.

Bali Action Plan, http://unfccc.int/files/meetings/cop_13/.

Bali Road Map, http://unfccc.int/meetings/cop_13/items/4049.php.

Battelle Memorial Institute, http://www.battelle.org.

Beiten Burkhardt, http://www.bblaw.com/en/homepage/?no_cache=1.

Bluenext, http://www.bluenext.fr/exchange/about.html.

Carbon Retirement, http://www.carbonretirement.com.

Centrica plc, http://www.centrica.co.uk.

Clean Energy Initiative, http://www.ret.gov.au/Department/Documents/.

CNN, http://edition.cnn.com/.

Copenhagen Accord, http://unfccc.int/files/meetings/cop_15/.

CORE, http://www.co2offsetresearch.org.

DECC, http://www.decc.gov.uk.

Defra, http://webarchive.nationalarchives.gov.uk.

Duke Law, http://www.law.duke.edu/journals/delpf.

Earth Policy Institute, http://www.earth-policy.org.

Environment Agency, UK, http://www.environment-agency.gov.uk.

Etdeweb, https://www.etde.org/etdeweb.

EurActive, http://www.euractive.com.

Eur-Lex, http://eur-lex.europa.eu/.

Europa, http://europa.eu/.

European Climate Exchange, https://www.theice.com/regulation.jhtml.

European Energy Exchange, http://www.eex.com/en/EEX.

European Environment Agency, http://www.eea.europa.eu.

European Union, http://europa.eu.

German Energy Blog, http://www.germanenergyblog.de.

Greenhouse Gas Protocol, http://www.ghgprotocol.org/about-ghgp.

The Guardian, http://www.guardian.co.uk.

Harvard Environmental Law Review, http://www.law.harvard.edu.

Heinonline, www.heinonline.org.

ICE Futures Europe, http://www.theice.com.

The Independent, http://www.independent.co.uk.

IPCC, http://www.ipcc.ch/.

ISO, http://www.iso.org.

Kyoto Protocol, http://unfccc.int/kyoto_protocol/items/2830.php.

MarketsWiki, http://www.marketswiki.com/mwiki/Order_routing.

The Marshall Institute, http://www.marshall.org.

Montreal Climate Exchange, http://www.mcex.ca.

National Center for Policy Analysis, http://www.ncpa.org/.

NSW, http://greenhousegas.nsw.gov.au/.

Oboulo.com Inc, http://en.oboulo.com/.

Parliament of Australia, http://www.aph.gov.au/.

REDD Monitor, http://www.redd-monitor.org/.

Resources for the Future, http://www.rff.org/.

OECD, http://www.oecd.org/document/.

Sciencexpress, http://scienceexpress.org/.

Scottish Environment Protection Agency, http://www.sepa.org.uk/.

The Times, http://business.timesonline.co.uk/.

U.K. Government, http://www.direct.gov.uk/en/.

UNEP Risoe, http://www.cdmpipeline.org/ji-projects.htm#1.

UNFCCC, http://unfccc.int/.

The Wall Street Journal, http://online.wsj.com/.

Wikipedia, http://en.wikipedia.org/.

The World Bank, http://www.worldbank.org/.

World Economics, http://www.world-economics-journal.com/.

World Health Organization, http://www.who.int/.

Worldwatch Institute, http://worldwatch.org/node/654.

조현진

　연세대학교 도서관학과 졸업
　연세대학교대학원 법학과 졸업(법학석사, 법학박사)
　대산이엔씨(주) 감사
　연세대학교 법학연구원 연구교수

배출권거래제와
자본시장법

초 판 인 쇄 | 2013년 3월 14일
초 판 발 행 | 2013년 3월 14일

지 은 이 | 조현진
펴 낸 이 | 채종준
펴 낸 곳 | 한국학술정보㈜
주　　　소 | 경기도 파주시 문발동 파주출판문화정보산업단지 513-5
전　　　화 | 031) 908-3181(대표)
팩　　　스 | 031) 908-3189
홈 페 이 지 | http://ebook.kstudy.com
E - m a i l | 출판사업부　publish@kstudy.com
등　　　록 | 제일산-115호(2000. 6. 19)

ISBN　　978-89-268-4124-2 93360 (Paper Book)
　　　　978-89-268-4125-9 95360 (e-Book)

이담 Books 는 한국학술정보(주)의 지식실용서 브랜드입니다.